智慧旅游管理与实践研究

刘　敏◎著

中国原子能出版社

图书在版编目（CIP）数据

智慧旅游管理与实践研究 / 刘敏著. --北京：中
国原子能出版社，2023.12
ISBN 978-7-5221-3257-0

Ⅰ. ①智…　Ⅱ. ①刘…　Ⅲ. ①智能技术–应用–旅游
业–研究　Ⅳ. ①F59-39

中国国家版本馆 CIP 数据核字（2024）第 014114 号

智慧旅游管理与实践研究

出版发行	中国原子能出版社（北京市海淀区阜成路 43 号　　100048）
责任编辑	杨　青　陈佳艺
责任校对	冯莲凤
责任印制	赵　明
印　　刷	河北宝昌佳彩印刷有限公司
经　　销	全国新华书店
开　　本	787 mm×1092 mm　1/16
印　　张	15.75
字　　数	225 千字
版　　次	2023 年 12 月第 1 版　2023 年 12 月第 1 次印刷
书　　号	ISBN 978-7-5221-3257-0　　　　定　价　**76.00 元**

前　言

　　智慧旅游管理与实践的研究是在科技发展的背景下进行的，旨在运用智能技术和信息化手段来提升旅游行业的管理效率，并为旅游者提供更舒适、更卓越的旅游体验。这一领域的理论研究涉及多个学科领域，包括信息技术学、管理学、市场营销学等。在信息技术方面，研究人员着重关注如何充分利用大数据、人工智能、物联网等先进技术，以实现对旅游资源的精准管理和预测，从而提高服务质量。通过分析和利用大规模数据集，旅游从业者可以更好地了解市场趋势、游客需求和资源利用情况等，从而更有针对性地规划和优化旅游产品和服务。

　　智慧旅游管理与实践的研究有助于提升旅游行业的管理水平和服务质量，推动整个行业朝着数字化和智能化的方向前进。通过理论与实践的融合，可以为旅游从业者和政府部门提供更科学、更有效的管理方法。与此同时，智慧旅游技术还能够为游客提供更便捷和个性化的旅游体验，更好地满足游客的需求和兴趣。智慧旅游管理与实践的研究在科技的推动，为旅游行业带来了巨大的机遇，通过整合跨学科知识和技术应用，可以实现更智能、高效和个性化的旅游体验，推动旅游业持续向前迈进。

笔者在撰写本书的过程中，借鉴了许多前辈的研究成果，在此表示衷心的感谢。由于本书需要探究的层面比较深，笔者对一些相关问题的研究不透彻，加之写作时间仓促，书中难免存在不妥和疏漏之处，恳请前辈、同行及广大读者批评、指正。

目　录

第一章
智慧旅游的理论基础

第一节　智慧旅游与信息技术的关系

　　智慧旅游和信息技术之间存在紧密的相互关系，二者相辅相成，共同推动了旅游业的发展。信息技术改变了旅游的前景。信息技术在智慧旅游中扮演着重要的角色，为旅游业带来了深刻的变革。通过互联网和移动应用程序，游客可以轻松获取关于目的地的信息，包括景点、餐厅、酒店等。这使得旅游更加便捷和个性化，游客可以根据自己的兴趣和需求来规划旅行。信息技术的发展提升了旅游体验。虚拟现实和增强现实技术为游客提供了全新的体验，可以在虚拟世界中探索不同的目的地，或者通过增强现实技术获得更丰富的旅游信息。这种技术的应用让游客能够更深入地了解目的地，增强了他们的参与感和满足感。

　　信息技术也优化了旅游管理和服务。酒店、航空公司和旅游公司可以利用信息技术来提高运营效率，优化预订和管理流程，提供更好的客户服务。这有助于降低成本，提高效益，同时也提高了客户的满意度。信息技术还促进了旅游业的可持续发展。通过大数据分析和人工智能技术，旅游业可以更好地预测旅客需求，优化资源利用，减少环境影响。这有助于实现旅游业的可持续发展目标，保护自然环境和文化遗产。信息技术已经深刻地改变了旅游业的方方面面，从旅游体验到管理和可持续发展。智慧旅游将继续依赖信息技术的不断创新，以满足不断变化的旅游需求，为游客提供更好的体验，同时促进旅游业的可持续发展。

一、信息技术在智慧旅游中的应用

信息技术在智慧旅游中扮演着至关重要的角色，已经逐渐改变了我们的出行方式和旅游体验。智能手机和移动应用程序已经成为现代旅行不可或缺的工具。旅游者可以使用手机来搜索目的地信息、预订住宿和机票、获取实时天气和地图导航，等等，这使得旅行更加便捷和高效。互联网的普及使得旅游者可以轻松获取各种旅游资源。他们可以在社交媒体上查看其他旅游者的经验分享，寻找有关餐厅、景点和活动等的建议。此外，在线评论和评级也有助于旅游者作出更明智的决策，选择最适合他们需求的服务和产品。

大数据技术的应用使得旅游业能够更好地理解旅游者的需求和行为。通过分析旅游者的搜索历史、偏好和消费习惯，旅游提供商可以个性化地推荐产品和服务，提高客户满意度。同时，大数据还有助于优化运营和资源分配，提高旅游业的效率。智慧旅游还涉及物联网技术的应用。例如，智能酒店房间可以通过感应器自动调节温度、照明和窗帘，以提供更舒适的住宿体验。智能交通系统可以监测交通流量，并通过实时数据分析来提供路线建议，减少交通拥堵。虚拟现实（VR）和增强现实（AR）技术也在智慧旅游中崭露头角。旅游者可以通过 VR 体验虚拟旅行，探索世界各地的景点，而不必亲临现场。AR 应用程序可以提供实时的导航和信息，让旅游者更好地了解他们所在的环境。信息技术在智慧旅游中发挥着关键作用，使旅行变得更加便捷、个性化和愉快。这些技术不仅优化了旅游者的体验，也为旅游提供商提供了更多的商机和竞争优势。随着技术的不断发展，智慧旅游将继续成为旅游业的重要趋势，为人们带来更多更好的旅行体验。

（一）互联网和移动应用

互联网和移动应用已经成为智慧旅游不可或缺的基础设施。如今，旅游者可以借助手机、平板电脑或计算机，便捷地进行各种旅行计划的搜索、预订和管理。这一范围广泛的功能包括在线机票预订、酒店预订、景点门票购买、交通信息查询等多方面。互联网和移动应用为旅游者提供了极大的便利性和自由度。旅游者可以随时随地使用他们的移动设备或电脑来查找各种旅行选项。无论是在家中规划旅行路线，还是在路途中临时修改行程，这些工具都为旅游者提供了无与伦比的灵活性和便捷性。在线机票预订成为越来越受旅游者欢迎的选择。旅游者可以通过互联网和移动应用轻松地比较不同航空公司的价格、航班时间和额外服务。这种透明度有助于旅游者作出明智的选择，以满足他们的预算和时间要求。

酒店预订也得益于互联网和移动应用的发展。旅游者可以在线浏览各种酒店选项，查看客房照片、价格和评价，然后进行在线预订。这种便捷性不仅降低了预订的复杂性，还提供了更多的选择和更大的透明度。景点门票购买也变得更加便利。旅游者可以使用移动应用在各种景点和活动中购买门票，避免了排队和现金支付的麻烦。这种无纸化方式还有助于降低环境影响，促进可持续旅游。互联网和移动应用为旅游者提供了实时的交通信息查询功能。他们可以轻松获取公共交通、租车和导航服务等的信息，帮助他们更好地规划和管理旅行。互联网和移动应用已经成为智慧旅游的基石，为旅游者提供了前所未有的便捷性、选择性和透明度。这一数字化革命不仅优化了旅行体验，还有助于旅游业的增长和创新。因此，互联网和移动应用的发展在智慧旅游领域发挥着不可或缺的作用。

（二）大数据分析

大数据技术的强大潜力在于其能够收集和分析海量的旅游相关数据，其中包括了旅游者的种种信息，如偏好、行为、社交媒体活动，以及准确的位置信息。这些数据在智慧旅游领域具有广泛的应用，其作用不仅限于市场研究，还包括了个性化推荐、需求预测、客户行为分析等方面。大数据技术在市场研究方面大显身手。通过分析旅游者的偏好和行为，可以更深入地了解他们的需求。这有助于旅游业者更好地定位市场，制定针对性的营销策略，吸引更多的游客。同时，市场研究还能揭示潜在的市场机会，从而引导业者开发新的旅游产品和服务。大数据技术为个性化推荐提供了有力的支持。通过分析旅游者的历史数据和喜好，旅游业者可以为他们提供个性化的建议和推荐。这种个性化服务不仅提高了客户满意度，还增加了销售机会。旅游业者可以更好地满足客户需求，从而收获忠实客户群体。

需求预测也是大数据在智慧旅游中的关键应用之一。通过对历史数据和趋势的分析，我们可以预测旅游目的地的需求高峰和低谷。这有助于优化资源分配和价格策略，提高运营效率，减少浪费，从而实现更可持续的旅游经营。大数据技术在客户行为分析方面发挥了重要作用。通过跟踪和分析客户的行为，我们可以更好地理解他们的喜好和行动模式。这可以用于改进产品和服务，提高客户满意度，以及优化客户体验，从而增加重复业务和口碑传播。大数据技术在智慧旅游领域的应用不仅有助于旅游业者更好地了解客户，还能够提高经营效率，增加销售机会，推动旅游业的可持续发展。因此，大数据技术在智慧旅游中的作用越发不可或缺。

（三）人工智能和机器学习

人工智能（AI）和机器学习（ML）技术在智慧旅游领域的应用已经

引领了服务创新的浪潮，为客户提供了更便捷、高效和个性化的旅游体验。这些技术可以用于多个方面，包括自动化客户服务、虚拟助手、智能推荐系统和聊天机器人等，增加了旅游服务的维度。自动化客户服务是 AI 和 ML 技术的杰作之一。通过智能化的自动化系统，旅游企业可以为客户提供 24 小时服务，不受时间和地点的限制。无论客户何时需要信息、预订或解决问题，自动化客户服务都可以迅速响应，提供准确的信息和支持。这种自动化不仅提高了服务的可用性，即时满足客户需求，还减轻了人工客服的工作负担。

虚拟助手是 AI 技术的代表，已经在旅游业得到广泛应用。虚拟助手像人类一样能够理解和回答客户的问题，提供即时的帮助和建议。它们可以用于各种情境，如航班预订、酒店查询、旅行规划等。虚拟助手的出现使客户能够与旅游企业更自然、无缝地互动，提高了用户体验。智能推荐系统是另一个利用 AI 和 ML 技术的强大工具。这些系统通过分析客户的历史数据、喜好和行为，能够为客户提供个性化的推荐，包括旅行目的地、餐厅、活动等。智能推荐系统有助于客户更好地发掘新的旅游体验，提高了他们的满意度，同时也增加了交易量。

聊天机器人已经成为客户互动的关键工具。它们可以用于在线聊天、问题解答、订单跟踪等多个场景。聊天机器人不仅可以提供实时支持，还可以自动化一些常见任务，如订票、取消预订、查询行程等。这种智能助手提高了客户满意度，减少了等待时间，提高了服务效率。AI 和 ML 技术在智慧旅游中的应用为客户服务和用户体验带来了显著的改进。自动化客户服务、虚拟助手、智能推荐系统、聊天机器人等工具都为旅游业提供了更强大的工具，使旅游企业能够更好地满足客户需求，提高效率，提供更出色的旅游服务。这些技术的不断发展和创新将继续推动智慧旅游领域的进步，为客户提供更多精彩的旅行体验。

二、数字化转型和客户体验

数字化转型是当今企业界的一项重要战略，它对客户体验产生了深远的影响。随着技术的不断进步，企业必须不断调整自己的运营方式，以满足现代消费者的需求。数字化转型的目标之一是优化客户体验，通过采用新的技术和流程，使客户能够更轻松地与企业互动。数字化转型改变了客户与企业之间的互动方式。过去，客户可能需要亲自前往实体店铺或通过电话与企业联系。现在，随着数字渠道的崛起，客户可以通过移动应用、社交媒体和网站与企业进行交流，这使得互动更加便捷和即时。客户可以随时随地获取信息，提出问题，或者购买产品和服务。数字化转型提供了更加个性化的客户体验。企业可以利用数据分析和人工智能来了解客户的偏好和行为，从而能够向他们提供定制的建议和推荐。这种个性化的方法不仅提高了客户满意度，还促进了销售，提高了客户忠诚度。

数字化转型改善了客户支持和服务。通过自动化流程和虚拟助手，客户可以获得更快速和高效的帮助。企业可以提供在线帮助中心、在线聊天和自助服务选项，使客户能够自主解决问题，而不必等待人工支持。数字化转型加强了客户反馈和互动。通过社交媒体和在线评论，客户可以分享他们的体验和意见，而企业可以及时回应和改进。这种开放性的沟通有助于建立信任，提高企业的声誉。数字化转型已经彻底改变了客户体验的方式。它提供了更多的互动渠道，提高了个性化程度，改进了客户支持，并促进了客户反馈和互动。企业必须积极采纳数字化转型，以保持竞争力并满足现代消费者的需求。这是一个持续发展的过程，要求企业不断更新技术和策略，以适应不断变化的市场环境。

（一）个性化服务

信息技术可以帮助旅游企业提供个性化的旅游体验。通过分析旅游者的数据，企业可以为他们推荐符合其兴趣和需求的目的地、活动和服务等，提高客户满意度。这种个性化推荐系统可以利用各种数据源，包括旅游者的历史旅行记录、搜索历史、社交媒体活动、实时位置信息等，来了解他们的旅行偏好。通过这些数据，企业可以创建客户的旅行档案，包括他们喜欢的目的地类型（如海滩、山区、城市）、活动偏好（如登山、购物、美食体验）、预算范围、旅行时间等信息。然后，使用机器学习和数据分析技术，企业可以根据这些档案为每位旅游者量身定制旅行建议，包括推荐的目的地、酒店、餐厅、景点和活动。这种个性化推荐不仅可以提高客户的满意度，还有助于提高客户忠诚度和增加业务收入。旅游企业可以通过提供与客户兴趣相关的旅游产品和服务来满足客户的期望，从而增加销售和客户保留率。此外，通过不断收集和分析客户反馈和行为数据，企业可以不断改进其个性化推荐系统，以更好地满足客户的需求，实现持续的改进和增长。信息技术为旅游企业提供了强大的工具，可以帮助他们提供更具吸引力和个性化的旅游体验，从而提高客户满意度并促进业务增长。这种数据驱动的个性化服务已经成为现代旅游业的一项重要趋势，为旅游者和企业双方带来了巨大的价值。

（二）无缝体验

信息技术在智慧旅游领域的作用无处不在，它创造了无缝的旅行体验，贯穿预订阶段到旅行中的各个环节。这种无缝性依赖于多种技术应用，包括移动应用、在线支付、电子票务、自动化入住等方面的创新。移动应用在旅行中扮演着关键角色。旅游者可以使用各种移动应用来搜索、规划和管理他们的旅行。这些应用提供了详细的目的地信息、航班和酒店预订功能，以及交通和景点导航服务。旅游者可以在一个平台上方便地查找所需信息，从而节省了时间和精力。在线支付技术为旅行付款提供了高度便捷性。旅游者可以使用信用卡、移动支付应用或电子钱包来支付机票、酒店预订、景点门票等费用。这种电子支付方式不仅快速安全，还提供了实时的付款凭证，为旅游者提供了额外的安心感。

电子票务也已成为智慧旅游的常见实践。旅游者不再需要携带纸质机票、酒店预订确认单或景点门票。相反，他们可以在移动设备上显示电子票务，免去了不必要的纸质文件和难以管理的物品。这种数字化方式不仅环保，还减少了旅行的不便之处。另一个信息技术的应用是自动化入住。越来越多的酒店和住宿提供了自助办理入住的选项。旅游者可以使用移动应用提前完成入住手续，然后在抵达酒店后，只需简单的验证即可获得房间的访问权。这种自动化过程不仅提高了效率，还减少了人际接触，有助于维护卫生和安全。信息技术的广泛应用为旅游者创造了无缝的旅行体验，从旅行规划到付款和入住等各个环节都得以优化。这种数字化变革不仅提高了旅行的便利性，还有助于提高效率，减少环境影响，并提升了旅游业的竞争力。因此，信息技术在智慧旅游中的应用已经成为行业发展的重要趋势。

（三）实时反馈和互动

社交媒体和在线评论平台已成为旅游者与旅游企业之间互动的重要桥梁，为双方提供了实时反馈和共享旅行经验的机会。这种互动不仅丰富了用户体验，还为旅游企业提供了宝贵的信息和机会，以改进服务、增强客户关系。社交媒体平台成为旅游者分享旅行经验和观点的主要渠道之一。旅游者可以通过发布照片、文字和视频来传达他们的旅行印象。这些内容可以在社交媒体上广泛传播，让更多人了解目的地、酒店、景点等。旅游者的分享不仅可以为其他旅游者提供灵感和建议，还可以为旅游企业提供实时的市场反馈。在线评论平台为旅游者提供了一个发表评论和评级的平台。他们可以分享对酒店、餐厅、航空公司和旅游活动的体验，表达他们的满意度或不满意度。这些评论对其他旅游者的决策具有重要影响，也对旅游企业的声誉产生重要影响。企业可以通过监控和回应这些评论来积极与客户互动，解决问题，改进服务。旅游企业可以通过社交媒体和在线评论平台积极与客户互动，建立更紧密的联系。他们可以回复旅游者的评论，提供个性化的建议和支持。这种互动不仅可以提高客户满意度，还可以建立忠诚度。企业还可以通过社交媒体平台分享有关目的地和旅游活动的信息，与客户分享旅行灵感，提高客户的参与度。旅游者的实时反馈可以为旅游企业提供重要的市场信息。他们可以分析社交媒体上的趋势和在线评论的共同主题，了解客户需求和趋势。这有助于企业调整战略，改进产品和服务，满足市场需求。社交媒体和在线评论平台为旅游者和旅游企业之间的互动提供了宝贵的机会。旅游者可以分享旅行经验并提供实时反馈，为其他旅游者提供有用的信息。旅游企业可以通过积极参与客户互动，改进服务，并建立更紧密的关系。这种互动有助于提高客户满意度，增强客户忠诚度，同时也为企业提供了市场洞察，帮助他们适应不断变化的旅游市场。

三、可持续发展和创新

可持续发展和创新是当今世界所面临的重要挑战和机遇。可持续发展是指既能满足当代人的需要，又不对后代人满足其需求的能力构成危害的发展。创新则是推动社会、经济和环境可持续发展的关键动力。二者之间存在密切联系，相互促进，共同塑造着我们的未来。创新是可持续发展的引擎。通过创新，我们能够寻找更有效、更环保、更具可持续性的解决方案。例如，在能源领域，太阳能和风能等创新技术正逐渐取代传统的化石燃料，减少温室气体排放，实现能源可持续发展。在农业领域，新的种植方法和生物技术有助于提高粮食产量，满足不断增长的人口需求，同时减少土地和水资源的消耗。创新还可以应用于改善医疗保健、教育、城市规划等领域，促进社会的可持续发展。可持续发展鼓励创新。随着资源稀缺性的增加和环境问题的加剧，人们对可持续解决方案的需求也日益迫切。这种需求激励企业、政府和社会组织寻求新的方法来解决挑战。例如，减少塑料污染已经成为一个全球性的问题，促使企业研发可降解材料和循环利用技术。政府也在制定政策，鼓励可再生能源的使用和减少碳排放。这些努力推动了清洁技术和绿色产业的发展，为可持续发展创造了新的商机。

可持续发展和创新之间的互动也涉及社会方面。社会的需求和价值观对创新产生影响，而创新又塑造社会的未来。例如，消费者对可持续产品的需求促使企业开发更环保的产品，并鼓励供应链的可持续管理。此外，社会参与也是可持续发展的重要组成部分，它可以促进创新和改变政策。通过公众参与，人们可以共同推动可持续发展议程，促使政府和企业采取更可持续的行动。可持续发展和创新是相辅相成的。创新是实现可持续发展目标的关键，同时可持续发展也为创新提供了广阔的领域和机会。二者之间的互动不仅塑造着我们的现在，也决定了我们的未来。要应对全球性的挑战，我们需要不断推动创新，以寻找更加可持续的解决方案，同时也需要坚持可持续发展的原则，确保我们的行动不会损害未来世代的生存和发展权益。这是一个复杂而紧迫的任务，但也是一个充满希望的任务，因为创新和可持续发展的结合为我们创造了一个更美好的未来的可能性。

（一）可持续旅游

信息技术可以帮助旅游业实现可持续发展目标，包括减少资源浪费、降低碳足迹和保护自然环境。智能能源管理、电子票务、在线教育等技术可以支持可持续旅游实践。

1. 智能能源管理

信息技术可以用于监控和管理酒店、度假村和旅游设施的能源消耗。智能传感器和自动化系统可以帮助实时监测电力、水和气体的使用情况，从而发现和解决能源浪费问题。通过智能能源管理，旅游企业可以减少能源开支、减少温室气体排放、提高资源效率,同时降低对自然环境的不利影响。

2. 电子票务

传统的纸质门票和票务系统通常会产生大量废纸和耗费资源。电子票务系统通过提供电子门票、手机应用程序和在线预订,可以减少纸张和塑料的使用,降低印刷和分发成本,同时提供更方便的订票方式。这有助于减少资源浪费,并降低旅游活动对环境的影响。

3. 在线教育

信息技术还可以用于提供在线教育和培训,以提高旅游从业者和游客对可持续旅游实践的认识。通过在线课程和培训,旅游从业者可以学习如何管理和推广可持续旅游,包括减少生态足迹、保护自然景点和促进文化尊重。游客也可以通过在线资源了解如何在旅途中采取可持续行动,例如,减少废物、支持当地社区和尊重当地文化。

信息技术在可持续旅游方面发挥着重要作用,帮助旅游业降低资源消耗、减少碳足迹,并更好地保护自然环境。这些技术不仅有助于改善旅游业的可持续性,还提供了更便捷和环保的旅游体验,符合现代社会对可持续发展的需求和期望。

(二)创新和竞争力

信息技术在旅游业中的创新方面发挥了重要作用,它为企业提供了机会开发新产品和服务,从而提高了竞争力。虚拟现实旅游是一个引人注目的创新领域。通过虚拟现实技术,旅游者可以在不离开家的情况下体验全球各地的景点和文化。这种沉浸式体验使旅游者能够远程探索目的地,了解不同文化,并规划他们的旅行。虚拟现实旅游也为旅游企业提供了向潜在客户推广目的地和服务的新方式。区块链支付在旅游领域也具有巨大潜力。区块链技术可以提供安全、透明和去中心化的支付解决方案。旅游者可以使用加密货币或区块链支付系统来支付机票、酒店预订、景点门票等费用，减少了传统金融机构的中介环节，降低了交易成本，并提高了支付的安全性和可追溯性。

无人机导游是另一个创新领域。无人机可以提供令人惊叹的航拍视角，使旅游者能够欣赏到目的地的壮丽景色。此外，无人机还可以用于导游和安全监控。旅游者可以通过无人机实时观察景点，而无需亲临现场。这种技术为旅游体验增添了新的维度。智能旅行包也是信息技术的一项创新应用。这些智能旅行包配备了各种传感器和连接设备，可以跟踪行李的位置、温度、湿度等信息。旅游者可以通过手机应用随时了解他们的行李情况，减少了丢失或损坏行李的风险。此外，一些智能旅行包还具备充电功能，为旅游者的移动设备提供便捷的电源。信息技术在旅游业中的创新领域包括虚拟现实旅游、区块链支付、无人机导游、智能旅行包等。这些创新应用为旅游企业提供了丰富的机会，帮助他们提供更吸引人的产品和服务，提高了竞争力，并丰富了旅游者的旅游体验。因此，信息技术的不断发展将继续推动旅游业朝着更加创新和智能化的方向发展。

（三）数据安全和隐私

随着信息技术的广泛应用，数据安全和用户隐私问题在智慧旅游领域变得尤为重要。旅游企业不仅需要提供高效便捷的服务，还必须确保客户的数据得到妥善保护，同时遵守相关法规和标准，以维护用户信任和业务的可持续发展。数据安全在智慧旅游中至关重要。旅游企业收集并处理大量敏感信息，如个人身份信息、信用卡数据和旅行计划等。因此，确保这些数据的安全性和保密性是绝对必要的。企业需要采取严格的安全措施，包括加密数据、访问控制、网络安全和漏洞管理，以防止数据泄露和黑客入侵。此外，定期的安全审计和漏洞扫描可以帮助企业及时发现和解决潜在的安全风险。用户隐私保护也是一项重要任务。旅游企业必须遵守数据隐私法规，如欧洲的通用数据保护条例（GDPR）或美国的加州消费者隐私法（CCPA）。这些法规规定了个人数据的处理和存储标准，包括明确的用户同意、数据访问和删除请求的响应等。企业需要建立透明的隐私政策，告知用户数据的收集和使用方式，并确保用户可以随时访问和管理他们的个人信息。

旅游企业还可以通过教育和培训员工来增强数据安全和用户隐私的意识。员工需要了解数据安全最佳实践，以及如何处理客户数据以确保合规性。培训还可以帮助员工更好地应对社会工程学攻击和网络钓鱼等安全威胁。旅游企业应积极合作和共享信息，以更好地应对数据安全和隐私挑战。行业合作组织和政府监管机构可以提供指导和支持，帮助企业制定合规性政策和措施。此外，与技术提供商和安全专家的合作也可以帮助企业提升数据安全性和隐私保护水平。数据安全和用户隐私保护是智慧旅游领域不可忽视的关键问题。旅游企业需要全面考虑这些问题，采取有效措施来保护客户数据，同时遵守法规和标准。只有这样，他们才能够建立用户信任，确保业务的可持续发展，并为旅游者提供安全和愉快的旅游体验。

第二节　人工智能在旅游管理中的应用

人工智能已经在旅游管理领域取得了显著的应用进展。它为旅游行业带来了智能化的客户服务。通过自然语言处理技术，人工智能可以理解和回应客户的查询，为他们提供个性化的旅行建议和预订服务，从而提高了客户满意度。人工智能在旅游市场分析方面也发挥了关键作用。它可以分析大量的数据，包括社交媒体评论、航班信息和酒店预订数据，以帮助旅游业者更好地了解市场趋势和客户需求，从而制定更有针对性的市场策略。人工智能还在旅游安全方面发挥了作用。它可以监测旅游地点的实时安全情况，并根据风险水平提供警报和建议。这有助于提高游客的安全感，同时也有助于减少旅游事故和问题的发生。

人工智能还在旅游体验增强方面有着重要作用。虚拟现实和增强现实技术与 AI 结合，可以为游客提供沉浸式的旅游体验，例如，虚拟导游和增强现实地图导航，让游客更好地了解目的地的文化和历史。人工智能还有助于提高旅游业的运营效率。自动化和机器学习技术可以优化资源分配、价格策略和库存管理，使旅游业者能够更有效地运营他们的业务，提高盈利能力。人工智能已经深刻地改变了旅游管理领域，为客户提供更好的服务、帮助业者更好地理解市场和提高运营效率。这些应用将继续推动旅游业的发展，并提供更多创新和智能化的解决方案。

一、智能旅行规划和预订

智能旅行规划和预订是当今旅游业中的重要趋势，它们为旅游者提供了更便捷、个性化的体验。这一领域的发展得益于先进的技术，如人工智能和大数据分析，这些技术正在改变着我们计划和预订旅行的方式。智能旅行规划借助机器学习和数据挖掘技术，能够根据旅游者的兴趣、预算和时间表，为其提供个性化的旅行建议。无论是探索城市的文化景点，还是追求自然风光的冒险之旅，智能规划工具都可以为旅游者量身定制旅行路线，确保他们能够充分满足自己的需求和偏好。智能预订系统使旅行安排更加高效。传统的旅行预订可能需要耗费大量时间和精力，而智能预订工具可以在短时间内为旅游者提供多种选择。这些工具还可以自动比较价格和可用性，帮助旅游者找到最优惠的交通、住宿和活动选项。这不仅为旅游者节省了时间，还可以帮助他们降低旅行成本。

智能预订系统还可以提供实时信息和支持。旅游者可以随时获得关于交通、天气和目的地的更新信息，以便及时作出调整。而且，如果在旅途中遇到问题，他们可以通过应用程序或在线客户支持获得帮助，提高了旅行的安全性和便利性。智能旅行规划和预订可以提供更加可持续的旅行选择。它们可以帮助旅游者寻找环保的交通方式，选择环保的住宿和活动，以减少对环境的负面影响。这有助于推动可持续旅游的发展，促使旅游者更加关注生态和社会责任。智能旅行规划和预订已经成为现代旅游业的不可或缺的一部分。它们提供了更加个性化、高效和可持续的旅行选择，使旅游者能够更好地享受他们的旅程。随着技术的不断进步，我们可以期待智能旅行规划和预订系统将继续发展，为未来的旅游者提供更多便利和可能性。

（一）个性化旅行建议

人工智能的崭露头角在多个领域都取得了巨大的成就，其中之一就是旅行业。通过强大的算法和数据分析，人工智能能够深入了解旅客的历史偏好、兴趣和预算，从而为他们提供高度个性化的旅行建议。在这个数字时代，旅客的历史偏好和兴趣等信息广泛散布在互联网上。人工智能可以轻松地检索这些信息，分析旅客过去的旅行记录、社交媒体活动及在线搜索历史。这种深入了解可以帮助 AI 系统更好地理解旅客的品位和兴趣。例如，如果一个旅客过去频繁搜索关于美食和艺术的信息，AI 系统可以推荐前往拥有丰富美食和文化艺术活动的目的地。AI 还能够根据旅客的预算提供合适的建议。通过分析价格趋势和特殊优惠，AI 可以为旅客推荐经济实惠的旅行选项，以确保他们能够在不超出预算的情况下度过愉快的假期。这可能包括推荐廉价航班、经济型酒店或特价门票。

针对目的地的推荐也是人工智能的一大亮点。AI 系统可以根据旅客的兴趣和历史偏好，推荐适合他们的目的地。如果一个旅客喜欢户外活动，AI 可以推荐前往自然风光壮丽的国家公园或山区。如果一个旅客喜欢历史和文化，AI 可以建议参观古老的城市或博物馆。这种个性化的目的地建议可以使旅行更加充实和有趣。不仅如此，AI 还可以在航班和酒店预订方面提供帮助。它可以分析旅客的出发地和目的地，并考虑航班时间、价格和舒适度，提供最佳的航班选项。AI还可以根据旅客的兴趣和需求，考虑位置、设施和价格因素，推荐适合的酒店。人工智能能够不断学习和改进。通过不断分析旅客的反馈和旅行经历，AI可以逐渐调整建议，以更好地满足旅客的独特需求。这使得旅行体验变得越来越个性化，让旅客更容易规划并享受到令人难忘的旅程。人工智能在旅行业的应用已经取得了显著的成就。通过分析旅客的历史偏好、兴趣和预算，AI能够提供高度个性化的旅行建议，包括目的地、航班、酒店和活动推荐等。这不仅能够提高旅行的满意度，还能够帮助旅客更好地规划他们的旅行。未来，随着AI技术的不断发展，我们可以期待更加智能和个性化的旅行建议，使旅行体验更加难忘和愉快。

（二）智能预订系统

智能预订系统的崭新应用正在旅游业中迅速崭露头角。这些系统利用机器学习和大数据分析技术，能够根据供求情况和市场变化自动调整价格，以确保客户获得最佳的价格和价值。机器学习算法可以实时监测市场需求和竞争对手的价格策略。这些算法可以分析大量的市场数据，包括需求趋势、旅游活动、节假日和其他因素，以预测未来的价格变化。通过这种方式，智能预订系统能够迅速作出反应，调整价格以满足客户需求，并在竞争激烈的市场中保持竞争优势。这些系统还可以个性化定价，根据客户的偏好和历史行为来确定最适合他们的价格。例如，系统可以识别常客并提供特别优惠，或者根据客户的预订周期和出行时间来调整价格。这种个性化定价可以提高客户忠诚度，促使他们更频繁地选择该预订系统。

智能预订系统可以根据不同的因素，如时间、季节、特殊事件等，调整价格以最大程度优化收益。这种动态定价策略可以帮助旅游业者最大化利润，同时确保客户获得有竞争力的价格。智能预订系统还可以提供实时的市场分析和报告，帮助旅游业者更好地了解市场趋势和客户行为。这种数据洞察力有助于制定更明智的定价策略和市场营销战略，进一步提高了企业的竞争力。智能预订系统的机器学习和大数据分析技术为旅游业带来了一系列重大优势。通过自动调整价格、个性化定价、动态定价，以及提供实时市场分析，有助于旅游企业提高收益，还提供了更多的选择和价值，为客户提供了更出色的预订体验。随着技术的不断发展，智能预订系统将在旅游业中扮演越来越重要的角色。

（三）虚拟旅行助手

虚拟助手和聊天机器人在智慧旅游领域的应用，为客户提供了无缝和高效的实时帮助和支持，显著提升了客户的旅游体验。这些智能工具不仅能够回答客户的问题，还能够提供导航、解决问题，以及提供个性化建议，从而为旅游者提供更便捷、个性化和愉悦的服务。虚拟助手和聊天机器人能够以 24 小时不间断的方式为客户提供服务。无论客户何时需要帮助，这些智能工具都可以随时回应，不受时间和地点的限制。这种实时性对于旅游者尤为重要，因为他们可能在不同的时区旅行，或在紧急情况下需要立刻解决问题。虚拟助手和聊天机器人可以满足这一需求，确保客户在旅行过程中能够得到及时的支持。虚拟助手和聊天机器人具备强大的信息检索和问题解决能力。它们可以通过自然语言处理技术理解客户的问题，并迅速提供准确的答案。这包括提供有关目的地、酒店、航班、活动、餐厅等方面的信息。旅游者可以通过与虚拟助手或聊天机器人互动，轻松获取所需的信息，无需翻阅大量资料或进行复杂的搜索。

这些智能工具还可以提供个性化的建议和推荐。通过分析客户的历史数据和偏好，它们可以推荐适合客户口味和兴趣的目的地、活动和餐厅等。这种个性化建议使客户的旅行更加特别，增加了他们的满意度，同时也促进了交易量。虚拟助手和聊天机器人有助于解决一些常见的问题和任务，如航班预订、酒店预订、行程规划、付款等。这种自动化可以减少人工客服的工作负担、提高了服务效率、缩短了等待时间，使客户能够更快地完成任务。虚拟助手和聊天机器人在智慧旅游中的应用，为客户提供了实时的帮助和支持，极大地提升了客户的旅游体验。它们不仅能够回答问题、提供导航，还能够解决问题和提供个性化建议，使旅游者能够更便捷、高效，使旅游者满意地规划和享受他们的旅程。这些智能工具的不断发展和创新将进一步提升智慧旅游领域的服务质量，为旅游者提供更多愉悦和难忘的旅游体验。

二、智能客户服务和反馈分析

智能客户服务和反馈分析是当今企业领域的重要焦点。智能客户服务涵盖了多种技术和方法，旨在提供更高效、个性化和便捷的客户支持。同时，反馈分析帮助企业深入了解客户需求和情感，从而能够更好地满足客户期望。智能客户服务采用了各种先进技术，如自然语言处理、机器学习和自动化流程，以改进客户支持体验。自然语言处理技术使得虚拟助手和智能聊天机器人能够理解和回应客户的问题，减少了等待时间和交互的不便。这使客户能够获得即时的帮助，提高了满意度。

智能客户服务还通过分析客户的历史数据和行为来提供个性化的支持。企业可以使用机器学习算法来预测客户的需求，从而能够提供相关的建议和解决方案。这种个性化方法增加了客户对企业的忠诚度，并提供了销售机会。另一个关键方面是自动化流程，这有助于解决常见问题，减少了人工干预的需求。客户可以通过自助服务选项解决问题，而不必等待人工支持，提高了效率和客户满意度。反馈分析则是了解客户需求和情感的关键工具。通过监测社交媒体、在线评论和调查反馈，企业可以收集大量有关客户满意度和不满意度的数据。这种数据可以用于改进产品和服务，解决问题，并更好地满足客户期望。另外，情感分析技术可以帮助企业识别客户的情感和情绪，有助于更精确地理解客户反馈。智能客户服务和反馈分析在提高客户体验和客户满意度方面发挥着关键作用。通过利用先进技术和数据分析，企业能够更好地满足客户需求，提供个性化的支持，提高效率，提高客户忠诚度，并不断改进产品和服务。这些工具将继续在企业界发挥越来越重要的作用，帮助企业保持竞争力并与客户建立持久关系。

（一）自动化客服

在现代商业环境中，人工智能已经成为自动化客户服务的强大工具，因为它能够有效地处理各种常见的客户查询和请求。这项技术的崛起意味着企业能够更快速、更高效地满足客户的需求，从而提高了整体的客户满意度。自动化客户服务可以大大减轻人工客服的工作负担。传统的客服部门经常需要处理大量的相似查询业务，例如，关于产品信息、账单问题或退款请求。这些常见的问题可以通过 AI 系统轻松处理，释放出人工客服的时间和精力，让他们可以专注于更复杂、更具挑战性的问题。这不仅提高了客服团队的效率，还降低了工作的重复性，提高了员工的工作满意度。自动化客户服务还能够显著提高响应速度。人工客服可能会受到繁忙时段、不同时区和不定时的工作安排的限制，但 AI 系统可以全天候、全年无休地为客户提供服务。这意味着客户可以在任何时候提交查询或请求，且几乎可以立刻得到答复。这种迅速的响应速度可以提高客户的满意度，增强他们对企业的信任。

自动化客户服务可以通过持续学习和改进来不断提高自身的效能。AI 系统能够分析大量的客户交互数据，从中学习并逐渐增强其回应和解决问题的能力。这意味着随着时间的推移，AI 系统会变得越来越智能，能够更准确地理解客户的需求，并提供更有针对性的解决方案。另一个重要的优势是，自动化客户服务可以通过提供一致的服务水平来增强品牌形象。无论客户何时联系企业，他们都可以期望获得相同水平的服务质量，不会受到员工情绪或能力的波动影响。这有助于建立和维护企业的声誉，让客户更愿意与企业合作和交流。自动化客户服务已经成为现代商业环境中不可或缺的工具。它能够减轻人工客服的负担，提高响应速度，不断学习和改进，增强品牌形象，从而提高客户满意度。随着技术的不断进步，我们可以期待自动化客户服务在未来继续发挥更重要的作用，为企业和客户创造更多价值。

（二）情感分析

自然语言处理和情感分析技术的运用已经成为了改进客户服务质量的关键手段。通过这些技术，人工智能能够深入分析客户的反馈和评论，以全面了解客户满意度，并提供有针对性的改进建议，从而有效提升服务质量。自然语言处理技术使人工智能能够迅速解析大量的文字数据，无须人工干预。它能够识别客户反馈中的关键信息，包括积极的赞美和消极的抱怨。这种技术能够分析评论中的关键词汇、语法结构和上下文，以全面理解客户的言辞，无论是正面还是负面的。这为人工智能提供了大规模数据处理的能力，从而能够处理海量的客户评论。情感分析技术允许人工智能深入了解客户的情感和情绪。通过分析评论和反馈中的情感表达，如高兴、愤怒、满意或不满意等，情感分析可以帮助确定客户的情感状态。这种技术甚至可以检测到情感的微妙变化，从而更精确地评估客户的满意度。

自然语言处理和情感分析技术的联合运用使得人工智能能够为客户服务提供定制的解决方案。它可以根据不同客户的需求和情感状态，提供个性化的改进建议。例如，如果一个客户的评论表达了对某一方面的不满意，人工智能可以建议改进该方面的服务质量。这种定制的建议有助于提高客户的满意度，并帮助企业更好地满足客户的期望。除了提供改进建议，人工智能还可以追踪改进措施的实施和效果。它可以监控企业对客户反馈所做的改进，然后分析客户反馈是否出现积极变化。如果改进措施取得了成功，客户满意度有望提高，从而反映在客户的评论和反馈中。这种循环性反馈可以帮助企业持续改进服务质量。

自然语言处理和情感分析技术使企业能够更及时地回应客户的需求和关切。通过迅速分析和理解客户反馈，企业可以更快地采取行动，解决问题，并改进服务。这种迅速响应有助于建立客户信任，提高客户满意度和客户忠诚度。自然语言处理和情感分析技术为提高服务质量提供了强大工具。它们使人工智能能够深入分析客户的反馈和评论，了解客户满意度，提供定制的改进建议，追踪改进效果，以及更快地回应客户需求。这种技术的应用将继续在客户服务领域发挥着重要作用，为企业提供了提升竞争力的机会。

（三）客户关系管理

智能系统在旅游公司的客户关系管理方面发挥着关键作用。这些系统具备强大的能力，可以协助企业更有效地管理客户关系，提供更加个性化和有针对性的服务。智能系统可以用于客户信息的维护。企业通常需要存储大量客户信息，包括姓名、联系方式、旅行偏好、历史行为等。智能系统能够帮助企业建立和维护客户数据库，确保信息的准确性和完整性。这些系统还可以自动更新客户信息，确保它们始终保持最新状态。通过有效的客户信息管理，企业可以更好地了解客户，为他们提供个性化的服务。智能系统可以追踪客户的行为和互动。它们能够监测客户在企业网站、移动应用程序和社交媒体上的活动，包括搜索历史、点击行为和购买记录。这种行为跟踪有助于企业了解客户的兴趣和需求，预测其未来行为，并提供相应的建议和服务。例如，如果一个客户多次搜索某个目的地或酒店，智能系统可以向他们提供相关的特惠优惠和推荐。

智能系统还能够管理与客户的沟通。它们可以自动发送个性化的电子邮件、短信和通知，提醒客户有关他们的旅行计划、特殊优惠和重要更新。这种自动化的沟通管理使企业能够保持与客户的联系，提供及时的信息，并提高客户参与度。此外，智能系统还可以根据客户的反馈和回应进行调整，以改进沟通策略。智能系统的另一个重要功能是客户分析。它们可以分析大数据，识别客户的消费模式和趋势。这种分析有助于企业识别高价值客户、潜在客户和流失客户，并制定相应的营销策略。例如，如果一个客户经常购买高端酒店套餐，企业可以向他提供更多类似的选择，提高销售额。

智能系统还可以帮助企业预测客户需求和市场趋势。通过机器学习和数据挖掘技术，它们可以分析历史数据，预测未来的需求波动，以便企业做好准备。这种预测性分析有助于企业更好地管理库存、调整价格策略和优化服务。智能系统在旅游公司的客户关系管理中发挥着至关重要的作用。它们通过客户信息的维护、行为跟踪、沟通管理、客户分析和需求预测等功能，帮助企业提供更加个性化和有针对性的服务。这不仅提高了客户满意度，还提高了企业的竞争力，促进了可持续发展。因此，智能系统在现代智慧旅游行业中不可或缺，为企业提供了关键的竞争优势。

三、安全和风险管理

安全和风险管理在现代社会中占据着至关重要的地位。它们涵盖了各个领域，从个人生活到企业和政府运营，都扮演着关键的角色。安全管理的目标是预防事故和意外事件的发生，保护人们的生命和财产。同时，风险管理旨在降低潜在威胁和不确定性的影响，以确保组织的可持续性和成功。安全管理包括多个方面，如物理安全、网络安全和人员安全。物理安全涉及建筑物和设备的保护，以防止入侵、盗窃和自然灾害。网络安全关注信息和数据的保护，以防止黑客攻击和数据泄露。人员安全则关心员工和公众的安全，需要建立紧急应对计划和培训来应对火灾、地震和其他紧急情况。风险管理是一个动态的过程，涉及风险的识别、评估、控制和监控。风险可能来自多个方面，如市场波动、自然灾害、法律法规变化和竞争对手行为。通过识别潜在风险，组织可以采取措施来降低其影响。这包括采用保险、多样化投资组合、制定合规政策和提供培训，以减少潜在的风险。

另一个关键方面是危机管理，它是应对突发事件和紧急情况的能力。危机可以是自然灾害、恐怖袭击、产品故障或公共关系危机。有效的危机管理包括建立紧急响应计划、与利益相关者沟通、提供透明度和迅速采取行动以最小化潜在损失。在全球化和技术进步的背景下，安全和风险管理变得更加复杂。国际关系、供应链和信息安全都变得更具挑战性。因此，组织需要不断更新其策略和方法，以适应不断变化的环境。安全和风险管理是社会、企业和政府不可或缺的一部分，能够帮助确保人们的生活和财产得到保护，同时降低了不确定性和潜在威胁的风险。通过综合考虑安全和风险管理，组织可以更好地应对未来的挑战，确保可持续的成功和发展。

（一）预测和应对风险

人工智能的数据分析在预测旅游目的地风险方面发挥着重要作用。通过分析各种数据源，如气象数据、政治事件记录和健康信息，人工智能可以提供有关旅游目的地风险的实时信息和预测，帮助旅游者作出明智的决策并采取适当的预防措施。气象数据的分析是旅游目的地风险预测的重要组成部分。人工智能可以监测气象条件，包括天气变化、气温和降水量等。这些数据有助于旅游者了解目的地的气候特点，并预测可能的极端气象事件，如风暴、洪水或干旱等。旅游者可以根据这些信息在旅行前采取必要的预防措施，例如，选择合适的季节、准备适当的衣物和装备，以及了解紧急情况下的应急计划。政治事件记录的分析也对旅行目的地的风险预测至关重要。人工智能可以跟踪国际新闻和政治动态，识别可能对旅游目的地产生影响的事件，如政治不稳定、示威活动或安全威胁等。旅游者可以通过了解这些事件的发展趋势，决定是否前往特定地区，或者选择更安全的目的地。此外，人工智能还可以提供有关政府旅行建议和安全警报的信息，帮助旅游者作出明智的决策。

健康信息的分析也在旅行风险预测中发挥关键作用。特别是在当前全球卫生危机的情况下，人工智能可以收集和分析关于传染病暴发情况、疫苗接种率和健康卫生状况的数据。这些信息有助于旅游者了解目的地的健康风险，决定是否需要采取特殊的健康预防措施，如接种疫苗、购买医疗保险或遵循健康建议。旅游者可以通过这些信息更好地保护自己的健康，并在紧急情况下采取适当的行动。人工智能的数据分析为旅游者提供了有关旅游目的地风险的重要信息和预测。通过分析气象数据、政治事件记录和健康信息，人工智能可以帮助旅游者作出明智的决策，并采取适当的预防措施，以最大程度地降低旅行风险。这种智能系统的应用有助于提高旅行的安全性，为旅游者提供保障，同时也为他们提供更好的旅游体验。随着技术的不断发展和数据源的丰富，人工智能在旅游风险管理方面的作用将不断增强，为旅游者提供更全面的保障。

（二）欺诈检测

人工智能在支付和预订过程中的应用，起到了关键的欺诈检测和财务安全保护的角色。它能够分析大量的交易数据和用户行为，以识别可能的欺诈行为，从而保护旅行公司和客户的财务安全。人工智能能够通过分析交易模式和行为趋势来检测欺诈。它可以识别异常的交易模式，如大额支付、异地登录、频繁的账户访问等。这些异常行为可能是欺诈者的迹象，人工智能可以立即发出警报，以便采取进一步的调查和措施。人工智能可以分析交易数据中的模式和规律，以检测潜在的欺诈行为。它可以识别出典型的欺诈行为模式，如信用卡盗刷、虚假预订、多次退款等。通过识别这些模式，人工智能可以及早发现潜在的欺诈活动，从而降低风险。

另一个关键的应用是用户身份验证。人工智能可以使用生物识别技术，如指纹识别、面部识别和声纹识别，来验证用户的身份。这种身份验证方式更加安全，因为它难以伪造。如果有人试图伪造身份进行欺诈活动，人工智能可以迅速识别出来，从而保护支付和预订过程的安全性。人工智能还可以使用机器学习算法来不断提高欺诈检测的准确性。它可以根据历史数据和实时交易信息，自动学习和调整欺诈检测模型，以适应新的欺诈行为和技巧。这种自适应性使欺诈检测系统能够不断提高其性能，更好地保护用户财务安全。人工智能可以通过实时监控交易和用户行为来提供实时警报和通知。如果有可疑交易或行为出现，人工智能可以立即通知旅行公司和客户，以便他们能够及时采取应对措施。这种实时性有助于快速应对潜在的欺诈行为，减少损失。人工智能在支付和预订过程中的应用不仅有助于识别欺诈行为，还提供了重要的财务安全保护。它能够分析交易数据、检测异常行为、验证用户身份、不断学习和调整欺诈检测模型，以及提供实时警报和通知。这些功能共同确保了支付和预订过程的安全性，保护了旅行公司和客户的财务安全。因此，人工智能在欺诈检测和财务安全方面发挥着不可或缺的作用。

（三）安全监控

智能监控系统在旅游业的应用已经成为一项关键的技术，它能够有效地监测旅游目的地的安全情况，为旅游者提供实时的警报和建议，从而确保他们的安全。这种系统的出现为旅游者提供了更高水平的安全性保障，同时也有助于旅游业的可持续发展。智能监控系统通过各种传感器和监控设备来实时监视旅游目的地的安全情况。这些设备可以检测天气变化、地质活动、交通状况，以及潜在的危险因素，如火山喷发、地震或其他自然灾害。通过收集和分析这些数据，系统能够快速识别潜在的风险，并向旅游者提供相应的警报和建议。例如，在预测到即将来临的恶劣天气时，系统可以向旅游者发出警报，建议他们推迟行程或采取适当的安全措施。智能监控系统还可以通过整合多个信息源来提供全面的安全建议。这包括从政府部门、天气预报、地质研究机构、交通管理、当地媒体等多个来源获取信息。通过将这些信息综合起来，系统可以为旅游者提供更准确、更全面的建议。例如，当地政府可能会发布紧急通知，系统可以将这些通知与天气预报数据和地质活动信息相结合，以提供旅游者有关安全的详细建议。智能监控系统还能够根据个体旅游者的需求和偏好提供个性化的安全建议。系统可以收集旅游者的个人信息，如旅行计划、健康状况和特殊需求。基于这些信息，系统可以为每位旅游者定制特定的安全建议。例如，如果一位旅游者有健康问题，系统可以提供医疗设施的位置和急救服务的联系信息。

智能监控系统能够不断学习和改进，以提高其准确性和效率。通过分析历史数据和不断更新的信息源，系统可以不断优化其预警系统，确保旅游者能够获得最及时和可靠的安全建议。这种持续的改进有助于提高旅游者的信任程度，使他们更愿意依赖这种系统来确保他们的安全。智能监控系统在旅游业中的应用为旅游者提供了更高水平的安全性和保障。通过实时监视、多信息源整合、个性化建议和持续改进，这种系统可以确保旅游者在旅途中得到及时的安全警报和建议，从而为他们的安全提供了有力保障。随着技术的不断发展，智能监控系统将继续在旅游业中发挥重要作用，提高旅行的安全性和可持续性。

第三节　大数据与智慧旅游决策支持

大数据在智慧旅游决策支持中发挥着至关重要的作用。大数据的汇总和分析能力，使得旅游业能够更好地理解游客需求和市场趋势。通过大数据分析，旅游业者可以实时追踪游客的行为和喜好，以便更好地个性化定制旅游产品和服务。大数据还可以协助旅游决策者更精确地预测需求，优化资源配置，提高运营效率。通过分析历史数据和实时信息，旅游从业者可以更好地预测旅游热点地区的拥挤情况，从而提前采取措施分流游客和改进游览路线。

大数据也有助于提高安全性和风险管理。通过监测各种数据源，如天气、交通状况和健康指标等，旅游决策者可以更好地应对潜在的风险和危机，确保游客的安全和满意度。大数据还可以支持市场营销决策。通过分析社交媒体和在线评论等信息，旅游业者可以了解游客的反馈和意见，及时调整策略并改进服务。这有助于建立更紧密的客户关系，提高忠诚度。大数据在智慧旅游决策支持中具有巨大潜力。它不仅可以提供关键洞察，还可以帮助旅游业者更好地满足游客需求、提高效率和安全性，从而推动旅游行业向更智能、更可持续的方向发展。

一、大数据的收集和处理在智慧旅游中的应用

大数据的收集和处理已经在智慧旅游领域发挥了重要作用。这些数据的来源包括互联网、移动应用、传感器、社交媒体和其他数字渠道。这些数据涵盖了各个方面，从旅游者的行为和偏好到天气和交通信息，为智慧旅游提供了宝贵的资源。大数据的收集和分析有助于了解旅游者的需求和行为。通过分析他们的搜索历史、社交媒体活动和预订记录，旅游提供商可以更好地了解旅游者的兴趣和喜好。这使得他们能够个性化地推荐产品和服务，提高客户满意度。大数据可以用于预测和管理旅游目的地的流量。通过监测实时数据，如交通状况、天气和活动情况等，目的地管理者可以更好地规划资源和提供服务。这有助于减少拥堵和提升旅游体验。

大数据还可以用于市场营销和促销，通过分析市场趋势和竞争对手的表现，旅游业者可以制定更有效的市场策略。此外，他们可以利用社交媒体上的实时数据来推广特殊优惠和活动，吸引更多的游客。大数据的应用还包括安全和危机管理。通过监测大数据源，如社交媒体上的情感分析和

事件监测，旅游目的地可以更早地察觉到潜在的安全风险和危机。这有助于及时采取措施，确保游客的安全。大数据也用于提高效率和资源利用率。例如，酒店和航空公司可以使用数据来优化房间和座位分配，以提高利润。旅游供应链也可以受益于大数据的实时监测，以确保货物的及时交付。大数据的收集和处理在智慧旅游中发挥着关键作用，为旅游业提供了更多的机会和更大的竞争优势。利用大数据，旅游提供商和目的地管理者可以更好地满足旅游者的需求，提高效率，提供更安全和愉快的旅游体验。这将进一步推动智慧旅游领域的发展和创新。

（一）大数据的来源

旅游业在当今数字时代获得了大量数据，这些数据来自不同类型的来源，包括社交媒体、移动应用、传感器、在线预订平台等。这些多样的数据源为旅游业提供了丰富的信息，有助于改进服务、预测趋势和提高客户满意度。社交媒体是一种重要的数据来源。旅游者在社交媒体上分享他们的旅行经验、照片和评论。这些信息包含了目的地的印象、景点的评价及旅行的体验。通过分析社交媒体上的内容，旅游企业可以了解客户的偏好、需求和口碑等，从而改进产品和服务。此外，社交媒体还提供了实时的市场反馈，帮助企业快速响应客户的需求和意见。移动应用也为旅游业提供了大量的数据。旅游者使用移动应用进行航班和酒店预订、行程规划和导航。这些应用产生了大量的数据，包括预订信息、旅行行程、地理位置和用户偏好。通过分析移动应用生成的数据，旅游企业可以了解客户的行为和需求，提供个性化的建议和推荐，改进用户体验。

传感器技术也在旅游业中得到了广泛应用。例如，酒店和旅游景点可以使用传感器来监测客户的活动，如房间内的温度、光线和安全情况。这些传感器产生的数据有助于提高客户居住的舒适度和安全性。此外，智能城市中的传感器也可以收集有关城市交通、环境和安全的信息，为旅游者提供实时的城市信息和建议。在线预订平台是旅游业中的另一个重要数据来源。旅游者使用这些平台预订酒店、航班、租车和旅游活动。这些平台记录了大量的预订和交易数据，包括旅行日期、目的地、价格和客户信息。通过分析这些数据，旅游企业可以了解市场需求和趋势、制定定价策略、提供特别优惠，并优化库存管理。除了上述数据来源外，还有其他来源如在线评论网站、客户反馈调查、航空公司、酒店的客户数据等。这些数据都提供了关于旅游目的地、产品和服务的重要信息。通过综合分析这些多样化的数据源，旅游企业可以更好地了解客户、预测市场趋势、改进业务运营，并提供更个性化、满足客户需求的服务。不同类型的数据来源，如社交媒体、移动应用、传感器和在线预订平台等，为旅游业提供了海量数据。这些数据源为旅游企业提供了宝贵的信息，帮助他们更好地了解客户需求、预测市场趋势、改进服务和提高客户满意度。随着技术的不断发展，数据的价值和多样性将继续增加，为旅游业创造更多机会和竞争优势。

（二）数据采集和存储

大数据采集技术在当今信息时代扮演着至关重要的角色，它们包括数据仓库、分布式系统、云计算等。这些技术的发展和应用，使得大数据的存储和管理变得更加高效和可扩展。数据仓库是大数据采集的关键组成部分之一。数据仓库是一个集中式的数据存储系统，专门用于存储和管理大量结构化和半结构化的数据。它具备高度优化的查询和检索功能，使得用户可以轻松地访问和分析存储在其中的数据。数据仓库的使用大大简化了数据管理，提高了数据的可用性和可访问性。分布式系统在大数据采集中起到了关键作用。分布式系统将数据存储在多个节点上，使得数据能够分布在不同的服务器或数据中心中。这种分布式架构具有高度的容错性和可伸缩性，可以轻松处理大规模的数据。此外，分布式系统还允许数据的并行处理，加速数据采集和分析的速度。它们能够有效地管理大数据的流动，确保数据的可靠性和可用性。

云计算技术也为大数据采集提供了强大的支持。云计算允许用户将数据存储在云服务提供商的服务器上，而不是在本地硬件上。这种云基础设施可以根据需要进行扩展，从而满足不断增长的数据存储需求。此外，云计算还提供了弹性计算资源，使得数据处理变得更加高效和经济。它们还具备高度的安全性和数据备份功能，确保数据的保护和可靠性。大数据采集技术还利用了分布式数据库系统，如 Hadoop 和 NoSQL 数据库。这些数据库系统专门设计用于存储和处理大规模非结构化和半结构化的数据。它们具备高度的可扩展性，可以处理海量数据，包括文本、图像、音频和视频等多种类型的数据。这些数据库系统还支持分布式计算和数据分析，使得大数据的处理变得更加高效和灵活。数据仓库、分布式系统、云计算、分布式数据库等大数据采集技术，已经成为有效存储和管理大数据的重要工具。它们共同构建了强大的数据基础设施，使得大数据的处理和分析变得更加高效、可扩展和可靠。随着技术的不断发展，这些技术将继续为大数据采集提供更多创新的解决方案，推动着数据驱动决策和创新的发展。

（三）数据清洗和处理

数据在现代社会中扮演着至关重要的角色，因此，确保数据的质量和可用性至关重要。数据清洗、转换和预处理是确保数据质量和可用性的关键步骤。在执行这些步骤时，需要采用适当的方法和技术来处理数据，以确保数据的准确性、一致性和完整性。数据清洗是数据处理的重要环节之一。它涉及检测和纠正数据中的错误、不一致性和缺失值。为了实现数据清洗，可以使用各种技术，包括数据验证、规范化和异常值检测。数据验证可用于验证数据是否符合特定规则或模式，如日期格式或邮件地址的有效性。规范化可以确保数据以一致的格式进行表示，如将所有日期格式标准化为特定的日期格式。异常值检测则用于识别和处理数据中的异常值，这些异常值可能会对数据分析产生不良影响。数据转换是数据预处理的另一个关键步骤。数据转换包括将数据从一种形式或结构转换为另一种形式或结构，以便于后续分析。这可以涉及数据重采样、聚合、合并和分割等操作。例如，对于时间序列数据，可以进行数据重采样将数据从分钟级别转换为小时级别，以减少数据量并提高分析效率。聚合操作可以将数据合并为更高层次的总结信息，例如，计算每月或每季度的平均值。合并和分割操作可以用于将多个数据集合并或拆分，以支持更复杂的分析需求。

数据预处理是确保数据可用性的关键步骤之一。它包括数据清洗和转换，以及其他数据准备工作，如数据标准化、特征工程和数据降维。数据标准化可以确保数据的度量单位一致，便于比较和分析。特征工程涉及创建新的特征或选择最重要的特征，以提高模型的性能。数据降维可以减少数据维度，从而提高模型的训练和预测效率。数据清洗、转换和预处理是确保数据质量和可用性的关键步骤。在处理数据时，需要采用适当的方法和技术，以确保数据的准确性、一致性和完整性。这些步骤有助于确保数据可用于有效地进行分析和决策制定，从而为组织和企业提供了有价值的信息和洞察。通过精心处理数据，我们能够更好地利用数据的潜力，实现更智能和更有针对性的业务决策。

二、大数据分析在智慧旅游中的应用

大数据分析在智慧旅游领域的应用是一项重要而创新的趋势。大数据分析是指通过处理和分析大规模数据集来提取有价值的信息和洞察力的过程，它已经在智慧旅游中产生了深远的影响。大数据分析可以帮助旅游业者更好地了解游客的需求。通过分析大规模的旅游数据，包括游客的地理位置、偏好、消费习惯和社交媒体活动，企业可以更准确地预测旅游需求，提前调整资源分配和价格策略。这有助于提高旅游业的运营效率，满足游客的需求，并增加收入。大数据分析可以改善目的地管理和规划。旅游目的地可以利用大数据来监测游客流量，了解高峰和低谷时段，以便更好地安排交通、餐饮和住宿资源。此外，通过分析游客的反馈和评价，目的地管理者可以及时改进景点和服务，提高游客满意度，增强目的地的吸引力。

大数据分析有助于提供个性化的旅游体验。企业可以根据游客的个人偏好和兴趣，推荐特定的旅游活动、景点和餐厅等。这种个性化的推荐不仅提高了游客的满意度，还增加了交叉销售和客户忠诚度。大数据分析可以改善风险管理和安全性。通过监测实时数据，旅游业者可以更好地应对突发事件，如自然灾害或安全问题等。他们可以及时通知游客并提供指导，确保游客的安全。大数据分析在智慧旅游中发挥了关键作用。它帮助旅游业者更好地了解游客需求、改进目的地管理、提供个性化的体验和提高安全性。这项技术已经成为旅游行业的不可或缺的一部分，将继续推动智慧旅游的发展并提升整个行业的竞争力。

（一）数据挖掘和机器学习

数据挖掘是一项重要的技术，用于从大规模数据集中发现有用的模式、关系和信息。在旅游业中，数据挖掘技术可以应用于各个方面，如聚类、分类和关联规则挖掘，以提供有关旅游行为和趋势的洞察。同时，机器学习算法也是数据挖掘的关键组成部分，用于分析旅游数据并作出预测和决策。聚类是一种数据挖掘技术，用于将数据分成具有相似特征的群组或簇。在旅游业中，聚类可以帮助识别具有相似旅游习惯和兴趣的客户群体。例如，通过聚类分析，可以将旅游者分成不同的群组，如家庭旅游者、冒险旅游者和文化爱好者。这有助于旅游企业更好地理解其客户，以提供个性化的服务和推荐。分类是一种数据挖掘技术，用于将数据分为预定义的类别或标签。在旅游业中，分类可以用于客户分析和市场细分。例如，通过使用机器学习算法，可以根据客户的特征（如年龄、性别、兴趣等）将他们分为不同的市场细分，以更有针对性地制定市场营销策略。此外，分类还可以用于自动化航班和酒店预订，根据客户的需求和预算为他们提供最佳的选择。

关联规则挖掘是一种用于发现数据之间关联关系的技术。在旅游业中，这可以用于分析客户的行为和偏好，以提供个性化的推荐和交叉销售。例如，通过分析历史数据，可以发现购买机票的客户更有可能预订酒店。因此，旅游企业可以利用这一关联关系向客户提供机票和酒店套餐优惠，从而提高销售量。机器学习算法在旅游数据分析中发挥着重要作用。这些算法可以训练模型来预测客户行为、市场趋势和需求预测。例如，通过使用监督学习算法，可以构建预测模型，根据客户的历史行为来预测他们未来的旅游选择。无监督学习算法可以用于聚类分析，发现客户群体之间的相似性和差异性。强化学习算法可以用于优化旅游行程规划，以满足客户的需求和偏好。数据挖掘技术和机器学习算法在旅游业中的应用具有广泛的潜力。它们可以帮助企业更好地理解客户、优化市场策略、提供个性化的服务和推荐，以提高客户满意度和业务绩效。通过利用这些技术，旅游业可以更好地适应不断变化的市场，提供更智能、更具竞争力的服务。

（二）预测模型

大数据在预测旅游趋势、需求和市场变化方面具有巨大潜力。它提供了丰富的数据资源，可以用于构建高度准确的预测模型，从而帮助旅游业者更好地满足客户需求，制定战略决策以提高市场竞争力。大数据可以用来分析历史数据，以识别旅游趋势。通过收集和分析过去的旅游数据，包括目的地偏好、旅行季节、活动时间等，可以识别出一系列的趋势和模式。例如，数据分析可能会显示某个目的地在特定季节或节假日时的游客数量大幅增加，从而预测未来的类似情况。这种历史数据的分析有助于旅游业者提前做好准备，调整资源分配和价格策略。大数据可以用于预测需求。通过分析大量的市场数据，包括搜索引擎查询、社交媒体活动、机票预订和酒店预订等，可以了解客户的需求和兴趣。这种数据分析可以帮助旅游企业更好地了解客户的需求，根据市场需求提供产品和服务。例如，如果数据显示某个目的地的搜索量急剧增加，旅游公司可以考虑增加对该地的宣传和资源投入。

大数据还可以用于市场变化的预测。通过监测和分析市场指标、竞争对手的动态和经济指标等数据，可以预测市场的变化趋势。这种数据分析有助于旅游业者及时调整市场策略，应对市场的不确定性。例如，如果数据显示竞争对手的市场份额在下降，旅游企业可以考虑增加市场份额，推出更具吸引力的优惠和服务。另一个关键的应用是客户行为分析。大数据可以分析客户的历史行为和交易数据，以了解他们的偏好、消费模式和忠诚度。通过这种分析，旅游公司可以预测客户的未来行为，制定更具个性化的市场策略和推荐系统。例如，如果数据显示某个客户经常预订高端酒店，旅游公司可以提供更多的高端酒店选项和高端服务。大数据在预测旅游趋势、需求和市场变化方面发挥了重要作用。它通过历史数据分析、需求分析、市场变化预测、客户行为分析等方式，为旅游业者提供了深入的洞察力。这些洞察力有助于制定更智能、更有效的市场策略，提高服务质量，满足客户需求，增强市场竞争力。随着大数据技术的不断发展和应用，预测旅游领域的工具和方法将不断进化，为旅游行业带来更多的机会和优势。

（三）实时分析

实时数据分析和流式处理技术在智慧旅游领域的应用已经变得至关重要，因为它们能够满足实时性需求，支持智慧旅游决策的及时性和精确性。实时数据分析和流式处理技术允许旅游企业及时收集和处理各种数据源生成的信息。这些数据源包括社交媒体更新、移动应用中的用户交互、传感器产生的地理位置数据、在线预订平台的交易信息等。通过实时采集和处理这些数据，企业可以迅速获得有关客户、市场和竞争环境的最新见解，从而更好地应对变化和机会。实时数据分析和流式处理技术有助于实现实时的个性化服务。通过实时监测和分析客户行为和偏好，旅游企业可以迅速了解客户的需求，并提供定制的建议和推荐。例如，当客户在移动应用中搜索旅行目的地或浏览酒店选项时，流式处理技术可以分析其行为，立即提供相关的特惠优惠或增值服务，从而提高了客户的满意度和转化率。

实时数据分析和流式处理技术支持智慧旅游的实时风险管理。在旅行中，如天气突变、政治动荡或健康危机等突发事件可能对旅行计划产生重大影响。通过实时监测气象数据、政治事件和健康信息，并将其与旅游者的行程信息相匹配，企业可以迅速识别潜在的风险并采取相应的应急措施。这有助于提高旅游者的安全性和保障，并减少潜在的不便和风险。实时数据分析和流式处理技术还可以提高旅游企业的运营效率。通过实时监控和分析供应链、库存和需求信息，企业可以更好地管理资源，减少浪费，提高服务质量。例如，酒店可以根据实时需求调整房价和房间分配，以最大程度地提高入住率和收益。实时数据分析和流式处理技术有助于提高客户互动和满意度。企业可以利用实时数据分析来识别并响应客户的需求，及时回应他们的查询和反馈，提供即时支持。这种高度互动的方式有助于建立更紧密的客户关系，提高客户忠诚度，从而促进业务增长。实时数据分析和流式处理技术在智慧旅游领域具有巨大潜力。它们通过及时的数据收集、分析和应用，支持了智慧旅游决策的实时性需求。这些技术不仅有助于提高服务质量和客户满意度，还有助于提高安全性和效率，使旅游企业能够更好地适应快速变化的市场和客户需求。在数字化时代，实时数据分析和流式处理技术将继续发挥关键作用，为智慧旅游行业的可持续发展提供支持和动力。

三、大数据在智慧旅游决策支持中的应用案例

大数据在智慧旅游决策支持中的应用案例多种多样。其中一个典型案例是利用大数据分析来优化旅游目的地推荐。通过收集和分析大量游客的历史行为和偏好数据，智慧旅游系统可以为游客提供个性化的目的地建议。例如，如果一个游客喜欢历史遗迹和美食，系统可以推荐他前往具有丰富历史文化和美食特色的目的地，提高了游客的满意度和体验。另一个应用案例是智慧旅游系统在交通管理方面的应用。通过监测交通流量、公共交通运营数据和道路状况等信息，系统可以实时预测交通拥堵情况，并为游客提供最佳的出行路线建议。这有助于减少交通堵塞，提高城市的交通效率，同时也为游客节省了时间和精力。

大数据还在旅游价格策略方面发挥了关键作用。酒店和航空公司可以利用大数据分析来动态调整价格，根据需求和供应情况实时调整房价和机票价格。这不仅有助于提高利润，还可以为消费者提供更具吸引力的价格选择。大数据还可以用于改善旅游安全和危机管理。通过监测社交媒体和新闻报道，智慧旅游系统可以迅速识别旅游目的地发生的突发事件，如自然灾害或政治动荡，从而提前警告游客，并协助他们采取安全措施或改变旅行计划。大数据还在增强旅游体验方面发挥了作用。通过智能设备、传感器和应用程序，游客可以获取实时信息和互动体验，如增强现实导览、虚拟现实景点游览等。这些技术为游客提供了更深入、更有趣的旅游体验。大数据在智慧旅游决策支持中的应用案例丰富多彩，涵盖了目的地推荐、交通管理、价格策略、安全管理、体验增强等多个方面。通过充分利用大数据分析和技术，智慧旅游系统可以为游客提供更便捷、个性化和安全的旅行体验，同时也为旅游行业的发展和可持续性作出了贡献。这些案例显示了大数据在塑造未来智慧旅游的重要作用，为游客和旅游业带来了巨大的价值。

（一）个性化推荐系统

大数据在构建个性化旅游建议和推荐系统方面发挥了重要作用，通过分析海量数据，旅游企业可以为客户提供更精确、个性化的旅游建议和推荐，从而显著提高客户满意度。大数据分析可以基于客户的历史行为和偏好来生成个性化的旅游建议。旅游企业可以收集并分析客户的过往旅行数据，包括目的地、酒店选择、活动参与等，以了解客户的兴趣和偏好。通过这些数据，系统可以自动推荐符合客户口味的目的地、景点和活动，提供更加贴近客户需求的旅游建议。这种个性化建议使客户感到被重视，提高了他们的满意度。大数据分析可以根据实时数据和数据变化趋势生成实时的旅游推荐。通过监测社交媒体、移动应用和在线评论等数据源，系统可以了解当前热门的目的地、活动和景点。这使得企业可以向客户提供最新的旅游建议，使他们能够及时了解和参与到最具吸引力的旅行体验中。这种实时性的推荐系统有助于提高客户的满意度，因为他们可以获得最新和最独特的旅行建议。

大数据还可以用于构建个性化的价格策略。通过分析客户的购买历史、预算和偏好，企业可以制定个性化的价格优惠和特殊优惠。这不仅可以吸引客户，还可以提高他们的满意度，因为他们感到自己获得了特别对待。这种定制的价格策略有助于提高客户的忠诚度，并促使他们再次选择该企业的服务。大数据还可以用于个性化的行程规划。通过分析客户的时间安排、兴趣和预算，企业可以为客户制定适合他们的个性化行程，包括景点游览、活动安排和餐厅预订。这种个性化的行程规划使客户能够更好地安排旅行，充分利用时间和资源，提高了客户对旅行的满意度。大数据还可以用于个性化的客户服务。通过分析客户的反馈、投诉和需求，企业可以了解客户的关切和问题，并提供相应的支持和解决方案。这种个性化的客户服务可以帮助客户解决问题，提高满意度，并增加客户的忠诚度。

大数据在构建个性化旅游建议和推荐系统方面发挥了关键作用，通过分析客户历史数据和实时趋势，生成个性化的旅游建议、价格策略、行程规划和客户服务，提高了客户满意度。这种个性化的服务不仅满足了客户的个性化需求，还提高了客户的忠诚度，促进了旅游企业的可持续发展。随着技术的不断发展，大数据分析将继续为旅游业带来更多创新和提升客户满意度的机会。

（二）客户行为分析

大数据分析客户行为已成为市场营销和客户体验改进的关键。通过深入了解客户的行为，企业可以制定更具针对性的市场营销策略和提供更加个性化的客户体验，从而提高品牌忠诚度和销售效果。大数据允许企业跟踪客户行为的多个维度。这包括客户的在线浏览行为、购买历史、社交媒体活动、搜索查询和应用使用情况等。通过收集和分析这些数据，企业可以了解客户的兴趣、偏好和需求。例如，如果一个客户频繁搜索健康食品的信息，企业可以推测该客户关注健康和饮食问题，然后针对性地提供相关产品和服务。大数据分析客户行为可以帮助企业发现潜在的市场机会。通过挖掘数据，企业可以识别出不同客户群体之间的共同特征和趋势。这有助于企业发现新的目标客户，并根据他们的需求制定市场营销策略。例如，如果数据显示一群客户经常线上购物，企业可以考虑推出在线促销活动，以吸引更多的类似客户。

大数据还有助于客户细分。通过将客户分成不同的细分群体，企业可以更好地了解每个群体的需求和行为。这有助于企业精确地针对不同细分群体制定市场营销策略，提供个性化的产品和服务。例如，一个企业可以将客户分为年轻专业人士、家庭主妇、退休人员等细分群体，并为每个群体提供适合他们需求的产品和宣传活动。大数据分析还可以用于客户反馈的综合评估。企业可以分析客户的评论、评分、投诉和建议，以了解客户的满意度和痛点。这有助于企业改进产品和服务，提高客户体验。例如，如果大量客户抱怨一个产品的质量问题，企业可以及时采取措施解决问题，提高客户满意度。大数据分析客户行为也有助于预测未来的趋势。通过分析历史数据，企业可以识别出客户行为和市场动态的模式。这使得企业可以提前做好准备，调整市场营销策略，以应对未来的变化。例如，如果数据显示某个产品在特定季节或节假日时销量大增，企业可以增加库存和调整宣传活动以满足潜在的需求。大数据分析客户行为是市场营销和客户体验改进的关键。通过深入了解客户的行为，企业可以制定更具针对性的市场营销策略，发掘潜在的市场机会，进行客户细分，综合客户反馈，以及预测未来的趋势。这些洞察力有助于企业提高销售效果，提升客户忠诚度，增强市场竞争力，从而取得更大的成功。因此，大数据分析客户行为已经成为现代企业不可或缺的工具和战略之一。

（三）智能交通管理

大数据已经成为交通管理中的一项重要的技术，它具有减少交通拥堵并提高交通效率的潜力。通过分析和利用大数据，交通管理部门能够更好地了解交通状况、优化道路和交通系统，从而实现更流畅的交通。大数据分析可以帮助交通管理部门更好地了解交通状况。通过收集和分析交通数据，如车辆流量、速度、道路使用情况和事故报告，管理部门可以实时监测交通情况并快速响应问题。这有助于减少交通拥堵并提高道路安全。例如，当交通数据显示某个地区的交通流量异常高时，管理部门可以采取措施调整交通信号灯的间隔时间，以优化交通流动。大数据分析可以支持交通规划和道路建设。通过分析历史交通数据和人流数据，管理部门可以确定交通高峰时段和拥堵地点，从而制定更有效的道路规划和交通改进方案。这包括道路扩建、新交通系统的设计和公共交通的改进。通过有针对性的规划，交通管理部门可以更好地满足城市增长和人口流动的需求，减少交通压力。

大数据还可以用于交通智能化系统的开发和优化。这些系统包括智能交通信号灯、智能交通管理系统和智能交通导航系统。通过分析大量的交通数据，这些系统能够实时调整交通信号、提供交通建议和优化交通路径，以提高交通效率。例如，智能交通导航系统可以利用实时交通数据来推荐最短的通勤路线，帮助驾驶者避开拥堵和交通事故。大数据还可以用于交通安全监控。通过分析交通摄像头和监测设备的数据，管理部门可以识别交通违规行为和潜在的交通危险。这有助于提高道路安全，并减少交通事故的发生。管理部门可以采取措施对危险路段加强巡逻，加大执法力度，以减少违法行为。大数据在交通管理中的应用具有巨大的潜力，可以减少交通拥堵和提高交通效率。通过实时监测交通状况、支持规划和道路建设、开发智能化系统及提高交通安全，交通管理部门可以更好地应对城市交通挑战，改善居民的交通体验，同时也有助于实现可持续的城市发展。大数据的不断应用将继续推动交通管理的创新，为未来的城市交通带来更多优化体验。

第二章
智慧旅游管理体系建设

第一节　智慧旅游管理的核心要素

　　智慧旅游管理的核心要素包括技术基础设施、数据分析、个性化服务和可持续发展。技术基础设施是智慧旅游的支撑，它包括物联网、云计算、通信网络等关键技术，为信息传输和处理提供了必要的基础。数据分析是智慧旅游的核心，通过大数据和人工智能技术，可以实时监测游客行为和市场趋势，为决策提供有力支持。个性化服务是智慧旅游的关键，它通过个性化推荐、定制化行程规划和实时反馈，提高游客体验和满意度。可持续发展是智慧旅游的基石，它包括资源管理、环保措施和社会责任，确保旅游业的长期可持续性。这些要素相互关联，共同推动智慧旅游的发展，为游客提供更好的旅游体验，促进旅游业的创新和可持续发展。

一、智慧旅游服务与体验的关键要素

　　可持续性和环境管理是当今世界面临的关键挑战之一。可持续性涵盖了广泛的领域，包括经济、社会和环境，它是一个综合性的概念，需要多方面的努力来实现。首要的要素是资源管理。有效的资源管理是可持续性的基石，涵盖了自然资源、能源、水资源等。必须确保资源的合理利用，

以满足当前需求，同时也要考虑未来世代的需求。资源的浪费和过度消耗对环境造成了不可逆转的损害，因此资源管理必须成为可持续性的核心。环境保护和生态系统保育是不可或缺的。保护生态系统的完整性和多样性对于维持生命的平衡至关重要。这包括保护森林、湿地、海洋和野生动植物的栖息地，以及减少污染和生态系统的破坏。环境管理的关键任务是确保人类活动不会对地球的生态平衡产生负面影响。

另一个重要要素是社会责任和包容性。可持续性必须关注社会的公平性和包容性，以确保人人都能享受到经济和社会发展的机会。这包括提供教育、医疗保健和基本服务，减少贫困和不平等，以及确保社会的参与和权利。技术创新和科学研究也是可持续性的推动力量。新技术和研究成果可以帮助改进资源管理、减少环境污染、开发可再生能源等方面。创新的力量是推动可持续性的重要动力之一。政策和治理机制对于实现可持续性至关重要。政府和国际组织必须采取措施来制定和执行环境法规、资源管理政策和社会公平政策。透明度和问责制是确保政策有效执行的关键。可持续性和环境管理是一个复杂而多维的挑战，需要多方面的合作和努力。资源管理、环境保护、社会责任、科技创新和政策治理都是实现可持续性的关键要素，只有通过综合性的方法，才能实现一个更加可持续、更健康和更公平的未来。

（一）个性化服务

个性化旅游建议、推荐和服务的提供已经成为旅游业的一项重要趋势，其中数据和人工智能发挥了关键作用。通过收集和分析大量的旅游数据，如历史旅行记录、兴趣、偏好和社交媒体活动等，人工智能系统能够精确理解旅游者的独特需求，从而提供个性化的服务。数据分析帮助人工智能系统更好地了解旅游者。通过分析旅游者的历史行为和偏好，系统能够建立旅游者的个人档案，包括他们最喜欢的目的地、旅行方式、住宿类型和活动兴趣。这有助于系统更好地理解旅游者的需求，并为他们提供更符合他们期望的建议。机器学习算法用于根据个性化需求生成旅游建议和推荐。这些算法考虑到旅游者的特征和偏好，为他们提供适合的目的地、航班、酒店和活动建议。例如，如果一个旅游者喜欢户外活动，系统可能会推荐前往自然风光壮丽的目的地，并提供徒步旅行或山地自行车活动的建议。如果一个旅游者喜欢文化和历史，系统可能会推荐参观博物馆和历史古迹。这些个性化建议有助于旅游者更好地规划他们的旅行。

人工智能系统还可以提供实时的旅游服务和建议。通过整合实时数据，如天气信息、交通状况和特殊活动通知，系统可以根据旅游者的当前位置和行程提供及时的建议。例如，如果天气突然下雨，系统可以提醒旅游者携带雨具或改变计划。如果交通状况不佳，系统可以建议使用替代路线或交通工具。人工智能系统通过不断学习和改进来提高个性化建议的准确性和质量。通过分析旅游者的反馈和旅行经历，系统可以不断优化其建议，以更好地满足旅游者的需求。这种持续的学习和改进使得个性化旅游建议变得越来越智能和贴心。数据和人工智能已经成为提供个性化旅游建议、推荐和服务的不可或缺的工具。通过数据分析和机器学习算法，系统能够理解旅游者的需求并提供个性化的建议。实时数据整合和不断学习使得系统能够提供更准确和贴心的服务，帮助旅游者更好地规划和享受他们的旅程。这种个性化的旅游服务将继续推动旅游业的发展，提高旅游者的满意度和体验。

（二）移动应用和虚拟现实

移动应用、虚拟现实（VR）和增强现实（AR）技术在旅游领域的应用，已经显著改善了旅游者的体验，提供了更加丰富、互动和个性化的旅行体验。移动应用在旅游中的应用已经成为不可或缺的一部分。这些应用提供了各种实用的功能，如地图导航、餐厅推荐、实时天气预报、语言翻译等。旅游者可以随时使用移动应用来获取信息、规划行程和解决问题，从而提高了旅行的便捷性和流畅性。此外，一些移动应用还提供了旅游攻略、用户评价、特别优惠等功能，帮助旅游者更好地了解目的地并享受更多的优惠。虚拟现实技术为旅游者提供了沉浸式的体验。通过 VR 眼镜或头戴式设备，旅游者可以在虚拟环境中探索世界各地的景点和地标，仿佛身临其境。这种沉浸式体验使旅游者能够事先感受到旅行目的地的风景和文化，从而提前激发旅行的兴趣和期待。此外，VR 还提供了虚拟导游的功能，旅游者可以在虚拟环境中跟随导游探索目的地，听取解说和历史故事，丰富了旅行的文化和教育性。

增强现实技术也为旅游者提供了独特的体验。AR 应用可以通过智能手机或 AR 眼镜来实现，它们将虚拟信息叠加在现实世界中，为旅游者提供了丰富的现实体验。例如，当旅游者扫描餐厅的菜单时，AR 应用可以显示菜品的图像和评论，帮助他们作出更好的选择。此外，AR 还可以用于导航，显示方向指示和地标，使旅行更加顺利和方便。另一个例子是 AR 博物馆和文化场所的应用。通过 AR 技术，旅游者可以在参观博物馆或历史遗迹时看到虚拟的重建或互动展览，以更深入地了解历史和文化。这种互动体验可以使旅游更有趣味性和教育性。移动应用、虚拟现实和增强现实技术在优化旅游者的体验方面发挥了重要作用。它们提供了实用的信息、沉浸式的体验和增强的互动性，使旅游者更好地享受旅行，并提前感受到目的地的魅力。这些技术的不断发展和应用将继续为旅游行业带来更多创新，提升旅游者的满意度和忠诚度。

（三）社交媒体互动

在社交媒体平台上建立互动是提高旅游目的地和企业可见性的关键策略，同时也有助于吸引更多游客。与受众建立深层次的互动。了解目标受众的兴趣、需求和偏好，然后有针对性地制定内容，回复评论、提问并积极参与与受众的对话。这种互动可以建立更亲近的关系，增加品牌的信任度。分享有趣和吸引人的内容。社交媒体用户更愿意分享有趣、有用或引人入胜的内容。因此，分享精心制作的照片、视频、故事和信息，以展示旅游目的地的吸引力和独特之处。创造性的内容有助于引起用户的兴趣，提高分享率，扩大可见性。

运用用户生成内容（UGC）。鼓励游客分享他们的旅行照片和经验，以及在社交媒体上使用特定的标签或提到您的品牌。在您的官方账户上分享用户生成的内容，以展示真实的旅行体验，同时也增加用户的参与感。UGC 不仅提高了可见性，还增强了社区感。定期发布更新和活动。保持社交媒体账户的活跃度，定期发布有关旅游目的地的新闻、活动和优惠信息。这可以吸引更多关注您账户的用户，使他们保持对目的地的兴趣，激发他们计划旅行的愿望。与旅游相关的合作伙伴和影响者进行合作。与当地旅游机构、酒店、餐厅等建立合作关系，共同推广旅游目的地。与社交媒体上有影响力的旅行博主、摄影师或其他领域专家合作，邀请他们体验并分享目的地的独特之处。这有助于扩大目标受众，增加可见性，并吸引更多游客。在社交媒体平台上建立互动是提高旅游目的地和企业可见性的有效方法。通过与受众建立深层次的互动，分享吸引人的内容，利用用户生成内容，定期发布更新和活动，以及与合作伙伴和影响者进行合作，可以吸引更多的游客，同时增强品牌的知名度和忠诚度。这些策略将有助于旅游业在竞争激烈的市场中脱颖而出，实现可持续的增长。

二、目的地管理

智慧旅游管理的核心要素之一是目的地管理，它是旅游业中至关重要的部分。目的地管理涉及旅游目的地的规划、开发、运营和维护，以提供高质量的旅游体验，同时也要考虑可持续性和社区参与等因素。目的地管理需要有效的规划和开发策略。这包括对目的地的基础设施、住宿、交通和旅游景点进行规划，以确保旅游者有足够的选择性和便利性。规划还需要考虑保护自然和文化遗产，以避免对目的地产生不可逆损害。开发策略也应考虑可持续性，以确保旅游业的长期可持续性。目的地管理需要有效的运营和营销。这包括目的地的市场定位、品牌推广和销售策略。通过精确的市场分析，管理者可以了解目标市场的需求和趋势，从而制定有针对性的营销策略。这有助于吸引更多的游客，并提高目的地的知名度。同时，运营方面需要关注客户服务、设施维护和危机管理，以确保旅游者在目的地的滞留期间得到满意的体验。

目的地管理还需要考虑社区参与和可持续性。社区参与是确保旅游发展与当地社区的利益相协调的关键因素。管理者应与当地居民和企业建立良好的关系，听取他们的意见和需求。此外，可持续性是目的地管理的重要原则，它包括环保、资源管理和社会责任。管理者需要采取措施来减少对环境的不利影响，同时也要关注当地社区的经济和社会发展。目的地管理需要不断学习和改进。旅游业是一个不断发展和变化的行业，因此管理者需要持续关注市场趋势和旅游者的需求。通过数据分析和客户反馈，管理者可以不断优化目的地的规划、运营和营销策略，以提供更好的旅游体验。

（一）数据驱动的决策

智慧旅游管理的核心在于数据的收集、分析和利用，这对目的地管理者来说至关重要。通过收集关于游客数量、行为、喜好和趋势的数据，管理者能够更好地了解旅游市场，提高目的地的吸引力，优化资源分配，并制定更智能的决策，以确保旅游业的可持续发展。数据收集是智慧旅游管理的基础。管理者需要收集各种类型的数据，包括游客数量、来源地、入住酒店的时长、参与的旅游活动、购物和用餐的花费等。这些数据可以通过各种渠道收集，如门票销售、酒店预订、在线调查和社交媒体分析等。数据的多样性和广泛性使管理者能够获得全面的洞察，了解游客的行为和需求。数据分析是数据收集的延伸，它有助于提取有价值的信息和洞察。通过数据分析，管理者可以发现游客的偏好和趋势。例如，分析数据可能会揭示某个目的地的旅游旺季和淡季，以及最受欢迎的旅游景点和活动。

这有助于管理者更好地规划资源，例如，安排更多的工作人员和提供更多的服务，以满足高峰期的需求。数据分析还可以帮助管理者识别市场机会和潜在的竞争对手。通过比较不同目的地的数据，管理者可以了解市场份额、定价策略和市场营销效果。这有助于制定战略决策，例如，调整价格、改进营销活动和开发新的旅游产品。

数据利用是将数据分析的结果转化为实际决策的过程。管理者可以利用数据来制定各种决策，例如，改进目的地的基础设施、增加旅游活动的多样性、制定个性化的市场营销策略以吸引不同类型的游客，或者优化资源分配以提高服务质量。这些决策可以有针对性地满足游客需求，提高目的地的竞争力。智慧旅游管理的关键在于数据的收集、分析和利用。通过数据，管理者能够更好地了解游客的行为和需求，优化目的地的规划和运营，制定更智能的决策，以提高旅游业的可持续发展。数据不仅有助于提高目的地的竞争力，还可以提高游客的满意度，为旅游业创造更多的机会和价值。因此，数据在智慧旅游管理中的作用不可低估。

（二）智能规划和预测

人工智能和大数据分析技术在旅游目的地管理中的应用已经产生了显著影响，它们赋予了管理者智能规划和预测的能力，以提高游客的流动性和满意度。人工智能和大数据分析技术通过收集和分析大量的旅游数据，包括游客的移动轨迹、时间分布、偏好和行为，为目的地管理者提供了深入的了解。这些数据可以通过移动应用、智能设备、传感器等方式进行采集，随后被传送到分析系统中进行处理。通过分析这些数据，管理者可以获得宝贵的见解，例如，哪些景点最受欢迎、哪些区域最拥挤，以及游客的高峰期。人工智能和大数据分析技术可以帮助目的地管理者进行智能规划。通过深入分析旅游数据，管理者可以确定最佳的旅游路线，优化景点和活动的时间安排，以避免拥堵和高峰期。例如，如果数据显示某个景点在特定时间段内访问量很大，管理者可以考虑推荐游客在其他时间段前往，以分散游客流量。

这些技术还可以用于预测游客流动和需求。通过数据分析和机器学习算法，管理者可以预测未来的游客流量趋势，以便采取相应的措施。例如，如果数据显示下个周末可能会有大量游客涌入，管理者可以提前调整资源分配、安保措施和交通规划，以应对高峰期的挑战。另一个关键方面是提高游客满意度。通过智能规划和预测，管理者可以更好地满足游客的需求和期望。他们可以提供个性化的建议、推荐和服务，根据游客的兴趣和时间表来定制旅行体验。这种个性化的服务不仅提高了游客的满意度，还增强了目的地的吸引力，鼓励游客再次访问。人工智能和大数据分析技术为旅游目的地管理者提供了强大的工具，帮助他们进行智能规划和预测，以提高游客的流动性和满意度。这种技术的应用不仅有助于优化资源利用，还提升了游客体验，推动了旅游业的可持续发展。随着技术的不断进步，目的地管理者将能够更好地应对旅游需求的变化，为游客提供更出色的旅行体验。

（三）个性化体验

智慧目的地管理的核心之一是提供个性化的游客体验。通过深入了解游客的兴趣和偏好，目的地管理者可以针对每位游客推荐定制化的活动、餐厅和景点，从而显著提高游客的满意度和忠诚度。了解游客兴趣和偏好是个性化推荐的基础。这可以通过多种方式实现，包括游客在预订过程中提供的信息、他们的历史行为和交易数据、社交媒体和移动应用中的活动记录等。这些数据源提供了宝贵的信息，可以帮助管理者了解游客的旅行动机、活动喜好、饮食偏好和文化兴趣等。利用数据分析和机器学习技术来处理和分析游客数据。这些技术可以识别模式、趋势和关联，从而为每位游客生成个性化的推荐。例如，通过分析历史行为数据，系统可以了解游客是否喜欢户外活动、购物、博物馆参观、美食探索等活动，然后为其推荐相关的活动和景点。

建立智能推荐系统。这些系统可以根据游客的兴趣和偏好，自动生成个性化的旅游建议和推荐。这不仅可以涵盖旅游活动，还包括餐饮选择、购物场所、文化体验和住宿建议等。这些推荐可以通过移动应用、网站或电子邮件等渠道传达给游客。实时性也至关重要。通过监测游客的位置和活动，系统可以及时调整推荐，以适应游客当前的需求和兴趣。例如，当游客正在某个景点附近时，系统可以提供有关该景点的详细信息、与之相关的活动和餐厅推荐等。

鼓励游客提供反馈和评价。游客的反馈是改进个性化推荐系统的重要信息源，可以帮助管理者不断优化推荐算法和提供更好的服务。智慧目的地管理通过深入了解游客的兴趣和偏好，利用数据分析和机器学习技术，以及建立智能推荐系统，可以提供个性化的游客体验。这种个性化推荐不仅提高了游客的满意度和忠诚度，还增加了游客在目的地的花销和停留时间，为目的地管理者创造了更大的价值。随着技术的不断发展，智慧目的地管理将继续为旅游业带来更多创新和提升客户体验的机会。

三、旅游运营

智慧旅游管理的核心要素之一是旅游运营。旅游运营是指旅游目的地、酒店、景点、交通、旅游活动等方面的运营和管理。在智慧旅游管理中，旅游运营发挥着关键的作用，它涵盖了多个方面，旅游运营需要优化目的地管理。这包括城市规划、旅游设施建设和景点管理。通过智慧城市规划和可持续发展策略，目的地可以更好地满足游客需求，提供更好的基础设施和公共服务。智慧目的地管理还包括了利用数据分析来了解游客的行为和偏好，以便更好地满足他们的需求。酒店和住宿运营是旅游运营的重要组成部分。智慧旅游管理强调了酒店的数字化转型和客户体验的提升。酒店可以利用智能技术来改进客房预订、入住和退房流程，提供更便捷的服务。此外，智能酒店还可以通过个性化推荐和定制服务来提高客户满意度。

景点和旅游活动的管理也是旅游运营的一部分。通过智慧旅游管理，景点和旅游活动可以提供更多的信息和导览服务，使游客更好地了解历史和文化。智能技术还可以用于门票预订、排队管理和安全监控，以提高游客体验和安全性。另一个重要方面是交通运营。交通运营包括了公共交通、机场、火车站、汽车租赁等。智慧旅游管理强调了交通的智能化和可持续性。公共交通可以通过智能交通系统来提高效率和减少拥堵。机场和火车站可以利用智能技术来提供更优质的信息和导航服务。汽车租赁服务可以通过智能预订和车辆共享来提高便利性。旅游运营还需要考虑危机管理和安全措施。智慧旅游管理强调了预警系统、紧急通知和危机响应计划的重要性。目的地和旅游企业需要利用智能技术来监测安全风险和处理紧急情况，以保障游客的安全。旅游运营是智慧旅游管理的核心要素之一。通过优化目的地管理、提高酒店和住宿服务、改进景点和旅游活动、提升交通运营和加强安全措施，旅游运营可以为游客提供更好的体验，实现旅游业的可持续发展。智慧旅游管理将继续推动旅游运营的创新和提升，以满足不断变化的旅游需求和期望。

（一）智能预订和支付

智慧旅游管理的发展为游客提供了更便捷和高效的预订和支付体验。通过移动应用或网站，游客能够轻松地计划和完成旅行的各种预订，从机票和酒店到旅游活动和交通工具，这在多个方面提高了旅游预订的便捷性和效率。智慧旅游管理使游客能够随时随地进行预订。无论是在家中、办公室还是移动中，游客都可以通过智能手机或电脑轻松访问旅游相关的应用和网站，浏览各种选项并进行预订。这消除了传统方式中需要前往旅行代理商或电话预订的不便，极大地提高了预订的便捷性。智慧旅游管理提供了更多的选择和透明度。通过应用和网站，游客可以比较不同供应商的价格、服务和评价，以作出明智的选择。这使得游客能够更好地满足他们的需求和预算，同时也促使供应商提供更高质量的产品和服务，以保持竞争力。

在线支付方式的普及使支付过程更加高效和安全。游客可以使用各种支付方式，如信用卡、电子钱包或移动支付应用，快速完成支付，无须携带大量现金或等待长时间的付款确认。这简化了支付流程，降低了付款错误的风险，提高了支付的效率和便捷性。智慧旅游管理还为游客提供了个性化的服务和建议。

（二）数据安全和隐私保护

在旅游运营中，保护游客的个人数据和隐私至关重要。智慧旅游管理需要采取措施来确保数据的安全性和合规性，以避免潜在的风险。数据安全是智慧旅游管理的核心要素之一。游客的个人数据，如姓名、联系方式、信用卡信息等，通常在旅游预订和交易过程中被收集和处理。这些数据的泄露或被黑客攻击可能导致严重的后果，包括身份盗窃和金融损失。因此，旅游管理者需要采用先进的数据加密技术和网络安全措施来保护这些数据的安全性。此外，数据备份和恢复计划也是必要的，以应对意外事件和数据丢失的风险。其中，合规性是关键。各个国家和地区都有不同的数据保护法律和规定，要求企业在处理个人数据时遵守一定的法律标准。智慧旅游管理者需要了解并遵守适用的数据保护法规，确保他们的数据收集、存储和处理活动是合法的和合规的。这可能涉及与法律顾问合作，以确保旅游运营的实践符合法律要求，从而避免法律纠纷和罚款。

教育和培训也是保护游客数据和隐私的关键因素。员工需要接受培训，了解如何正确处理个人数据，以及如何识别和应对潜在的数据安全风险。游客也应该被告知他们的数据将如何被使用，并有权选择是否共享特定信息。透明度和知情同意对于维护隐私权至关重要。监测和审查是确保数据安全和合规性的持续过程。旅游管理者应定期审查他们的数据处理流程，确保它们仍然符合法律要求，并采取必要的改进措施。此外，监测网络安全威胁和数据泄露事件也是重要的，以便及时应对潜在的风险。

（三）运营效率优化

自动化和智能化技术在旅游运营中的应用，可以显著提高资源管理、降低成本和提高效率。这一领域涵盖了多个方面，包括人员调度、库存管理和物流等。

1. 人员调度优化

自动化技术可以用于优化员工的工作排班和调度，通过分析历史数据、实时需求和员工的可用性，系统可以生成最佳的工作时间表，这有助于避免过度或不足的员工配置，提高了员工的工作效率，同时也提高了员工的满意度。此外，智能排班系统可以根据不同时间段的客流量进行调整，以确保在高峰时段有足够的人员，而在低峰时段不浪费人力资源。

2. 库存管理优化

在旅游业中，库存管理是至关重要的，特别是在酒店、餐厅和零售业。自动化系统可以监测库存水平，根据销售趋势和需求预测，自动订购和补充库存。这可以减少过多或过少的库存，降低了库存成本，并确保产品和服务的可用性。智能库存管理还可以通过根据需求和季节性变化进行定价策略调整，提高收入和利润。

3. 物流和供应链管理

智能化技术在旅游供应链中的应用也是关键。通过使用传感器、实时数据和物联网设备，可以实现对物流和运输的实时监控和追踪，这有助于提高货物的安全性和可追溯性，减少货损和延误。此外，自动化的路线规划和调度系统可以优化交通和运输，降低运输成本，并减少碳排放。

4. 数据驱动的决策

自动化和智能化技术还可以提供大量的数据和分析，为旅游运营提供更好的决策支持。通过分析客户行为、市场趋势和业务绩效数据，管理者可以更好地了解市场需求和机会，制定战略和策略，以满足客户需求并提高业务效益。数据驱动的决策有助于管理者更快地作出决策，降低风险，并实现业务目标。

自动化和智能化技术在旅游运营中的应用带来了显著的效益，通过人员调度优化、库存管理优化、物流和供应链管理及数据驱动的决策，旅游企业可以更好地管理资源、降低成本和提高效率。这不仅提高了业务的竞争力，还优化了客户体验，为旅游行业的可持续发展提供了支持。随着技术的不断进步，自动化和智能化技术将继续在旅游运营中发挥关键作用。

第二节　智慧旅游平台与系统建设

智慧旅游平台与系统的建设是旅游业的关键发展方向之一，这类平台和系统充分利用了信息技术，实现了旅游流程的全面数字化，它们集成了各种数据源，包括地理信息、气象数据和游客偏好，以提供更精确的服务。

智慧旅游平台通过数据分析和机器学习技术，为游客提供个性化的旅游建议。它们可以根据游客的兴趣和需求，推荐最佳的旅游目的地、交通方式和住宿选择。这种个性化的服务可以提高游客的满意度，同时也促进了旅游业的发展。这些平台还有助于旅游资源的优化管理。它们可以监测景点的游客流量，帮助景点管理者更好地规划资源分配和人员安排。这有助于减少拥堵和提高景点的可持续性。

智慧旅游平台还提供了便捷的预订和支付系统，游客可以使用这些系统预订机票、酒店和门票，无须排队或繁琐的手续，节省了时间和精力，提高了游客的旅游体验。智慧旅游平台还可以提供实时的安全信息。它们可以监测各种安全风险，包括自然灾害和安全事件，并向游客提供警报和建议，确保他们的安全。智慧旅游平台和系统的建设为旅游业带来了巨大的便利和效益。它们通过数字化、个性化和智能化的方式，提高了游客的体验，优化了旅游资源管理，促进了旅游业的可持续发展。这一趋势将在未来继续发展，为旅游业带来更多创新和增长机会。

一、需求分析与规划

智慧旅游平台与系统的建设需要深入的需求分析与规划，以确保系统能够满足旅游业的需求并提供卓越的服务。系统的基本需求包括数据集成和处理能力，这意味着系统必须能够收集、存储和处理大量的旅游相关数据，包括目的地信息、交通数据、住宿信息、活动安排等。此外，系统需要实现数据的实时更新和分析，以便提供准确的信息和建议。个性化服务是智慧旅游系统的重要特点。为了满足不同旅客的需求，系统需要具备强大的个性化建议和推荐功能。这可以通过机器学习和用户行为分析来实现，以确保旅客获得与其兴趣和偏好相符的旅游建议。

信息透明度也是系统的关键要求之一。旅客需要能够轻松获取关于目的地、价格、交通等各个方面的信息。因此，系统必须提供清晰、全面的信息，以便旅客作出明智的决策。系统还需要具备高度的便捷性，这包括在线预订、电子支付、移动应用程序等功能，以提高旅行的便捷性和效率。此外，系统应该支持多语言和多货币支付，以吸引国际旅客，安全性和隐私保护是系统建设的关键要求之一。旅客的个人和金融信息需要得到充分的保护，系统必须采取严格的安全措施来防止数据泄露和滥用。互动性和参与度也是系统设计的重要考虑因素。虚拟现实、增强现实、互动导览等技术可以提高旅游体验的互动性，使旅客更深入地了解目的地的文化和历史。系统建设需要考虑可持续性。这包括采用环保措施、支持可持续旅游和社会责任计划，以减少对环境的不利影响并回馈社区。智慧旅游平台与系统建设需要综合考虑数据处理、个性化服务、信息透明度、便捷性、安全性、互动性、可持续性等多个方面的需求。通过深入的需求分析与规划，可以确保系统能够满足旅游业的需求，为旅客提供卓越的智慧旅游体验。

（一）业务需求分析

确定智慧旅游系统的业务需求是系统开发的关键步骤，它涵盖了服务范围、目标用户群体和关键功能需求。

1. 服务范围确定

需要明确定义智慧旅游系统的服务范围，这包括确定系统将提供的服务类型，例如，旅行规划、预订、信息分享、导航、活动推荐等。关键是明确系统的主要功能和特点，以确保满足用户的需求。

2. 目标用户群体识别

了解系统的目标用户群体是至关重要的，这需要进行市场研究和用户调查，以确定主要用户群体的特征、需求和偏好。这些信息有助于确定系统的设计和功能，以满足不同用户的期望。

3. 关键功能需求分析

在确定服务范围和目标用户群体后，需要详细分析系统的关键功能需求，这包括用户界面设计、数据管理、搜索和推荐算法、互动功能、支付和预订功能等，确保这些功能满足用户的核心需求，并提供良好的用户体验。

4. 用户体验设计

基于目标用户的需求，进行用户体验设计，确保系统易于使用、导航直观，并提供个性化的体验，这包括界面设计、信息架构、导航流程、响应时间等方面的考虑。

5. 安全和隐私需求

考虑系统的安全和隐私需求，保护用户的个人信息和支付数据，确保系统采用安全的身份验证、数据加密和访问控制措施，以防止潜在的安全威胁。

6. 技术架构和集成需求

确定系统的技术架构和集成需求，包括硬件和软件平台、数据库、第三方服务和 API 集成，确保系统具备可扩展性，以适应未来的需求和技术发展。

7. 性能和可用性要求

定义系统的性能和可用性要求，包括响应时间、负载能力、系统可靠性、容错性等，这有助于确保系统在高流量时期和突发情况下能够正常运行。

8. 预算和时间表

制定预算和时间表，确定系统开发的预期成本和交付时间，这有助于管理项目的进展和资源分配。

确定智慧旅游系统的业务需求是项目成功的关键步骤。通过明确定义服务范围、识别目标用户群体、分析关键功能需求、设计用户体验、考虑安全和隐私、确定技术架构和性能要求，以及建立预算和时间表，可以确保系统能够满足用户需求，提供卓越的旅游体验，并为旅游行业的可持续发展作出贡献。

（二）市场调研

市场趋势、竞争分析和潜在的商业机会是制定合适的市场战略的关键因素。了解这些因素可以帮助企业更好地应对市场挑战，抓住机遇，制定有效的战略计划。市场趋势的分析是至关重要的，企业需要密切关注市场的趋势和变化，包括消费者需求的变化、技术创新、政策法规的变化等，例如，如果市场正在迅速转向可持续性和环保，企业可能需要调整产品和服务以满足这一趋势。此外，市场趋势的分析还可以帮助企业预测未来的需求，以便更好地满足客户的期望。竞争分析对于市场战略至关重要，企业需要了解竞争对手的定位、优势和弱点，这可以通过市场份额、定价策略、产品特性等多个方面进行分析。竞争分析还包括了市场上的替代品和潜在的新进入者，企业需要考虑如何在竞争激烈的市场中保持竞争力，并制定相应的策略，可能包括差异化产品、价格竞争或市场扩张。

潜在的商业机会是另一个重要方面。企业需要不断寻找新的商业机会，以扩大市场份额或进入新的市场领域，这可以包括市场细分、新产品开发、合作伙伴关系、国际扩张等。了解市场趋势和竞争分析有助于企业更好地识别潜在机会，并制定相应的战略以利用这些机会。市场战略的制定是基于对市场趋势、竞争分析和潜在商业机会的深入理解，这些因素共同影响了企业的目标、定位和行动计划。市场战略应该是灵活的，并根据市场情况的变化进行调整。同时，市场战略也需要与企业的核心价值观和愿景相一致，以确保长期成功和可持续发展。企业需要不断地监测和分析这些因素，以便作出明智的决策，实现市场份额的增长和持续的竞争优势。这有助于企业在不断变化的市场中取得成功。

（三）系统规划

系统架构设计、技术选择和基础设施规划是确保系统能够满足未来需求的关键因素，这些决策在系统的整体性能、可扩展性和可维护性方面发挥着至关重要的作用。系统架构设计是系统开发的核心。架构设计决定了系统的整体结构、组件之间的交互方式及数据流程。为了满足未来需求，架构必须具备高度的灵活性和可扩展性。采用模块化的设计原则，将系统划分为独立的组件，以便将来可以轻松地添加新功能或进行扩展。此外，采用松耦合的架构可以降低组件之间的依赖性，提高系统的可维护性。技术选择是关键的决策。选择适当的技术栈可以显著影响系统的性能和可扩展性。在技术选择方面，需要考虑到未来需求，选择具有良好生态系统支持和持续更新维护的技术。云计算、容器化、微服务架构等现代技术可以帮助系统更好地适应未来的需求变化。此外，选择开源技术和标准化协议有助于降低成本，提高系统的互操作性。

基础设施规划也是至关重要的一环，系统的基础设施包括硬件、网络、云服务等。为了确保系统满足未来需求，需要规划具有高可用性和弹性的基础设施。云基础设施提供了可伸缩性和灵活性，使系统能够根据需求进行动态扩展。此外，备份和容灾计划是确保系统可用性的关键组成部分，以应对可能发生的故障或灾难。在系统的整个生命周期中，持续性能监控和优化也是确保系统满足未来需求的关键。通过监控系统的性能和资源利用情况，可以及时发现并解决性能瓶颈和资源浪费问题。定期的性能优化和资源规划可以确保系统在不断变化的需求下保持高效运行。通过采用灵活的架构、适当的技术和可伸缩的基础设施，可以确保系统具备高度的可扩展性、可维护性和可用性，以满足未来的挑战和机会。持续的性能监控和优化则有助于确保系统在不断变化的环境中保持卓越的表现。这些因素共同促使系统在不断发展的需求下保持竞争力和可持续性。

二、系统设计与开发

　　智慧旅游平台和系统的设计与开发是一个复杂的过程，它需要多个关键要素的协同工作，以实现旅游业的数字化转型和提高用户体验。系统设计需要考虑多样化的数据来源和类型，包括地理信息、客户信息、交通信息、气象数据等。系统必须能够有效地整合这些数据，以提供全面的信息和服务。用户界面设计至关重要。智慧旅游平台必须具有直观的界面，使用户能够轻松地浏览和使用系统。用户友好的设计可以提高用户满意度，并促使更多人使用平台。数据分析和推荐系统是另一个重要方面。系统必须能够分析用户的行为和偏好，以提供个性化的建议和推荐，包括旅游目的地、活动、餐饮、住宿等方面的推荐。

　　安全性也是系统设计的重要考虑因素。旅游平台必须保护用户的个人信息和交易数据。强大的安全措施是不可或缺的，以防止数据泄漏和网络攻击。系统的可扩展性也是一个重要的设计要素。随着用户数量的增加和新功能的添加，系统必须能够无缝扩展，以满足不断增长的需求。系统必须具备跨平台的能力，以确保用户可以在不同设备和操作系统上访问平台。这意味着系统必须具备移动设备兼容性、移动应用程序支持等特性。系统的可维护性和升级性也是系统设计的考虑因素。随着技术的不断进步，系统必须能够容易地进行升级和维护，以保持竞争力并满足不断变化的需求。智慧旅游平台和系统的设计与开发是一个综合性的过程，需要考虑多个关键要素，包括数据整合、用户界面设计、数据分析、安全性、可扩展性、跨平台支持和可维护性。只有通过综合性的方法，才能建立一个成功的智慧旅游平台，优化用户体验，推动旅游业的数字化转型。

（一）架构设计

系统的技术架构是系统设计和开发的关键方面，它包括前端和后端组件、数据库设计、API 集成等关键要素。前端组件是系统的用户界面，用于与用户进行交互，它包括用户界面元素、图形、按钮、表单等，以便用户可以轻松地与系统进行互动。前端组件的设计应注重用户友好性、响应速度和可访问性，以提供良好的用户体验。后端组件是系统的核心引擎，用于处理业务逻辑、数据管理和安全性。后端通常由服务器端脚本语言编写，并运行在服务器上。它包括路由、控制器、模型、服务等组件，用于接收用户请求、处理数据和返回响应。后端组件的设计应注重性能、安全性和可伸缩性，以确保系统能够应对高负载和未来的扩展。

数据库设计是系统中存储和管理数据的关键部分。数据库用于存储用户信息、交易记录、配置数据等。数据库设计需要考虑数据的结构、关系、索引和性能优化。根据系统的需求选择合适的数据库类型。API 集成是系统与外部服务和应用程序进行通信的方式。它允许系统与第三方服务（如支付网关、社交媒体平台、地理信息系统等）进行数据交换和互操作。API 集成的设计需要考虑安全性、可靠性和性能。

系统的技术架构还包括安全性、日志记录、监控和性能优化等方面的考虑。安全性是确保系统数据和用户信息不受未经授权的访问和攻击的关键因素，通常包括身份验证、授权、加密、漏洞扫描等措施。日志记录和监控是用于跟踪系统运行状况和问题排查的重要工具，以便及时识别和解决潜在的故障。性能优化则包括对系统进行定期优化，以确保高效的数据处理和响应速度。系统的技术架构组件共同构成了系统的基础，决定了系统的性能、可用性和安全性。通过精心设计和选择合适的技术架构，可以确保系统能够满足用户需求，并具备扩展性和可维护性，以适应未来的需求和挑战。

（二）数据管理与集成

数据采集、存储、清洗和集成是确保数据质量和可用性的关键环节，对于企业的数据驱动决策和业务运营至关重要。数据采集是数据生命周期的起点。企业需要从各种来源收集数据，包括内部系统、外部数据提供商、传感器、社交媒体等。这些数据来源可能以不同的格式、结构和频率提供数据，因此采集过程需要适应不同的数据源。确保采集到的数据是准确和完整的，是保证后续数据质量的第一步。数据存储是关键的数据管理环节。企业需要选择合适的数据存储方式，以便有效地管理大量数据。这可以包括传统的关系型数据库、分布式数据库、云存储等。数据存储应具备高可用性、可伸缩性和安全性，以确保数据的可用性和安全。

数据清洗是数据质量的重要组成部分。采集到的数据往往包含错误、缺失值、重复项、不一致性等问题。数据清洗的过程包括检测和纠正这些问题，以确保数据的准确性和一致性。数据清洗通常涉及数据规范化、去重、异常值检测、缺失值填充等操作。数据集成是将不同数据源的数据整合在一起的过程。企业通常需要将来自多个系统和数据源的数据整合在一个单一的数据仓库或数据湖中，以便进行综合分析和洞察。数据集成需要考虑数据映射、转换和加载（ETL）过程，确保数据在整合过程中保持一致性和可用性。只有通过有效的数据管理，企业才能利用数据为决策支持、业务洞察和创新提供可靠的基础。这些步骤需要精心计划和执行，以确保数据在整个生命周期中保持高质量和可用性，为企业的成功和竞争优势作出贡献。

（三）用户界面设计

用户友好的界面设计和用户体验优化对于提高系统的易用性至关重

要。一款系统的成功与否往往取决于它是否能够满足用户的需求并提供愉快的使用体验。用户友好的界面设计是确保用户能够轻松理解和使用系统的关键。一个清晰、直观的界面可以帮助用户快速找到他们所需的功能和信息。如果用户需要花费大量时间来学习如何使用系统，那么他们可能会感到沮丧并放弃使用系统。因此，设计一个简单明了的界面对于吸引和保留用户至关重要。用户体验优化意味着系统应该能够高效地满足用户的需求。这包括了快速的响应时间、流畅的操作过程及准确的反馈机制。如果系统的性能不佳，用户可能会遇到延迟、错误或其他不愉快的体验，这会降低他们的满意度。因此，为了优化用户体验，必须不断提升系统的性能。

用户友好的界面设计和用户体验优化还需要考虑到用户的多样性。不同的用户可能具有不同的技能水平和需求。因此，系统应该具有足够的灵活性，以适应不同用户的需求。这可以通过提供自定义选项、多语言支持和无障碍功能来实现。用户友好的界面设计和用户体验优化是一个持续的过程。随着技术和用户需求的不断变化，系统也需要不断更新和改进。定期收集用户反馈和进行用户测试是保持系统在竞争激烈的市场中保持竞争力的关键。只有不断关注用户需求并不断改进系统，才能确保系统始终保持高度易用性。通过简化界面、优化性能、考虑用户多样性和持续改进，可以确保系统能够吸引并满足用户，从而实现长期的成功。

三、系统部署、运营与维护

智慧旅游平台与系统的部署、运营和维护是确保其有效性和可持续性的关键环节。系统部署是将平台和系统引入实际运营环境的过程。这一过程涉及硬件和软件的安装、配置和测试，以确保系统能够正常运行。部署后，系统的运营阶段开始。在这个阶段，平台和系统需要不断监测和维护，以确保其稳定性和性能。运营团队负责监控系统的运行状态，及时处理故障和问题。他们还需要确保系统能够满足用户需求，并与其他相关系统进行协调和整合。平台和系统的维护是一个持续的过程。这包括定期的软件更新和安全补丁的应用，以避免系统中存在潜在的威胁和漏洞。此外，维护还包括数据备份和恢复计划的制订，以应对数据丢失或系统故障。另一个关键方面是性能监测和优化。运营团队需要定期监测系统的性能，并识别潜在的瓶颈和问题。他们可以通过系统优化来提高性能，确保系统能够满足用户需求，并能够扩展以适应增长。

运营和维护还涉及用户支持和培训。运营团队需要及时响应用户的问题和反馈，并提供培训，以确保用户能够充分利用系统的功能和特性。运营和维护还需要考虑成本和资源管理。运营团队需要确保系统的运行成本在可控范围内，并合理分配资源以支持系统的运行和维护。智慧旅游平台与系统的部署、运营和维护是确保其成功运行和可持续性的关键环节。这需要不断地监测、维护和优化，以适应不断变化的需求和环境。只有通过有效的运营和维护，智慧旅游平台和系统才能够持续为旅游者和旅游业提供便利和价值。

（一）系统部署

系统上线和部署是确保系统正常对外提供服务的关键步骤。这一过程需要谨慎计划和执行，以确保系统的稳定性和可用性。部署前的准备工作包括代码测试和质量保证。开发团队需要对系统进行全面的测试，包括功能测试、性能测试和安全测试，以确保系统满足预期的需求和标准。任何潜在的问题和漏洞都应在部署前修复。此外，需要创建部署计划，确定部署流程和时间表，以确保部署过程的顺利进行。部署过程通常涉及将系统从开发环境迁移到生产环境，包括配置生产服务器、数据库和网络环境，以适应高流量和安全需求。同时，需要提前准备好系统的备份和容灾计划，以防止意外情况的发生。系统的代码和资源会上传到生产服务器，然后进行最后的配置和调试，包括数据库迁移、环境变量设置、域名绑定、安全证书配置等。系统的性能和稳定性将在此阶段进行最后的测试和优化。

一旦系统部署完毕，就可以进行最后的验证和监控。开发团队会进行端到端的测试，确保系统在生产环境中正常工作。同时，监控系统将跟踪系统的性能指标、错误日志和安全事件，以及时发现和解决问题。系统上线后，需要继续进行定期的监控和维护，包括对系统性能的实时监测、安全漏洞的修复、备份、恢复计划的更新等。此外，用户支持团队需要准备好，以处理用户的问题和反馈。系统上线和部署是一个复杂的过程，需要严密的计划和执行。通过充分的准备、测试和监控，可以确保系统在生产环境中正常运行，为用户提供可靠的服务。这一过程需要跨职能团队的协作，以确保系统的稳定性和可用性。

（二）运营与监测

系统的日常运营管理是确保系统正常运行的关键环节，它包括性能监测、故障排除和用户支持等方面。性能监测是系统运营管理的基础。通过监测系统的性能参数，如 CPU 利用率、内存使用、网络流量等，管理者可以及时发现潜在的性能问题，并采取措施来预防或解决这些问题。性能监测还可以帮助管理者了解系统的负载情况，以便进行资源分配和优化。故障排除是日常运营管理的重要部分。当系统出现故障或问题时，管理者需要迅速识别问题的根本原因，并采取措施来修复它。这可能涉及日志分析、错误代码追踪、硬件检查、软件升级等操作。快速而有效的故障排除可以缩短系统停机时间，提高系统的可用性。用户支持也是日常运营管理的重要组成部分。管理者需要确保用户能够顺利地使用系统，解答他们的问题并提供技术支持。这可能包括提供在线帮助文档、设立客户服务热线、开设用户论坛等方式。用户支持有助于维护用户满意度，优化系统的用户体验。

安全管理也是不可忽视的方面。系统的日常运营管理需要确保系统的数据安全和网络安全，包括安全漏洞的修复、入侵检测和防范措施的实施，以及定期的安全审计和漏洞扫描。保护用户数据和系统的安全对于维护信誉和合规性至关重要。资源管理是日常运营管理的一部分，包括硬件和软件资源的管理，以确保系统有足够的计算能力和存储空间来满足用户需求。资源管理还包括成本控制和预算规划，以确保系统的运营成本在可控范围内。系统的日常运营管理是保持系统稳定运行和用户满意的关键。性能监测、故障排除、用户支持、安全管理和资源管理都是不可或缺的环节，需要精心规划和执行。只有通过有效的运营管理，系统才能够持续提供高质量的服务，满足用户的需求。

（三）数据分析与优化

利用系统生成的数据进行深度分析，以改善决策和提升业务流程是一项重要而复杂的任务。首要任务是确保数据的准确性和完整性，以便得出可信的结论。随后，应运用各种数据分析工具和技术，挖掘数据中的模式、趋势和见解。通过这种方式，可以识别问题、发现机会，为决策制定提供有力的支持。

数据分析还可以用于业务流程改进。通过对流程数据进行分析，可以识别瓶颈、低效率点和改进机会。这有助于优化流程，提高效率，减少资源浪费。同时，数据分析还可以用于预测未来趋势，使业务能够更好地应对变化和风险。系统生成的数据还可以用于客户洞察。通过分析客户行为和偏好的数据，企业可以更好地了解其客户群体，以个性化和改进产品或服务，提供更好的客户体验，从而提升客户忠诚度和满意度。

数据分析应该是一个持续的过程。数据不断生成，分析也应该随之持续进行。企业需要建立数据分析团队，投资于数据分析技术和培训，以确保能够及时获得有价值的见解，并将其转化为实际行动。数据分析是一项关键的业务实践，可以通过利用系统生成的数据来改善决策和提升业务流程。通过准确分析数据，发现模式和见解，企业可以更好地理解市场和客户，提高效率，增强竞争力，并获得可持续的成功。

第三节　数据安全与隐私保护在智慧旅游中的挑战与对策

数据安全和隐私保护在智慧旅游中面临着重大挑战。随着信息技术的迅猛发展，旅游行业不断采集和利用个人信息，这引发了一系列的隐私和安全问题。为了解决这些问题，需要采取一系列有力的对策。建立健全的法律法规制度体系是解决问题的关键。政府应制定严格的数据保护法律，规范旅游企业收集和处理个人信息的行为，明确数据使用的目的和期限，同时设立相应的处罚机制以确保合规性。旅游企业需要加强数据安全措施。他们应投资于安全技术和系统，确保存储和传输的数据受到充分的加密和保护。此外，定期的安全审计和漏洞扫描也是确保系统安全的重要步骤。

增强用户的数据隐私意识至关重要。旅游企业应该向用户透明地传达数据收集和处理的方式，以及他们的隐私权利。教育用户如何更好地保护自己的隐私信息，可以有效降低数据泄露的风险。采用数据匿名化和脱敏技术也是一种有效的对策。通过去除个人身份识别信息，旅游企业可以在提供个性化服务的同时，降低数据泄露的潜在风险。数据安全和隐私保护在智慧旅游中是重要的议题。通过建立法律法规、加强企业的安全措施、增强用户意识及采用匿名化技术，可以有效地应对这些挑战，保护旅游者的隐私权利，确保数据的安全性，促进智慧旅游的可持续发展。

一、挑战

智慧旅游在提高旅行便捷性和体验的同时，也带来了数据安全与隐私保护方面的一系列挑战。数据安全问题显得尤为重要。由于智慧旅游平台和系统需要处理大量敏感数据，如个人信息、支付信息和行程记录，因此，必须确保数据在传输和存储过程中的安全性。黑客攻击、数据泄露和恶意软件是潜在的风险，可能导致用户信息的丢失和滥用。隐私保护成为了一个备受关注的议题。智慧旅游平台和系统需要收集大量关于旅游者的数据，以个性化推荐产品和服务。然而，这种数据收集可能侵犯了用户的隐私权。旅游者担心他们的个人信息会被滥用，或者被用于不当用途，如广告针对、数据销售和身份盗用。另一个挑战是跨边界数据流动。智慧旅游涉及多个国家和地区，数据可能需要在不同国家之间传输和存储。然而，不同国家有不同的数据保护法规和标准，这可能导致数据的合规合法问题。如何平衡数据流动和隐私保护成为了一个复杂的问题。

智慧旅游还涉及第三方数据共享。旅游提供商可能与其他公司合作，共享用户数据以提供更全面的服务。然而，这也带来了风险，因为用户可能不清楚他们的数据会被分享给哪些公司、如何使用、如何保护等。技术漏洞和系统弱点是另一个潜在的挑战。智慧旅游系统可能存在漏洞和缺陷，使其容易受到恶意攻击。此外，系统的安全性高度依赖于技术人员的能力和意识，如果他们有所疏忽，可能会导致数据泄露和安全漏洞。数据安全与隐私保护在智慧旅游中是一个复杂而重要的挑战。旅游业必须采取严格的措施，以确保用户数据的安全性和隐私保护，同时也需要遵守不同国家的法律和法规，以解决跨边界数据流动的问题。只有通过综合的策略和技术手段，才能有效应对这些挑战，保护旅游者的权益并确保智慧旅游的可持续发展。

（一）数据泄露风险

智慧旅游平台和系统存储着大量的用户信息和交易数据，这些数据的价值和敏感性使其成为黑客和恶意攻击的目标。数据泄露可能导致严重的后果，包括用户隐私泄露、金融损失和声誉受损。用户信息的泄露对个人隐私构成威胁。用户在智慧旅游系统中提供了个人信息，包括姓名、联系方式、信用卡信息等，黑客可以将这些信息用于非法活动，如身份盗窃、信用卡欺诈等。这可能会给用户带来重大财务损失和不便，损害其信任和满意度。交易数据的泄露可能导致金融损失。在智慧旅游系统中，用户进行付款交易，包括购买机票、酒店预订、旅游活动等。如果黑客能够获取这些交易数据，他们可能会滥用用户的金融信息，导致不法取款或欺诈活动。这将给用户和支付处理机构带来巨大的经济损失。

数据泄露还会对旅游业的声誉造成损害。一旦用户的个人信息或金融数据在系统中泄露，旅游平台和相关服务提供商的声誉将受到负面影响。用户和潜在客户可能会失去信任，担心他们的数据不安全，从而减少使用这些平台的意愿。这可能会导致业务量下降和市场份额损失。为了防止数据泄露，智慧旅游平台和系统需要采取严格的安全措施。这包括加密用户数据、实施访问控制、定期审计和监控，以及应对潜在威胁的应急响应计划。员工培训和教育也是确保数据安全的关键，因为内部泄露也是一种潜在威胁。智慧旅游平台和系统面临着数据泄露的潜在风险，可能导致用户隐私泄露、金融损失和声誉受损。因此，保护用户信息和交易数据的安全性至关重要，需要采取全面的安全措施来预防和应对潜在的威胁。这不仅有助于维护用户的信任和提升用户满意度，还有助于确保智慧旅游系统的长期可持续发展。

（二）用户隐私保护

在旅游业中，收集和分析旅游者的个人信息是一项常见的做法，用于提供个性化的服务和改善旅游体验。然而，这一过程可能引发隐私问题，因此需要确保用户信息不被滥用。保护用户隐私是一项法律和伦理责任。许多国家和地区都制定了严格的数据保护法规，规定了如何收集、存储和处理个人信息。旅游企业必须遵守这些法规，确保用户的个人信息不被未经授权的访问或滥用。通过采取适当的安全措施，如数据加密、访问控制和安全审计，以保护用户数据的机密性和完整性。透明度和知情同意对于解决隐私问题至关重要。旅游企业应该清楚地告知用户他们的个人信息将如何被使用，包括用于哪些目的和与谁分享等。用户应该有权选择是否分享他们的信息，并可以随时撤销同意。透明的数据处理流程和清晰的隐私政策有助于建立用户信任，降低滥用风险。

数据最小化原则是减少隐私问题的有效方法。旅游企业应仅收集和使用必要的信息，以满足特定的业务目的。不应过度收集或保留用户的个人信息，以降低潜在滥用的风险。数据保留期限也应该有明确的规定，不应持续保存不必要的数据。教育和培训员工是确保用户信息安全的一部分。员工需要了解隐私政策和数据保护法规，并掌握如何处理用户信息以确保安全和合规。定期的培训和意识提高活动有助于降低人为错误和数据泄露的风险。收集和分析旅游者的个人信息在提供个性化服务和改善旅游体验方面具有重要意义，但也伴随着隐私问题。旅游企业需要遵守法规、提供透明度、最小化数据收集，并进行员工培训，以确保用户信息不被滥用。维护用户隐私是建立信任和提供可持续旅游服务的关键。

（三）第三方风险

合作伙伴、数据供应商和外包服务商在数据安全和隐私保护方面可能构成潜在威胁。这些合作关系可能导致敏感信息泄露、数据滥用或其他风险，因此需要建立有效的合同和监管机制来降低这些风险。合同是确保数据安全和隐私保护的基础。合同应明确规定双方的责任和义务，包括数据的访问、使用和存储条件。合同还应规定数据的保密性、完整性和可用性要求，以及违约情况下的制裁措施。通过清晰的合同，可以明确双方的期望，减少误解和争议。监管机制是确保数据安全和隐私保护的关键。这包括定期的审计和监测，以确保合作伙伴和供应商遵守合同约定。监管还应包括风险评估和应急响应计划，以应对潜在的数据安全问题。此外，应建立反馈机制，允许员工和其他利益相关者报告任何数据安全问题。合作伙伴选择和供应商审查是预防潜在威胁的关键。在选择合作伙伴或供应商时，应进行尽职调查，评估其数据安全和隐私保护措施。这包括审查其安全政策、流程和技术措施。只有选择可信赖的合作伙伴和供应商，才能降低潜在的风险。

二、对策

在智慧旅游领域，数据安全和隐私保护是至关重要的，需要采取一系列对策以确保旅游者的信息得到充分保护。首要的对策是强化数据加密。所有在智慧旅游平台上传输的敏感数据，如个人身份信息、信用卡信息等，必须经过强加密处理，以防止数据泄露和未经授权的访问。采用高级加密算法可以有效保护数据的机密性。建立严格的访问控制是必要的。只有授权的人员才能访问和处理用户数据。采用强密码、双因素认证、访问审计等措施，以确保只有授权的人员才能访问数据。

另一个关键对策是实施数据备份和恢复计划。定期备份数据，并确保备份数据与原始数据一样安全。在数据丢失或被损坏的情况下，可以迅速恢复数据以避免不必要的损失。数据脱敏也是一项有效的对策。通过脱敏处理，可以在保留数据可用性的同时，降低数据的敏感性，从而降低潜在的隐私风险。这种技术可以在某些情况下保护用户的隐私。监控和检测是不可或缺的。实时监控系统，以便及时发现任何异常活动或潜在的安全威胁。采用入侵检测系统和安全信息与事件管理工具，以确保对潜在威胁的快速响应。教育和培训也是关键的对策。员工必须接受安全培训，了解如何处理敏感信息，如何避免社会工程攻击和如何报告安全事件。增强员工的安全意识对于数据安全至关重要。合规性是一个不可忽视的因素。确保符合相关数据保护法律和法规，如 GDPR、CCPA 等，以避免潜在的法律风险和罚款。数据安全和隐私保护在智慧旅游中至关重要。通过强化数据加密、访问控制、数据备份、数据脱敏、监控和检测、员工教育和合规性，可以有效降低数据泄露和隐私侵犯的风险，保护旅游者的数据安全和隐私权益。这些对策将有助于建立一个安全可信赖的智慧旅游生态系统。

（一）数据加密

保护敏感数据的安全至关重要。为确保数据在传输和存储过程中不易被窃取，强加密技术是一种有效的方法。强加密技术利用数学算法将数据转化为一种形式，只有经过授权的用户才能解密和访问。在数据传输方面，使用强加密技术可以确保数据在网络上的传送是安全的，即使在传输过程中被拦截，攻击者也无法轻松解密数据。这种方式保护了敏感数据的安全性，确保只有合法的接收方能够访问它。在数据存储方面，强加密技术可以用来加密数据存储在服务器、云存储或物理设备上。即使存储设备丢失或被盗，未经授权的访问者也无法访问数据，因为他们没有访问所需的解密密钥。这种方式确保了数据在存储时的安全性，即使物理访问被破坏，也能保护数据的机密性。

强加密技术还可以用来保护数据完整性。通过在数据上应用数字签名和哈希函数，可以检测数据是否在传输或存储过程中被篡改。这有助于确保数据的完整性，防止未经授权的修改。强加密技术是一种有效的方法，用于保护敏感数据在传输和存储过程中不易被窃取，为敏感数据的安全提供了可靠的保障。

（二）数据匿名化和脱敏

在数据分析和共享的过程中，对个人身份和敏感信息进行匿名化或脱敏处理是一项关键的实践，旨在保护用户隐私和数据安全。这个过程涉及将个人身份信息和敏感数据转化为一种形式，以使其不再与具体的个体相关联，从而降低滥用和隐私侵犯的风险。匿名化是一种有效的隐私保护方法。通过匿名化，个人身份信息，如姓名、地址、电话号码等，被替换成匿名的标识符或编码。这样，数据分析人员或共享方可以继续使用数据进行研究或业务用途，同时不知道数据的具体来源是哪个个体。这种方法有效地降低了隐私泄露的风险，保护了用户的身份信息。脱敏是另一种常见的隐私保护技术。脱敏过程涉及删除或替换敏感信息，以降低数据的敏感性。例如，将出生日期的具体日期更改为年龄范围，或者将地址中的详细信息删除，只保留城市或地区的信息。脱敏后的数据仍然可以用于分析和共享，但不会泄露个人的敏感细节。

差分隐私是一种高级的隐私保护技术。它允许在数据集中引入噪声或随机性，以使个体的信息更难以被识别。这种方法提供了更高级别的隐私保护，尤其适用于处理非常敏感的数据，如医疗记录或金融信息。隐私保护通过匿名化或脱敏处理可以平衡数据分析的需求和用户隐私的保护。这有助于企业和研究机构在获取有用的洞察时，不会侵犯用户的隐私权。然而，需要注意的是，匿名化和脱敏处理并非绝对安全，因此，在实施这些方法时，需要采用最佳实践和安全措施，以最大程度地降低风险并保护用户的隐私。

（三）合规性和监管

为确保系统符合适用的标准和法规，建立合规性团队是至关重要的一步。这个团队的任务是负责监督、评估和维护系统的合规性，以确保其在法律和行业标准方面的合法性和合规性。合规性团队的首要任务是了解适用的标准和法规。这可能涵盖各种领域，包括数据隐私、安全性、金融交易、电子商务、互联网法规等。团队需要深入研究这些标准和法规，以确保系统在设计、开发和运营过程中符合相关要求。合规性团队需要与系统的开发和运营团队紧密合作。他们应该参与到系统的设计和开发阶段，确保在早期就考虑了合规性要求。这可能包括数据保护措施、身份验证和授权机制、安全审计、日志记录等方面的考虑。合规性团队还需要与法律和合规顾问合作，以确保系统的设计和运营符合法规要求。

定期的合规性审查和监测是合规性团队的另一重要任务。他们应该建立合规性审查的计划，以定期检查系统的合规性，并进行必要的改进和修复。监测系统的运行过程，确保系统在日常操作中保持合规性。这可以通过定期的合规性报告和内部审计来实现，以确保系统的合法性和合规性得到维护。合规性团队还需要跟踪法规和标准的变化。法规和标准通常会随着时间而变化，合规性团队需要及时了解这些变化，并将其纳入系统的合规性策略中。这有助于确保系统能够适应不断变化的法规环境。建立合规性团队是确保系统符合适用法规和标准的重要步骤。这个团队的任务是了解法规和标准、与开发和运营团队合作、进行定期审查和监测，以确保系统在合规性方面达到最高标准。这有助于降低法律风险，维护声誉，确保系统的可持续运营。

第三章
数字化时代下的旅游市场与消费行为

第一节　互联网与旅游市场的变革

互联网对旅游市场带来了深刻的变革。它改变了游客和旅游业者之间的互动方式，重塑了整个旅游生态系统。互联网扩大了游客的选择范围，使他们能够更广泛地了解和比较不同的目的地、酒店和交通方式。游客可以在网上查找各种旅游信息，包括评论、评分和建议，以帮助他们作出更明智的旅行决策。互联网使旅游预订变得更加便捷。现在，游客可以通过在线平台轻松地预订机票、酒店、租车等服务，避免了烦琐的排队和等待。这提高了旅游的效率和满意度。

互联网推动了旅游体验的个性化。通过数据分析和人工智能技术，旅游企业可以根据游客的兴趣和需求，提供个性化的旅游建议和服务。这增强了游客的参与感和满足感。互联网也促进了旅游业的创新。新兴的在线旅游平台和应用程序不断涌现，为游客和旅游企业提供了更多的选择和机会。这鼓励了竞争，推动了旅游业的不断发展和进步。互联网已经彻底改变了旅游市场，使其更加开放、便捷和个性化。这种变革不仅带来了更好的旅游体验，还推动了旅游业的创新和可持续发展。随着技术的不断发展，互联网将继续在旅游市场中发挥重要作用，为游客和旅游企业带来更多的机遇和挑战。

一、在线旅游预订和信息的崛起

互联网与旅游市场的变革中，在线旅游预订和信息的崛起是一场革命性的进展。互联网技术的普及和发展改变了旅游业的面貌，对旅游者和业界都产生了深远的影响。互联网的兴起为旅游者提供了无与伦比的便利。旅客不再需要亲自前往旅行社或电话预订酒店和机票。他们可以随时随地通过互联网进行在线预订，比较价格和选择最适合他们需求的选项。这种便利性不仅节省了时间，还降低了旅行的成本。互联网为旅游者提供了丰富的旅游信息。通过搜索引擎、社交媒体和旅游网站，旅客可以轻松获取关于目的地、酒店、景点、餐饮等各个方面的信息和评价。这使他们能够更好地计划旅行，作出明智的选择，同时也提高了旅行的透明度和可预测性。

在线旅游预订和信息的崛起也改变了旅游业的商业模式。酒店、航空公司和旅行社都不得不适应互联网时代的要求，提供在线预订渠道和数字化服务。这导致了旅游市场的竞争加剧，促使企业提供更具吸引力的价格和服务，以吸引旅客。另一个重要的方面是个性化服务的崭露头角。互联网技术允许旅游公司根据旅客的偏好和历史行为提供个性化的旅游建议和优惠。这种个性化服务不仅提高了旅客的满意度，还增强了客户忠诚度。互联网与旅游市场的变革中，在线旅游预订和信息的崛起已经成为不可逆转的趋势。这一趋势为旅客提供了更多的选择和便利，同时也为旅游业带来了新的商机和挑战。随着技术的不断发展，我们可以期待在线旅游预订和信息服务将继续推动旅游市场的变革，为旅游者提供更加丰富和个性化的旅游体验。

（一）电子商务平台

旅游在线预订平台的兴起标志着旅游业的一场革命，它们彻底改变了旅游预订的方式。过去，人们在计划旅行时通常需要亲自前往旅行社或通过电话进行预订，这一过程可能烦琐且不便。然而，随着互联网和移动技术的发展，旅游在线预订平台应运而生，旅游在线预订平台提供了便捷性。现在，游客可以轻松地使用电脑、智能手机或平板电脑，随时随地访问各种旅游服务和产品。他们可以浏览不同的目的地、航班、酒店、旅游活动和租车选项，无须离开家门，实现了全球旅游产品的一站式浏览和比较。这些平台提供了更多的选择和更大的透明度。游客可以在不同供应商之间比较价格、服务和评价，以作出明智的决策。这使得市场更具竞争力，推动了价格的透明化，供应商不得不提供更高质量的产品和服务以吸引客户。

在线预订平台加速了交易过程。用户可以通过几个简单的步骤完成预订和支付，而无须等待或前往实体地点。这节省了时间和精力，使用户更容易规划和预订旅行。个性化和用户体验得到提升。平台利用用户的搜索历史和偏好，为他们推荐个性化的旅游产品和服务。这使得旅行更加个性化和令人满意。旅游在线预订平台带来了更多的可达性。它们打破了地理和时间的限制，使得全球范围内的更多人更容易获得旅游产品和服务。这为游客提供了更多探索和体验的机会。旅游在线预订平台的兴起彻底改变了旅游预订的方式，提供了便捷性、选择和透明度，加速了交易过程，提升了个性化和用户体验，提高了旅游产品和服务的可达性。这一变革对旅游业产生了深远的影响，使其更加现代化、灵活和竞争激烈。

（二）价格比较和透明度

互联网为消费者提供了强大的旅游价格比较工具，极大地改善了他们选择最优选项的能力。这一创新给旅游行业和消费者都带来了巨大的好处。互联网平台汇集了大量的旅游信息和供应商，使得消费者可以在一个地方轻松地比较各种选项。无论是航班、酒店、租车、景点门票还是度假套餐,互联网上的旅游网站和应用程序提供了全面的搜索和比较功能。这节省了消费者大量的时间和精力,因为他们不再需要逐个浏览不同的供应商网站或打电话查询价格。价格透明度得以显著提高。互联网上的旅游价格比较工具通常会列出各种不同供应商的价格,以及相应的费用和政策。这意味着消费者可以清楚地了解不同选项之间的价格差异和包括的服务。这种透明度有助于消费者作出明智的决策,选择符合他们需求和预算的旅游产品。

用户评价和评论对于消费者的决策提供了重要的参考依据。互联网上的旅游网站通常允许用户分享他们的旅行经验和对供应商的评价。这种社交分享和反馈机制使得消费者可以查看其他旅游者的意见,了解不同供应商的服务质量和口碑。这有助于消费者更加信任他们的选择,提高了旅行满意度。竞争的激烈性推动了价格下降和优惠的提供。由于互联网上的供应商和价格比较工具之间的竞争,旅游企业被迫提供更具吸引力的价格和优惠,以吸引更多的消费者。这使得旅游市场更具价值和竞争力,从而使消费者能够享受到更多的优惠和折扣。互联网为消费者提供了强大的旅游价格比较工具,使他们能够更容易地比较价格和选择最优选项。这种创新带来了价格透明度、用户评价、竞争优势、方便性等多重好处,提高了旅游市场的效率,满足了消费者的需求。

(三)用户评价和反馈

在线用户评价和反馈对于酒店、航班、景点等旅行相关业务提供了极为宝贵的信息资源,能够帮助旅游者作出更明智的选择。这些评价和反馈来自真实的旅客经历,通常提供了深入了解目的地或服务质量的机会。在酒店选择方面,用户评价和反馈是了解酒店服务质量的重要途径。旅游者可以从其他人的经验中获取信息,了解房间干净程度、员工友好程度、设施状况、餐饮品质等方面的情况。这有助于他们选择与自己需求相符的酒店,提升入住体验。对于航班选择,旅游者可以通过查看其他人的航班评价来了解飞行公司的准时性、服务质量、座位舒适度等。这有助于他们作出明智的决策，选择适合自己行程的航班，避免不必要的不便和问题。

对于旅游景点，用户评价和反馈可以提供有关景点的真实评估。旅游者可以了解到游客的观点，包括景点的吸引力、参观体验和是否值得一游。这有助于他们规划旅行日程，选择最令人满意的景点，最大程度地享受旅行。用户评价和反馈还可以揭示隐藏的问题或不足之处，使服务提供商能够改进和提升质量。这对于酒店、航空公司和景点管理者来说是宝贵的反馈，有助于他们不断提高服务水平，满足客户需求。在线用户评价和反馈在旅行决策过程中扮演着不可或缺的角色。它们为旅游者提供了有关酒店、航班、景点等方面的真实信息，帮助他们作出明智的选择，提升旅行体验。同时，它们也促使服务提供商不断改进，提供更好的服务。因此，用户评价和反馈在旅行行业中具有重要的价值和作用。

二、移动应用和个性化体验的兴起

互联网已经在旅游市场中引发了革命性的变革，其中移动应用和个性化体验的崛起发挥了关键作用。移动应用的普及彻底改变了旅游业的面貌。随着越来越多的旅游者使用智能手机，他们可以随时随地访问旅游信息和服务。旅游者可以使用移动应用来查找目的地、预订机票、酒店和活动，以及获取实时导航和天气信息。这种便捷性和实用性大大提高了旅行的效率和便利性。个性化体验的兴起也为旅游者提供了更丰富的旅游体验。旅游企业可以利用数据分析和人工智能来了解旅游者的偏好和行为，从而为他们提供定制的建议和服务。这包括个性化的旅游路线、餐饮推荐、文化体验和购物建议。旅游者可以根据自己的兴趣和需求来规划和享受旅行，从而提高了满意度和忠诚度。

移动应用和个性化体验的结合也带来了更多的交互性。旅游者可以通过应用与目的地管理者和其他旅游者互动，分享经验、评价和建议。这种开放性的互动促进了社交连接，使旅行变得更具社交性和有趣。移动应用和个性化体验有助于旅游企业更好地管理资源和营销策略。通过数据分析，他们可以更准确地预测需求和趋势、优化价格策略、提高资源利用率。这有助于降低成本，提高竞争力，并提供更好的价格和价值。互联网的崛起已经为旅游市场带来了变革，移动应用和个性化体验的兴起在其中扮演了关键角色。这不仅提高了旅行的便捷性和效率，还丰富了旅游体验，促进了社交互动，提高了企业的竞争力和效益。这一趋势将继续推动旅游业的发展，为旅游者提供更多创新和个性化的选择。

（一）移动应用

智能手机和平板电脑的广泛普及已经彻底改变了旅游方式。这些便携式设备允许旅游者在任何时间和地点轻松获取所需的旅游信息、进行预订和导航。智能手机和平板电脑的大规模普及使得旅游信息变得更加便捷。旅游者可以随时在互联网上搜索目的地的信息，包括景点、餐馆、酒店等。无须依赖传统的旅游指南或地图，他们可以即时获得最新的信息，从其他旅游者的评论和评分中获取建议。移动应用程序已经彻底改变了旅行预订方式。旅游者可以使用各种应用程序来预订酒店、航班、租车和旅游活动，避免了烦琐的电话预订或亲自前往旅行社的过程。这使得旅行计划更加灵活，旅游者可以根据自己的时间表和预算进行选择。

移动应用程序也提供了高效的导航功能。GPS 技术和地图应用程序使得旅游者能够轻松地找到目的地，获取路线指导并了解实时交通信息。这大大减少了在陌生城市中迷路的可能，提高了旅行的便利性和安全性。智能手机和平板电脑的广泛普及，以及移动应用程序的发展已经彻底改变了旅游方式。旅游者现在可以随时随地获取所需的旅游信息，使用移动应用程序进行便捷的预订，以及借助导航功能轻松探索目的地。这些技术的发展为旅行带来了更多的便利性和可选性,使旅行体验变得更加愉快和顺畅。

(二)个性化建议

人工智能和大数据分析已经在旅游业中发挥了关键作用,为用户提供个性化的旅游建议,根据他们的喜好和历史行为。这一创新已经改变了旅游体验的方式,为旅游者提供了更加令人满意的服务。人工智能和大数据分析可以收集和分析大量的用户数据,包括搜索历史、预订记录、目的地偏好、活动兴趣等。通过深度学习和数据挖掘技术,系统可以识别用户的旅游偏好和习惯。例如,如果一个用户经常搜索海滨度假胜地,系统可以推测出他喜欢沙滩和水上活动。这种了解用户的方式有助于提供更加精准的旅游建议。个性化的旅游建议可以帮助用户更好地规划旅行行程。系统可以根据用户的偏好和历史行为推荐目的地、景点、活动和餐厅等。例如,如果一个用户对文化历史感兴趣,系统可以推荐参观博物馆和历史古迹等。这种个性化的建议使用户能够更好地了解他们感兴趣的事物,并提高了对旅游的满意度。

实时数据分析使个性化建议更加动态和实用。系统可以根据用户的当前位置和时间来调整建议。如果用户在一个城市中,系统可以推荐附近的景点和活动。这种实时性的个性化建议使旅行更加便捷和富有乐趣。用户反馈和评价也被纳入个性化建议的过程中。系统可以分析用户的反馈和评价,以进一步优化建议。如果用户对某个建议不满意,系统可以调整建议,以更好地满足他们的需求。人工智能和大数据分析已经为旅游业提供了强大的工具,用于提供个性化的旅游建议。这种个性化建议可以根据用户的喜好和历史行为,为他们提供更加满意的旅游体验,帮助他们更好地规划和享受旅行。这种创新将继续改变旅游行业,并为用户提供更好的旅行选择和建议。

（三）移动支付和电子门票

移动支付的崛起标志着旅游体验的重大改进。随着智能手机的普及和移动支付应用的兴起，游客现在可以更加方便地在旅行中进行支付和访问各种旅游场所。这种趋势已经改变了旅游行业。电子门票和移动通行证的便利性为游客提供了更便捷的入场体验。传统的纸质门票通常需要在入场时排队购买或兑换，浪费了游客的时间。而移动支付允许游客在手机上购买门票，无须排队或等待。此外，游客可以将门票保存在手机上，随时出示给工作人员进行扫描验证，使入场过程更加快捷和无缝。移动支付提供了更多的支付选择。游客可以使用移动支付应用绑定的信用卡、银行卡或电子钱包来支付费用，不再需要携带大量现金或信用卡。这提高了支付的安全性和便捷性，降低了遗失或盗窃的风险。移动通行证还提高了旅游活动的个性化。通过移动应用，游客可以预订和管理各种旅游活动，如景点参观、导览、交通工具、餐饮预订等。这些通行证可以根据游客的偏好和计划进行定制，使他们能够更好地规划和享受旅行。

移动支付的崛起为旅游业带来了更多的数据和分析机会。通过移动应用，旅游提供商可以收集有关用户行为和偏好的数据，以改进产品和服务。这有助于提高用户体验，并更好地满足游客的需求。移动支付的崛起，以及电子门票和移动通行证的便利性已经改善了旅游体验。这使得游客可以更加轻松、快捷地访问景点和活动，提供了更多的支付选择，增加了个性化和数据分析的机会。这一趋势将继续推动旅游业的创新，为游客提供更加便捷和愉快的旅行体验。

三、社交媒体和虚拟体验的影响

互联网和社交媒体已经彻底改变了旅游市场的面貌，引领了虚拟体验的新时代。这个数字革命为旅游者和旅游业带来了前所未有的机遇和挑战。社交媒体已成为旅游信息的主要来源之一。旅游者在社交媒体平台上分享他们的旅行经历、照片和视频，这些内容可以迅速传播，影响其他人的旅行决策。通过社交媒体，旅游者可以获取实时的目的地信息，了解其他旅游者的建议和评论，以及发现独特的旅游体验。虚拟体验已经成为一种越来越受欢迎的旅游方式。虚拟现实（VR）和增强现实（AR）技术使旅游者能够在不亲临现场的情况下探索世界各地的景点和文化。他们可以通过 VR 头盔或 AR 应用程序参观博物馆、探索历史遗迹，甚至参加虚拟旅行团。这为那些无法亲自前往目的地的人提供了全新的旅行方式。

社交媒体还促进了用户生成内容的传播。旅游者的分享和评论可以对目的地的声誉产生深远的影响，对旅游业产生巨大的影响。因此，旅游提供商和目的地管理者需要积极参与社交媒体，与旅游者互动，提供优质的服务和体验，以积极塑造他们的品牌形象。社交媒体和虚拟体验也为旅游市场的个性化提供了更多的可能性。通过分析旅游者的社交媒体活动和虚拟体验偏好，旅游提供商可以定制个性化的推荐和服务，以满足不同旅游者的需求。

社交媒体和虚拟体验也带来了一些挑战。信息的过载和虚假信息可能导致旅游者感到困惑和不信任。此外，虚拟体验虽然提供了新的旅游方式，但也可能减少实际旅行的需求，对传统旅游业构成威胁。互联网、社交媒体和虚拟体验已经在旅游市场中引发了深刻的变革。旅游者享有更多的信息和选择权，旅游提供商必须适应这一新的现实，积极参与数字化时代的竞争，提供创新和个性化的体验，以满足不断变化的旅游者需求。只有充分利用这些技术和趋势，旅游业才能持续繁荣和发展。

（一）社交媒体的作用

社交媒体已成为旅游信息的重要来源，对旅游者的决策和分享体验产生了深远的影响。通过社交媒体，旅游者能够获得丰富的目的地信息，与其他游客分享经验，并与旅游提供商互动。社交媒体提供了各种各样的旅游信息。旅游者可以在社交媒体平台上找到大量有关目的地的图片、视频、评论和文章等。这些信息来自其他旅游者的亲身体验，比传统的旅游指南更具可信度。通过浏览社交媒体，游客可以获取有关目的地景点、餐厅、酒店和活动的详细信息，帮助他们作出更明智的旅行决策。社交媒体对旅游决策产生了影响。许多旅游者在规划旅行时会在社交媒体上搜索和关注特定的目的地或旅游主题。他们会查看其他人的帖子、评论和建议等，以获取灵感和建议。社交媒体的互动性使旅游者能够实时提问并获得实时反馈，有助于他们作出更具个性化的决策。

社交媒体也成为旅游经验的分享平台。旅游者经常在社交媒体上分享他们的旅行照片、故事和感受等。这些分享不仅让他们能够记录和回顾自己的旅程，还可以激励其他人前往相同的目的地或体验相似的活动。旅游提供商也利用社交媒体来展示他们的产品和服务，吸引更多潜在客户。社交媒体对旅游行业产生了深远的影响。旅游提供商越来越重视社交媒体的存在，他们积极加入社交媒体平台，与客户互动，推广品牌，提供独特的体验，以满足社交媒体用户的需求。这种互动性和个性化的营销方式已经改变了旅游行业的营销模式。社交媒体为旅游者提供了丰富的信息资源，影响了他们的旅行决策，并促使他们分享和互动。同时，社交媒体也改变了旅游行业的营销和互动方式，使其更加个性化和互动性。这一趋势将继续塑造未来的旅游体验和行业发展。

（二）虚拟现实和增强现实

虚拟现实（VR）和增强现实（AR）技术正在改变旅游业的前景和目的地的虚拟体验，吸引了更多游客的兴趣。虚拟现实技术为游客提供了身临其境的虚拟旅游体验。通过戴上 VR 头盔，游客可以仿佛置身于世界各地的目的地，无需实际前往。他们可以漫游在外观逼真的虚拟景点中，探索景点的细节，感受当地文化和风土人情。这种虚拟体验可以激发游客的好奇心，提前为他们的实际旅行做准备，并增加对目的地的兴趣。增强现实技术为游客提供了丰富的信息和互动体验。AR 应用程序可以通过智能手机或 AR 眼镜将数字信息叠加到现实世界中。游客可以使用 AR 导航应用来探索城市，获取有关附近景点、餐厅和商店的信息。AR 还可以提供沉浸式的文化和历史体验，通过将数字叙述和虚拟对象融入现实世界中，使游客更深入地了解目的地的故事和传统。虚拟现实和增强现实技术为旅游行业提供了新的营销机会。目的地和旅游提供商可以利用这些技术来制作吸引人的虚拟旅游内容，吸引潜在游客。通过社交媒体、VR 应用和 AR 导游，他们可以展示目的地的独特之处，鼓励游客计划他们的下一场旅行。这种创新的营销方式可以吸引更多游客，并提高目的地的知名度。

虚拟现实和增强现实技术也为目的地提供了新的收入来源。虚拟旅游体验可以成为一种付费的服务，游客可以购买虚拟旅游套餐，以探索不同的目的地和景点。这种模式为旅游业提供了额外的收入，并帮助目的地吸引更多的游客。虚拟现实和增强现实技术正在改善旅游前景和目的地的虚拟体验，吸引了更多游客的兴趣。这些技术提供了身临其境的虚拟体验、丰富的信息和互动、新的营销机会和额外的收入来源，使旅游业更加创新和有吸引力。随着技术的不断发展，它们将继续改变旅游行业的面貌，为游客提供更加精彩和个性化的旅游体验。

（三）微信和微博等中国平台的崛起

中国市场在互联网旅游领域的增长是不可忽视的趋势。随着中国经济的快速发展和人民生活水平的提高，越来越多的中国公民开始享受旅游的乐趣，从而促进了互联网旅游行业的繁荣。微信和微博等社交媒体平台在中国旅游市场中发挥了关键作用。微信，作为中国最大的社交媒体和即时通信平台，不仅为用户提供了交流和分享旅行经验的工具，还成为了旅行信息的重要来源。许多旅游企业和目的地都积极利用微信建立品牌形象，提供在线客服和预订服务，与潜在游客建立更亲密的联系。微博也在旅游推广方面发挥了作用，旅游相关的微博账号经常发布各种旅游资讯、攻略和优惠信息等，吸引了大量的关注和互动。中国的在线旅游平台也在市场上崭露头角。像携程、去哪儿、途家等在线旅游服务提供商，通过提供预订机票、酒店、旅游套餐等一站式服务，迅速吸引了大量用户。这些平台不仅为用户提供了便捷的预订渠道，还通过用户评价和反馈提供了有用的旅行建议。中国市场在互联网旅游领域的增长势头强劲，微信、微博等社交媒体平台在中国旅游市场中发挥了关键作用。这些平台不仅为用户提供了获取旅游信息和建议的途径，还为旅游企业提供了广告宣传和客户互动的机会。因此，中国互联网旅游市场将继续蓬勃发展，为旅游者和旅游行业带来更多机会和便利。

第二节　智能设备对旅游消费行为的影响

　　智能设备在旅游消费行为方面产生了深远的影响，已经成为现代旅行的不可或缺的一部分。智能设备为游客提供了实时的信息和便捷的服务。游客可以通过智能手机获取有关目的地的详细信息，包括地图、餐厅评价和景点介绍。这使他们更能灵活地规划行程，根据自己的兴趣和需求作出决策。智能设备改变了旅游的预订和支付方式。游客可以使用手机应用程序预订机票、酒店和门票，而无需传统的预订渠道。此外，移动支付也变得更加普遍，游客可以使用智能设备支付餐费和购物开支，提高了支付的便捷性和安全性。智能设备还推动了旅游的社交互动。游客可以通过社交媒体分享他们的旅行经历，与朋友和家人保持联系。这有助于促进目的地的宣传和口碑营销，吸引更多游客前来。

　　智能设备还提供了更令人愉悦的旅游体验。虚拟现实技术可以为游客提供沉浸式的旅游体验，如虚拟导游和虚拟现实游戏。这增加了游客的参与感和娱乐性。智能设备也对旅游安全产生了积极影响。游客可以使用智能设备获取实时的安全信息和紧急联系方式,以便在紧急情况下采取措施。智能设备已经深刻地改变了旅游消费行为。这一趋势将继续塑造未来的旅游方式和体验。

一、智能设备与旅游信息获取

智能设备在旅游信息获取方面发挥着关键作用,这些设备包括智能手机、平板电脑、智能手表、智能眼镜等,已经成为现代旅游者不可或缺的工具。智能手机是旅行信息获取的主要设备之一。旅游者可以使用手机浏览互联网,搜索目的地信息,预订住宿和交通工具,获取天气预报和地图导航等。手机上的应用程序还可以提供实时交通信息、景点评论和旅行建议,为旅游者提供全面的旅游资源。平板电脑也是一种便捷的信息获取工具。它们具有更大的屏幕,适合查看地图、景点照片和视频、规划行程等。旅游者可以使用平板电脑在旅途中浏览电子书、观看在线视频和保持联系等。

智能手表和智能眼镜则提供了更直观和便捷的信息获取方式。智能手表可以显示天气信息、导航指示和消息通知等,而无须取出手机。智能眼镜则可以通过虚拟显示屏提供实时信息,如导航指示和景点介绍。语音助手技术也在旅游信息获取中得到广泛应用。旅游者可以使用语音助手向设备提出问题,寻求实时答案。这使得旅游者无须打字或触摸屏幕,更加方便地获取信息。智能设备还改变了旅游者与目的地互动的方式。例如,旅游者可以使用智能手机扫描二维码来获取有关景点或展品的详细信息。他们还可以使用智能设备参加虚拟旅行和实时导游,了解目的地的历史和文化等。

智能设备在旅游信息获取中也带来了一些挑战。一方面,过度依赖这些设备可能导致旅游者与现实世界的断开联系，降低了旅行的真实体验。另一方面，隐私和数据安全问题也需要得到关注，因为智能设备可能会收集用户的位置信息和个人数据。智能设备已经彻底改变了旅游信息获取的方式。它们提供了更多便捷、实时和个性化的旅游资源，使旅游者能够更好地规划行程、了解目的地和享受旅行体验。然而，使用智能设备时也需要谨慎，以充分发挥其优势同时保护个人隐私和数据安全。

（一）移动应用和智能搜索

智能手机和平板电脑上的应用程序已经彻底改变了旅游者获取目的地信息的方式。这些应用程序为旅游者提供了便捷和实时的途径来获取有关景点、餐厅、住宿等方面的详细信息。旅游应用程序为旅游者提供了丰富的目的地信息。通过这些应用程序，旅游者可以轻松查找目的地的各种景点和活动，了解其历史、文化和特色等。这种信息的多样性帮助旅游者更好地了解他们即将访问的地方，提前规划他们的旅行日程。旅游应用程序提供了实用的餐厅信息。旅游者可以通过这些应用程序查找当地餐厅的菜单、评价和价格信息等。这有助于他们选择适合口味和预算的餐馆，提升用餐体验。住宿信息也可以轻松获得。旅游者可以使用应用程序搜索并比较不同酒店、民宿和住宿选择，查看照片、评价和价格，从而作出最佳的住宿选择。

旅游应用程序还提供了实时导航和交通信息。通过 GPS 技术，旅游者可以获得到达目的地的路线指引，了解实时交通状况，帮助他们更轻松地到达目的地。智能手机和平板电脑上的旅游应用程序已经革命性地改变了旅游者获取目的地信息的方式。这些应用程序提供了详尽的景点、餐厅、住宿和导航信息等，为旅游者提供了更多的选择和便利性，帮助他们更好地规划和享受旅行。这种便捷性和实用性已经成为现代旅游的不可或缺的一部分，极大地提高了旅行体验的质量。

（二）GPS 导航和地图应用

GPS 导航和地图应用是现代旅行的关键工具，它们为旅游者提供了便捷的导航和路线规划功能。GPS 导航系统通过卫星定位技术确定用户的当前位置，然后计算出最佳的驾车、步行或公共交通路线以到达目的地。这种精确的定位和导航能力使旅游者能够轻松找到目的地，不再需要依赖传统的地图和路标。这降低了迷路的可能性，节省了时间和精力。地图应用提供了实时交通信息，帮助旅游者避开拥堵和交通问题。通过集成实时交通数据，这些应用程序可以提供实时的路况信息和交通预测，以便旅游者可以选择最快捷的路线。这有助于减少交通延误，提高旅行的效率。

GPS 导航和地图应用通常包含有关目的地周围的有用信息。旅游者可以查看餐馆、酒店、景点和商店的位置，并获取有关这些地点的评价和评分。这使得旅游者可以更好地规划行程，选择适合他们需求和预算的地点。这些应用还提供了步行导航功能，帮助游客在城市中导航。旅游者可以轻松找到步行道、地铁站和公交车站，并获得关于周围环境的信息，如历史背景和文化景点。这使得城市探索更加便捷和有趣。GPS 导航和地图应用是现代旅行的不可或缺的工具，它们为旅游者提供了便捷的导航和路线规划功能。通过精确的定位、实时交通信息、目的地周围的有用信息和步行导航功能，这些应用程序使旅行更加轻松、高效和愉快。它们已经成为了旅游者的得力助手，改善了旅行体验。

（三）虚拟现实导览

虚拟现实（VR）和增强现实（AR）技术已经开始改变导览和信息展示体验，为用户提供更丰富、交互性更强的体验。虚拟现实技术能够创造沉浸式的导览体验。通过戴上 VR 头盔，用户可以仿佛置身于实际景点之中，感受到身临其境的感觉。他们可以自由探索虚拟环境，观察细节，感受真实的氛围。这种沉浸式体验使用户更深入地了解目的地，加深了他们对历史、文化和景观的理解。增强现实技术为用户提供了实时信息展示。通过 AR 应用程序，用户可以通过智能手机或 AR 眼镜看到实际环境中叠加的数字信息。例如，在游览博物馆时，用户可以通过 AR 应用程序查看艺术品的详细信息、历史背景和艺术家的资料。这种实时信息展示使用户能够深入了解他们所见的内容，提升了教育性和互动性。

　　虚拟现实和增强现实技术可以提供个性化的导览和信息。通过分析用户的兴趣和偏好，这些技术可以为用户提供定制的信息体验。用户可以选择特定的主题或领域，获取与之相关的详细信息。这增加了导览和信息展示的个性化程度，满足了不同用户的需求。虚拟现实和增强现实技术也促进了互动性。用户可以与虚拟环境或数字信息进行互动，如旋转物体、放大细节或触发动画。这种互动性使导览和信息展示更具吸引力，增加了用户的参与感和参与度。虚拟现实和增强现实技术为导览和信息展示体验带来了革命性的改变。它们提供沉浸式体验、实时信息展示、个性化导览和互动性，使用户能够更深入地了解目的地和内容。这些技术的不断发展和应用将进一步丰富旅游和教育领域的体验，为用户提供更加丰富和有趣的旅程。

二、智能设备与旅游预订与支付

　　智能设备已经在旅游预订和支付领域引发了革命性的变化，为旅游者提供了更便捷、高效的体验。旅游预订方面，智能设备使旅游者能够随时随地轻松浏览和选择旅游产品和服务。通过智能手机、平板电脑、智能音箱等设备，旅游者可以访问各种旅游应用程序和网站，查询目的地信息、酒店选项、机票价格和旅行路线等。他们可以根据个人需求和预算，灵活地进行预订，无须亲自前往实体旅行社或等待电话客服的服务。这种便捷性使旅游者能够更灵活地规划和定制他们的旅行。智能设备也提供了更多的支付选择。旅游者可以使用手机支付、电子钱包、信用卡或其他数字支付方式来支付旅游产品和服务。这种多样性的支付选项提供了更大的灵活性，使旅游者能够选择最适合他们的支付方式。这不仅方便了旅游者，还促进了电子支付的普及。

智能设备还支持实时信息更新。旅游者可以接收到关于航班延误、交通状况、天气变化等重要信息的即时通知。这使他们能够及时调整计划，避免不必要的麻烦和延误。这种实时性的信息更新提高了旅行的可靠性和舒适性。在智能设备的支持下，旅游者还可以享受更个性化的体验。智能设备可以根据旅游者的偏好和需求，提供定制的旅行建议和推荐。这包括目的地建议、餐饮推荐、文化活动和购物建议等。旅游者可以根据个人兴趣来规划他们的旅行，提高了满意度和体验的个性化程度。智能设备已经在旅游预订和支付方面发挥了关键作用。它们提供了便捷性、多样性、实时性和个性化体验，使旅游者能够更灵活地规划和开展旅行，提高了旅游体验的质量和效率。随着智能设备技术的不断发展，它们将继续推动旅游行业的创新和发展，为旅游者提供更多便利和选择。

（一）在线预订平台

智能设备已经使旅游者能够随时随地使用在线预订平台来预订酒店、机票、租车等各种旅游服务。这一趋势已经彻底改变了旅行规划和预订的方式，为旅游者提供了更大的便捷性和灵活性。智能手机是旅游者的首选设备，它们可以轻松连接到互联网，允许用户在任何地点访问在线预订平台。无论是在家中、在路上还是在目的地，旅游者都可以随时查找和比较各种旅游服务。这种便捷性使他们能够实时调整旅行计划，根据需要进行预订或修改。智能设备的移动应用程序为旅游者提供了定制化的预订体验。各种在线预订平台都开发了移动应用，用户可以轻松下载并安装到他们的智能手机上。这些应用程序通常提供个性化的推荐、优惠券和特别优惠，根据用户的兴趣和需求来定制旅行建议。用户可以通过这些应用程序轻松订购机票、酒店房间、租车服务等，同时享受便捷的支付选项，如移动支付、信用卡或电子钱包。

智能设备还支持语音助手和虚拟助手技术，如 Siri、Google Assistant 和 Alexa 等。旅游者可以使用语音命令来搜索和预订旅游服务，无须键盘输入，提高了操作的便捷性和速度。智能设备的普及使旅游者能够随时随地使用在线预订平台来规划和预订旅行服务。无论是通过智能手机、平板电脑还是智能音箱，旅游者都能够享受个性化的预订体验，轻松访问各种旅游服务，并根据需要进行调整。这一趋势将继续推动旅游业的数字化和智能化发展，为旅游者提供更便捷、高效和愉快的旅行体验。

（二）移动支付

智能手机的移动支付功能已经显著改善了旅游者的支付体验，减少了现金和信用卡的使用，带来了许多便利和好处。移动支付使支付过程更加快捷和高效。旅游者只需打开他们的手机应用、扫描二维码或近场通信（NFC）技术，即可完成支付。这比传统的现金支付或信用卡交易更快速，节省了时间，特别是在拥挤的旅游景点和购物区域。移动支付提供了更安全的支付选项。与携带大量现金或信用卡相比，使用移动支付可以降低财务风险。智能手机的生物识别技术（如指纹识别，面部识别等）及支付应用的多层加密措施确保了用户的支付信息的安全性。

移动支付提供了更多的支付选择。旅游者可以选择使用各种支付应用，如支付宝、微信支付、Apple Pay 等，以满足他们的偏好和需求。这些应用通常支持多种支付方式，包括银行卡、银行转账、预付卡等。这种多样性使旅游者更容易选择适合他们的支付方式。移动支付还减少了外币兑换和汇率问题。在国际旅行中，旅游者经常需要支付不同国家的货币，而移动支付应用通常支持多种货币和实时汇率转换，使支付更加方便和透明。移动支付可以提供个性化的优惠和折扣。许多支付应用和商家合作，为使用移动支付的用户提供独特的优惠和奖励。这种激励措施吸引了更多的旅游者使用移动支付，从而节约了成本并获得了额外的福利。智能手机的移动支付功能已经极大改善了旅游者的支付体验。它们提供了快捷、安全、多样化和个性化的支付选项，减少了现金和信用卡的使用，为旅游者带来了更多的便利和经济优势。这种技术已经成为现代旅行不可或缺的一部分，提高了旅游者的支付体验和满意度。

（三）电子票券和通行证

智能手机的移动支付功能已经在旅游业中带来了革命性的改变，显著优化了旅游者的支付体验并减少了对现金和信用卡的依赖。这项创新技术为旅游者带来了多重好处。移动支付提高了支付的便捷性，使得支付过程更加轻松和快速，避免了排队等待和繁琐的交易程序。旅游者只需几次点击屏幕，即可完成支付，让他们更专注于享受旅行。移动支付提供了更高的安全性。与携带现金或信用卡相比，移动支付更难受到盗窃或失窃的威胁。智能手机的生物识别技术，如指纹识别和面部识别、支付密码的设置，使得只有旅游者本人才能完成支付。此外，移动支付也通常会提供实时的交易通知，帮助旅游者监控他们的账户活动，及时发现异常。

移动支付还提供了更多的支付选择。旅游者可以选择使用各种支付方式，包括信用卡、借记卡、电子钱包、银行转账等。这意味着他们可以根据自己的偏好和需求来选择最适合的支付方式，不再受限于特定的支付工具。移动支付促进了数字化和电子化旅游。旅游者可以在智能手机上管理和追踪他们的支付记录，更容易记录旅行开支并进行预算规划。这也使得旅游公司更容易进行营销和客户关系管理，为旅游者提供个性化的服务和优惠。这一技术趋势已经成为现代旅游业的不可或缺的一部分，将继续在未来发挥重要作用。

三、智能设备与旅游体验和分享

智能设备在旅游体验和分享方面发挥了重要作用，为旅游者提供了前所未有的便利和互动性。智能设备提供了实时信息和导航服务。旅游者可以使用智能手机或其他智能设备来获取关于目的地、交通、天气、景点等方面的实时信息。这使他们能够更好地计划旅行，并随时调整行程，以适应不断变化的情况。导航应用程序可以帮助旅游者找到最佳路线，降低迷路的可能性。智能设备增强了旅游体验的互动性。虚拟现实（VR）和增强现实（AR）技术使旅游者能够沉浸在目的地的虚拟世界中，探索历史文化、自然景观、艺术品等。这种互动性提高了旅游体验的深度和吸引力，使旅游者更加深入地了解目的地的魅力。

智能设备也改变了旅游的分享方式。社交媒体应用程序和在线平台允许旅游者即时分享他们的旅行经历，包括照片、视频和文字等，这种分享不仅可以展示旅游者的冒险和发现，还可以为其他人提供灵感和建议，促使更多人踏上旅行的征程。此外，旅游者还可以使用智能设备与朋友和家人保持联系，分享旅行中的精彩时刻。智能设备还提供了便捷的支付和预订功能。旅游者可以使用手机应用程序进行酒店、餐厅、景点和交通的在线预订和支付，无须现金或信用卡，这简化了旅行过程，减少了不必要的麻烦。智能设备在旅游安全方面也发挥了作用。旅游者可以使用智能手机上的应用程序来获取安全警报和紧急联系信息，以便在紧急情况下寻求帮助。此外，智能设备还可以用于实时位置共享，让亲友了解旅游者的位置，提高安全感。智能设备已经成为现代旅行的不可或缺的一部分，为旅游者提供了便利、互动性、分享、安全性等多重好处。随着技术的不断进步，我们可以期待智能设备在旅游体验和分享方面的作用将进一步增强，为旅游者提供更加丰富且令人难忘的旅游体验。

（一）旅游体验的记录和分享

智能设备已经彻底改变了旅游者的体验，使他们能够随时拍摄照片、录制视频，并即时分享他们的旅游经历。这一技术的普及为旅游者提供了丰富、个性化的体验，以及更多的互动性。智能设备的高质量摄像和拍摄功能允许旅游者捕捉美丽的风景、有趣的瞬间和珍贵的回忆。无论是在自然景点、城市风景还是文化活动中，用户可以轻松拍摄高分辨率的照片和高清晰度的视频，捕捉到每个细节和情感。这为他们提供了记录和分享旅行的有力工具。智能设备的即时分享功能使旅游者能够迅速分享他们的旅游经历。通过社交媒体应用程序，他们可以即时上传照片和视频，与朋友、家人和关注者分享。这种实时分享增加了交流和互动的机会，使旅游者能够与他人一起体验旅行。

智能设备的编辑和滤镜功能允许用户美化和定制他们的照片和视频。他们可以使用各种滤镜、特效和编辑工具来增强图像的视觉吸引力，制作独特的内容。这为用户提供了更多的创造性自由，可以表达他们的个性和审美观。智能设备还支持实时直播和互动。旅游者可以使用智能手机或平板电脑进行实时视频直播，与关注者分享他们的旅行实况，回答问题和与观众互动。这种实时互动增加了旅行体验的真实感和亲密感，让旅游者能够与他人分享旅行中的每一刻。智能设备的普及为旅游者提供了丰富、个性化和互动性强的旅游体验。通过高质量的摄像和拍摄功能、即时分享、编辑工具和实时互动，他们能够捕捉和分享旅行的精彩瞬间，与他人共享他们的旅程。这一技术趋势将继续丰富旅行体验，为旅游者提供更多的方式来记录、分享和交流他们的旅游经历。

（二）社交媒体和互动

社交媒体平台在旅行中扮演着重要的角色，帮助旅游者与家人、朋友和其他旅游者保持联系，分享见闻和获得建议。这种互联网技术的使用已经彻底改变了旅行中沟通和社交方式，带来了多重好处。社交媒体平台提供了实时的沟通渠道，使旅游者能够与家人和朋友保持联系。旅游者可以轻松发送消息、照片和视频，与亲人分享他们的旅行经历。这种即时通讯功能使人们感觉距离更近，减轻了旅行中的孤独感。

社交媒体为旅游者提供了一个平台，可以分享旅行见闻和照片、视频等。让亲友了解他们的旅行经历。这种分享不仅可以传达旅行的乐趣，还可以激发其他人的兴趣，或为他们提供灵感，激发他们去探索世界。社交媒体允许旅游者与其他旅游者建立联系，获取有关目的地和行程的建议。他们可以加入旅行相关的社交群组、论坛和社区，与志同道合的人分享经验，获得推荐和技巧。这种互动性的社交体验有助于旅游者更好地规划旅程，发现隐藏的宝藏和交流文化。

社交媒体还可以帮助旅游者更好地了解目的地的文化和风俗。他们可以关注当地居民的帖子，学习当地的习惯和生活方式，从而更好地融入当地社区，增强文化体验。社交媒体还为旅游者提供了一个紧急情况下的联系途径。如果在旅途中遇到问题或需要帮助，他们可以迅速通过社交媒体联系到亲友，得到支持和建议。社交媒体平台已经成为现代旅行中不可或缺的一部分，帮助旅游者与家人、朋友和其他旅游者保持联系，分享见闻和获得建议。这种连接和分享的方式丰富了旅行体验，加深了人际关系，为旅游者提供了更多的乐趣和便利。

（三）个性化旅游建议

人工智能和大数据分析已经成为旅游行业中提供个性化旅游建议和推荐的重要工具。这些技术利用了庞大的数据资源和智能算法，能够根据旅游者的偏好和行为提供高度个性化的旅游建议，提升了旅游体验和满意度。大数据分析通过收集和分析旅游者的历史数据，可以深入了解他们的旅行偏好，包括目的地、活动、住宿类型、餐饮喜好等方面的信息。通过对这些数据的分析，系统可以了解旅游者的兴趣，帮助他们发现符合自己兴趣的旅游目的地和活动。人工智能技术通过不断学习和改进，能够提供更加精确的旅游建议。它可以分析大量的数据，发现隐藏的模式和趋势，进而提供更符合旅游者需求的推荐。例如，根据旅游者的搜索历史和行为，系统可以预测他们可能感兴趣的目的地和活动，提前给出相关建议。

个性化推荐还可以根据旅游者的实时行为进行调整。当旅游者在目的地附近活动时，系统可以根据其当前位置和时间，提供特定的餐饮和娱乐建议。这种实时性的建议可以帮助旅游者更好地规划和享受旅行。个性化旅游建议可以提升旅游者的满意度和忠诚度。当他们得到符合自己兴趣和需求的建议时，更有可能对旅行体验感到满意，并愿意再次选择相同的服务提供商。这对于旅游行业来说是具有竞争力的优势。人工智能和大数据分析为旅游行业提供了强大的工具，能够根据旅游者的偏好和行为提供个性化的旅游建议和推荐。这不仅提高了旅游体验，还有助于提高客户满意度和忠诚度。这一技术趋势将继续推动旅游业的发展，为旅游者提供更好的服务和体验。

第三节　个性化定制与用户体验的提升

个性化定制与用户体验密切相关，它们相辅相成，共同塑造了现代服务行业的核心。个性化定制是基于用户的需求和行为数据进行个性化服务的关键方法之一。通过分析用户的历史行为、兴趣爱好和偏好，服务提供者可以为每个用户提供独特的产品和服务建议，从而满足其个性化需求。这种个性化定制不仅提高了用户的满意度，还增加了用户忠诚度。当用户感受到服务提供者深刻理解他们的需求时，他们更有可能选择继续使用这些服务，并积极参与交互。这种情感连接促使用户更频繁地与服务提供者互动，并为服务提供者提供了宝贵的反馈信息，有助于不断改进和完善服务。通过个性化定制，用户体验得以显著提升。用户感受到个性化建议和定制服务的独特性，这让他们觉得自己受到尊重和关注。这种积极的用户体验不仅增加了用户的满意度，还传播了积极的口碑，吸引了更多的潜在用户。个性化定制与用户体验之间存在紧密的关联。个性化定制通过深入了解用户需求，提供个性化服务，从而显著提高了用户的体验和满意度。这种互动不仅有助于用户积极参与，还为服务提供者提供了改进和创新的机会，促进了服务行业的不断发展。

一、个性化定制的基础和原则

个性化定制是一种根据个体需求和特征提供定制化产品或服务的方法，它构建在深入了解和分析个体的基础上，并遵循一些基本原则。通过数据收集和分析来获取个体的需求和特征需要，包括个体的历史行为、兴趣爱好、偏好、地理位置等信息。通过大数据分析和机器学习等技术，可以更好地理解个体的需求，为其提供更符合其期望的产品或服务。收集和使用个体数据必须遵循相关法规和伦理规范，确保个体的隐私得到充分的尊重和保护。个体应该有权控制其数据的使用和共享，并且应该清楚了解数据的收集和处理方式。个性化定制系统应该向个体提供透明的信息，解释为什么会收集他们的数据，如何使用这些数据及可能产生的效果。透明度有助于建立个体的信任，使他们更愿意共享信息。需求和偏好可能会随时间和情境而变化，因此，系统应该具备适应性，能够根据个体的需求变化进行调整。这可以通过实时数据分析和反馈机制来实现。个性化定制系统必须确保个体的数据不受未经授权的访问和攻击。数据存储和传输应采取安全措施，以防止数据泄露和滥用。系统设计和定制应该以满足个体的需求和提供价值为目标，而不是仅追求商业利润。这有助于建立长期的客户关系和忠诚度。个性化定制的基础是数据，其原则包括数据隐私保护、透明度、灵活性、安全性和关注个体的利益和价值。这些原则在建立个性化定制系统时至关重要，可以确保个体获得满意的定制产品或服务，同时也维护了个体的隐私和权益。

（一）用户数据收集与分析

收集用户数据以了解他们的需求是通过各种渠道和方法进行信息收集的复杂过程。这包括行为数据、兴趣和偏好等多种信息，用于洞察用户需求并改进产品或服务。通过网站分析工具，可以跟踪用户在网站上的行为，包括访问页面、点击链接、停留时间等。这些数据可以揭示用户的兴趣和习惯，帮助了解他们对特定内容或功能的需求。通过监测用户在社交媒体平台上的互动，可以了解他们的喜好和态度。用户在社交媒体上的发帖、评论和分享都可以提供有关其需求和兴趣的线索。

企业可以设计在线调查或采集用户反馈，询问他们的满意度、建议和需求。这种定性数据可以提供深层次的洞察，帮助更好地满足用户需求。通过分析用户的购买历史和交易模式，可以了解他们的购物偏好、预算和品牌忠诚度等。这有助于企业更好地满足用户的购物需求。用户通常会在注册或使用应用程序时提供基本信息，如姓名、性别、年龄等。这些数据可以用于个性化推荐和定制服务。收集用户数据以了解他们的需求是企业提高产品和服务质量的关键步骤。通过多种渠道和方法，包括行为数据、社交媒体数据、调查和反馈、购买和交易数据、用户账户信息等，可以全面了解用户的需求、兴趣和偏好。这种数据驱动的方法有助于企业更好地满足用户需求，提供更个性化和有价值的体验。

（二）用户分群

用户分群是一种重要的数据分析方法，它有助于更好地理解用户的共同特征和需求，为企业和服务提供更精准的定制和个性化体验。用户分群可以根据基本特征对用户进行分类，如年龄、性别、地理位置、收入水平等。这些基本特征可以帮助企业了解用户的基本背景信息，为市场定位和产品开发提供指导。例如,一家餐厅可以根据用户的地理位置和收入水平来制订不同的菜单和价格策略。通过分析用户的行为,企业可以了解他们的兴趣和偏好,为个性化推荐和定制内容提供依据。这有助于提高用户参与度和满意度,促进用户互动和提升用户转化率。

不同的用户可能追求不同的目标,如娱乐、教育、购物、社交等。企业可以根据用户的需求制定不同的营销策略和服务,以满足他们的期望。例如,一个在线学习平台可以根据用户的学科兴趣和学习目标来推荐相关课程和资源。用户的反馈和评论可以提供有关产品和服务的有用信息,帮助企业了解用户的满意度,增加改进的机会。企业可以根据不同用户群体的反馈来调整产品和服务,提供高质量的用户体验。用户分群是一种重要的数据分析方法,可以帮助企业更好地理解用户的共同特征和需求。通过基本特征、行为特征、需求和反馈的分析,企业可以为不同用户群体提供定制和个性化的体验,提高用户满意度,促进业务增长。这种方法有助于建立更紧密的用户关系,提高市场竞争力。

(三)个性化算法和推荐系统

个性化算法和推荐系统的原理在为用户提供个性化建议和内容方面起到了关键作用,这些系统依靠协同过滤、内容推荐等技术,通过分析用户行为和喜好来推荐他们可能感兴趣的产品、服务或信息。协同过滤是一种常见的个性化推荐技术,它基于用户行为和兴趣进行推荐。基于用户的协同过滤和基于物品的协同过滤。基于用户的协同过滤通过比较用户之间的相似性,将一个用户的兴趣扩展到与他们类似的其他用户。而基于物品的协同过滤则通过比较物品之间的相似性,向用户推荐与他们以前喜欢的物品相似的物品。这两种方法都利用了用户行为和反馈数据,为用户提供了个性化的建议。内容推荐是另一种个性化推荐方法,它基于对内容的分析和标记。内容推荐系统会分析用户以前的行为和喜好,以及内容的属性,如关键词、主题和类型。然后,它将用户的兴趣与内容的特征进行匹配,向他们推荐与其喜好相符的内容。这种方法不仅考虑了用户的行为，还关注了内容的质量和相关性。

深度学习和人工智能技术也在个性化推荐中发挥着越来越重要的作用。这些技术可以处理大规模的数据，识别隐藏的模式和趋势，并生成更准确的个性化建议。它们还可以考虑更多的因素，如时间、位置和社交关系，提供更精细化的推荐。个性化算法和推荐系统的原理基于协同过滤、内容推荐等技术，通过分析用户行为和兴趣来为他们提供个性化建议和内容。这些系统已经成为许多在线平台和应用的核心组成部分，帮助用户发现新的产品、服务和信息，提高了用户满意度和参与度。随着技术的不断进步，个性化推荐将继续演进，为用户提供更精准和个性化的体验。

二、个性化定制与用户体验的改进

个性化定制在改进用户体验方面发挥着重要作用。它是一种基于用户的需求和偏好来提供定制化产品和服务的方法，为用户提供了更个性化的体验。个性化定制的首要目标是满足用户的特定需求。通过分析用户的历史数据和行为，企业可以了解用户的兴趣、购买习惯和偏好。这使企业能够为用户提供更符合其需要的产品和服务，确保用户得到他们真正感兴趣的内容。个性化定制还可以提高用户满意度。用户得到了个性化的服务，感觉被关注和重视，从而更愿意与企业互动和交易。这提高了用户对品牌的忠诚度，增加了重复购买和长期合作的机会。个性化定制还有助于提高用户体验的质量。用户不再需要在海量信息中寻找他们需要的内容，而是直接获得了定制的建议和推荐。这减少了用户的搜索时间和精力，提高了用户体验的效率和便捷性。

个性化定制也可以增加销售量和收入。通过推荐相关产品和交叉销售，企业可以提高销售转化率和订单价值。用户更有可能购买与其兴趣相关的产品，从而增加了企业的收入。在个性化定制的支持下，用户还可以享受更多的自主权。他们可以根据自己的需求和喜好来定制产品和服务，从而更好地满足他们的独特需求。这种自主性提高了用户的满意度和参与度。个性化定制有助于建立用户与企业之间的紧密联系。企业可以与用户建立更紧密的互动，收集反馈和建议，不断改进产品和服务。这种互动性增强了用户与企业之间的信任和亲近感。个性化定制是企业提供更优质服务、培养忠实用户和推动业务增长的关键策略。

（一）个性化推荐

利用用户数据和算法来提供个性化的产品、服务和内容建议已经成为许多企业提高用户满意度的关键策略。这个过程包括数据收集、分析和应用，以满足用户的独特需求和偏好。数据收集是关键的一步。企业需要从多个渠道收集用户数据，包括网站、移动应用、社交媒体、购买历史等。这些数据可以涵盖用户的行为、兴趣、偏好、地理位置等方面。用户同意分享这些数据后，企业可以开始构建个性化建议的基础。数据分析是关键的一步。通过使用高级数据分析技术，如机器学习和人工智能算法，企业可以深入挖掘用户数据、识别模式和趋势。这包括预测用户的需求、理解其行为模式和推断其兴趣。数据分析可以帮助企业更好地理解用户，为个性化建议提供有力支持。

应用算法来生成个性化建议。企业可以使用推荐算法来推荐产品、服务和内容，以满足用户的需求。这些算法会分析用户数据，并根据其偏好和行为生成有针对性的建议。这些建议可以包括个性化产品推荐、定制服务计划、相关内容推荐等。提供个性化建议可以通过多种方式实现，如网站界面、移动应用界面、电子邮件通知和社交媒体推广。企业可以根据用户的选择和互动方式来提供个性化建议。这种方式可以让用户感到被理解和关心，提高他们的满意度和忠诚度。使用用户数据和算法来提供个性化的产品、服务和内容建议是提高用户满意度的有效方法。这个过程涵盖数据收集、分析、算法应用和建议提供等多个步骤，能够满足用户的独特需求和偏好，提供更有价值的体验。这对企业来说是一项重要的竞争优势，有助于建立长期的用户关系。

（二）用户界面定制

根据用户偏好和习惯进行界面定制是提高用户体验的关键策略。通过个性化的界面设计，用户更容易找到所需信息和功能，提高了产品或服务的可用性和吸引力。了解用户偏好是关键。通过分析用户的行为数据和偏好信息，可以确定用户的使用习惯和偏好。这包括他们常用的功能、访问的频率、感兴趣的主题等。这种了解可以帮助设计师决定应该将哪些功能和信息放在界面的前台，以便用户更容易找到。个性化内容推荐是界面定制的一部分，根据用户的历史浏览、搜索和点击行为，系统可以提供相关的内容推荐。这包括文章、产品、活动或其他用户可能感兴趣的信息，这种推荐有助于用户发现新的内容，并增加他们的满意度。

用户界面应该简洁而直观，避免过多的菜单选项和复杂的导航，使界面清晰易懂。根据用户习惯和目标，将常用的功能和信息置于显眼的位置。这有助于用户快速找到所需内容，减少了混乱和迷失的可能。可定制性也是一个重要的因素。允许用户自定义界面的外观和布局，以适应他们的个人偏好，这包括主题颜色、字体大小、布局选择等。通过提供这种可定制性，用户可以根据自己的口味来配置界面，提高了用户体验的个性化程度。

用户反馈是不可忽视的，要持续收集用户反馈和建议，用于改进界面设计。用户的反馈可以揭示界面上存在的问题和不足之处，帮助设计师作出相应的改进，根据用户偏好和习惯进行界面定制是提高用户体验的有效途径。通过了解用户偏好、提供个性化内容推荐、保持简洁直观、提供可定制性及听取用户反馈，界面设计可以更好地满足用户需求，提高用户满意度，增强产品或服务的吸引力和竞争力。这种个性化的界面设计有助于提升用户体验、提高用户忠诚度，实现业务的长期成功。

（三）交互式体验

交互式体验在旅游和文化领域的重要性日益凸显，它通过虚拟导游、互动地图和虚拟现实体验等方式，极大增强了用户的参与感。虚拟导游为用户提供了更加沉浸式的旅游体验。通过虚拟导游应用程序或设备，用户可以在导游的引导下探索景点、历史遗迹和文化背景。他们可以随时与虚拟导游互动，提问问题、索取信息，甚至要求导游展示不同的角度或详细信息。这种互动性增加了用户对旅游目的地的了解和参与感，使他们更深入地体验文化和历史。互动地图改善了用户的导航和探索体验。传统地图已被数字互动地图所取代，这些地图不仅可以显示基本的导航信息，还可以提供实时更新的景点信息、评论和建议。用户可以根据兴趣和需求自定义地图，查找附近的餐厅、景点和活动，获取导航指引，还可以参与社交互动，分享位置和评价。这种互动性使导航过程更加个性化，提供更多的探索和发现机会。

虚拟现实体验为用户提供了全方位的感官体验。通过 VR 头盔或设备，用户可以仿佛置身于一个全新的环境中，无论是在自然风景、历史场所还是虚构的世界。他们可以自由移动、观察细节，与虚拟环境中的物体互动。这种虚拟体验提供了更高程度的参与感，使用户感受到真实世界无法感受到的冒险和探索。交互式体验在旅游和文化领域的重要性越来越受到认可。虚拟导游、互动地图和虚拟现实体验增强了用户的参与感，使他们更深入地了解目的地、享受导航和探索的乐趣，并体验全新的虚拟世界。这些技术趋势将继续推动旅游和文化体验的创新，为用户提供更加丰富、互动和有趣的体验。

第四章
智慧旅游的目的地管理

第一节　智慧城市与旅游目的地

　　智慧城市与旅游目的地之间存在紧密的关联和相互影响。智慧城市的发展和旅游目的地的发展可以相互促进，创造更具吸引力的旅游体验，智慧城市的基础设施和技术改进为游客提供了更便捷的旅行体验。城市中的智能交通系统和导航应用程序使游客能够更轻松地规划路线和避开拥堵，提高了旅行的效率。同时，智慧城市中的智能公共交通系统提供了更加可持续的出行方式，减少了对环境的影响。智慧城市还通过数字化服务提供了更多的旅游信息和资源。游客可以使用手机应用程序获取有关景点、餐厅、文化活动等的详细信息，以更好地规划他们的旅行。此外，城市的数字化娱乐和文化体验也丰富了游客的选择。旅游目的地的发展也有助于智慧城市的优化。游客的到来带来了经济收益，推动了城市的商业和旅游业的繁荣。这为城市提供了更多的资源，用于改善基础设施和服务，从而提高了城市的居民生活质量。智慧城市和旅游目的地之间的相互作用创造了更好的旅游体验和城市生活质量。通过智能技术和数字化服务，游客可以更方便地享受城市的文化和景观，同时旅游业的繁荣也为城市的可持续发展提供了动力。这种相互促进关系将继续推动城市和旅游业的发展，创造更加智慧和吸引人的旅游目的地。

一、智慧城市基础设施对旅游的影响

智慧城市基础设施对旅游业产生了深远的影响，这种影响是多维度的，涵盖了旅游体验、便捷性、可持续性、安全性等方面。智慧城市的基础设施改善了旅游体验。现代城市中普及的智能交通系统、无线网络覆盖及数字化导览服务为游客提供了更便捷和愉悦的旅游体验。游客可以使用智能手机或其他设备来获取实时信息，导航到景点、餐厅和酒店，而无须依赖传统的地图和指示。智慧城市的基础设施建设提高了旅行的便捷性。先进的公共交通系统、自动化票务系统和电子支付选项使游客更轻松地在城市内移动。这不仅减少了旅行的时间和成本，还有助于减少交通拥堵，改善城市的可达性。

智慧城市的可持续基础设施对旅游产业具有积极影响。城市的可持续能源系统、废物管理和环保措施有助于减少环境污染，提高了旅游的可持续性。游客越来越关注可持续旅游，他们更愿意选择那些注重环保和社会责任的目的地。智慧城市基础设施还提高了旅游的安全性。城市监控系统、智能交通管理和紧急响应系统有助于减少犯罪和交通事故的发生，提高了游客的安全感。此外，智能城市设施可以迅速应对自然灾害和紧急情况，保障游客的安全。智慧城市基础设施对旅游业的影响是全面的。它们提高了旅游体验、便捷性、可持续性和安全性，使游客更加愿意选择这些城市作为旅行目的地。随着智慧城市技术的不断发展，我们可以期待智慧城市基础设施对旅游体验的持续改进，推动旅游业的发展，并为城市和游客带来更多的好处。

（一）智能交通系统

智慧城市的交通管理系统在改善旅游者的出行体验、减少交通拥堵和提高安全性方面发挥了重要作用。智慧交通管理系统通过实时数据收集和分析，提供了更智能、高效的交通导航。旅游者可以使用智能手机或车载导航系统访问实时交通信息、道路状况和路线建议。这使他们能够避开拥堵路段，选择最佳路线，节省时间和燃料成本，提高了出行效率。智慧交通系统改进了公共交通服务。它提供了实时公共交通信息，包括公交车、地铁和电车的到站时间、车辆位置和可用座位数。旅游者可以根据这些信息制订自己的出行计划，避免长时间等待或拥挤的交通工具。这种个性化的公共交通服务提高了旅游者的舒适度和满意度。智慧城市的交通管理系统加强了交通安全措施。它可以监控交通违规行为，如超速、闯红灯和违法停车，并自动发出罚单。这些措施有助于提高道路安全，减少交通事故的发生，保护旅游者的生命和财产安全。

智慧交通系统提供了更多的出行选择。它鼓励旅游者使用共享出行方式，如共享汽车、共享自行车和共享电动滑板车。这些选择不仅缓解了城市交通拥堵，还改善了空气污染，提高了城市的可持续性。这一趋势将继续推动智慧城市的发展，为旅游者提供更便捷、安全和环保的出行选择。

（二）智能公共服务

智慧城市的公共设施和服务对于提高旅游者的便利性和旅行体验起着至关重要的作用。其中包括公共厕所、垃圾处理和停车管理等方面的改进，对于吸引游客、提高城市吸引力至关重要。智慧城市的公共厕所为旅游者提供了便利。这些厕所通常配备有先进的自动清洁设备和卫生设施，确保旅游者在使用时享受到卫生和舒适。此外，一些智慧城市采用了创新的技术，如厕所预订系统和实时清洁监控，以确保厕所的可用性和清洁度。这种便利性对于提高游客的满意度至关重要，也有助于提升城市的形象。垃圾处理系统的优化有助于维护城市的清洁和美观。智慧城市采用垃圾桶传感器和智能垃圾收集车辆，可以更有效地管理垃圾收集和处理。这不仅改善了城市的环境污染，还改善了空气质量和居住环境。对于游客来说，这意味着更干净的街道和公共空间，提高了他们在城市中的愉快度。

智慧城市的停车管理系统可以减少旅游者的停车问题。采用智能停车系统，城市可以提供实时停车位信息，帮助游客更快速地找到停车位。此外，手机应用和电子支付选项使停车更加便捷和高效。这种便利性可以减少游客在寻找停车位和支付停车费时的不便，提高他们的旅行体验。智慧城市的公共设施和服务，包括公共厕所、垃圾处理、停车管理等方面的改进，显著增强了旅游者的便利性。这些改进不仅提高了旅游者的满意度，还提升了城市的吸引力和形象。通过采用智能技术和创新方法，智慧城市为游客提供了更加便捷、安全和舒适的旅行环境，有助于吸引更多的游客前来体验城市的魅力。

（三）节能和环保措施

智慧城市的公共设施和服务在增强旅游者的便利性方面发挥着重要作用。这些设施包括公共厕所、垃圾处理和停车管理等，为旅游者提供了更舒适、高效和愉快的旅行体验。智慧城市的公共厕所系统改善了旅游者的便利性。这些设施通常配备了现代化的洗手间设备、清洁维护和信息显示屏。旅游者可以方便地找到并使用这些公共厕所，避免了在旅途中为寻找厕所而浪费时间的困扰。此外，一些智慧城市的公共厕所还提供了卫生纸、肥皂、烘手设备等便利设施，提高了旅游者的卫生体验。智慧城市的垃圾处理系统有助于保持环境整洁。这些系统包括垃圾桶、垃圾分类设施和垃圾回收计划。旅游者可以方便地找到垃圾桶并将垃圾分类，有助于降低环境污染，维护城市的美观和卫生。此外，一些智慧城市还提供了垃圾回收站点，鼓励旅游者积极参与环保行动。

智慧城市的停车管理系统提供了便捷的停车选择。这些系统包括智能停车导航、在线预订、移动支付等功能。旅游者可以事先查找、预定停车位，甚至使用智能手机支付停车费用。这减少了寻找停车位的时间和烦恼，提高了旅游者的停车体验。智慧城市的公共设施和服务显著增强了旅游者的便利性。公共厕所、垃圾处理和停车管理系统为旅游者提供了更舒适、高效和环保的旅行环境。这些便利设施不仅提升了旅游体验，还有助于城市的可持续发展和旅游业的繁荣。因此，智慧城市的公共设施和服务在吸引和满足旅游者方面发挥着不可替代的作用。

二、数字化体验与互动

数字化体验与互动在智慧旅游领域扮演着关键角色，为旅游者和旅游业者提供了新的机会和体验。数字化体验改变了旅行的规划和预订方式。旅游者可以使用智能手机、平板电脑和电脑等设备，轻松查找目的地信息、预订机票、酒店和活动。他们可以随时随地访问旅游应用程序和网站，获取实时导航、天气和交通信息等，从而更方便地规划旅行路线。数字化体验也改善了旅游目的地的管理和导览。目的地管理者可以利用智能设备和应用程序来提供实时的导游和信息。这包括增强现实导览、虚拟现实体验、数字地图等。旅游者可以通过数字工具更深入地了解目的地的历史、文化和景点，从而丰富了他们的旅游体验。

数字化体验还促进了旅游者之间的互动。社交媒体平台、旅游应用程序和在线社区使旅游者能够分享经验、照片和评价，与其他旅游者交流和建立联系。这种互动性加强了社交连接，为旅游者提供了更多的建议。在数字化体验的支持下，旅游企业可以更好地了解旅游者的需求和行为。通过数据分析，他们可以预测需求和趋势，优化价格策略，提高资源利用率。这有助于降低成本、提高效率，并提供更好的价格和价值。数字化体验也提供了更多的营销和推广机会。旅游企业可以通过社交媒体、移动应用程序和在线广告来推广他们的产品和服务。他们可以针对特定的受众群体，制定个性化的营销策略，提高市场曝光和品牌知名度。数字化体验为旅游者提供了更多的自主权和选择。他们可以根据自己的需求和兴趣来定制旅行路线和体验，享受更个性化的旅游。这种自主性提高了旅游者的满意度和参与度。数字化体验与互动已经深刻改变了智慧旅游的方式和体验。它们提供了更便捷、互动式、个性化的旅游体验，丰富了旅游者的旅游经历，提高了旅游业者的效益和竞争力。这一趋势将继续推动智慧旅游的发展，为旅游者提供更多创新和个性化的选择。

（一）智能导览和虚拟体验

增强现实（AR）、虚拟现实（VR）和智能导览技术已经成为旅游领域提供丰富体验的重要工具，通过虚拟导游和历史重现等方式，为旅游者提供了独特且令人难忘的旅游体验。虚拟导游是一种基于 AR 技术的应用，它允许旅游者在真实环境中与虚拟导游互动。旅游者可以使用智能手机或 AR 眼镜，将虚拟导游叠加到景点中，听取导游的解说、故事和历史背景。这种技术使导游更具互动性，用户可以随时提问、索取信息，自由探索景点。虚拟导游为旅游者提供了更深入的了解和沉浸式的文化体验。虚拟现实技术通过 VR 头盔或设备，将用户带入一个全新的虚拟环境中。在旅游中，这意味着旅游者可以身临其境地探索世界各地的景点和文化遗产。他们可以参观古代城市、历史场所和自然奇观，仿佛亲临其境。这种虚拟体验让旅游者有机会探索远程或不可访问的地方，提供了独特的历险体验。

智能导览技术结合了 AR 和 VR，为旅游者提供了交互性强的导览体验。通过智能导览应用程序，用户可以使用智能手机或 AR 眼镜，获取有关景点的详细信息、历史背景和有趣的故事。这些信息会根据用户的位置和方向进行实时叠加，增强了用户对景点的理解和欣赏。AR、VR 和智能导览技术已经为旅游者提供了丰富的旅游体验。虚拟导游使导游更具互动性，虚拟现实技术带来了全新的探索体验，智能导览技术提供了详细的信息和历史背景。这些技术的不断发展将继续丰富旅游领域的体验，为旅游者提供更加吸引人和更具教育性的旅程。

（二）移动应用和社交媒体

智慧城市借助移动应用和社交媒体平台，为旅游者提供了丰富的旅游信息、互动和分享体验的机会，从而增强了旅行的便利性和交互性。智慧城市的移动应用成为旅游者的重要指南。这些应用提供了详细的旅游信息，包括景点介绍、活动日历、交通指南、餐厅推荐等。旅游者可以随时随地获取这些信息，帮助他们更好地规划旅行路线和活动安排。此外，一些应用还提供实时更新的天气预报和交通状况，使旅行更加顺畅。社交媒体平台为旅游者提供了与其他旅游者和当地居民互动的机会。通过发布照片、视频和文字描述，旅游者可以分享他们的旅行经历，并与朋友、家人和关注他们的人保持联系。这种分享不仅让旅游者感到亲近，还可以为其他人提供旅行灵感和建议。同时，通过关注城市的官方社交媒体账号，旅游者还可以了解当地的文化活动、特别优惠和独特体验，增强了他们的旅行体验。

移动应用和社交媒体平台为旅游者提供了方便的交流和互动渠道。旅游者可以使用应用内的消息功能与当地服务提供商或其他旅游者沟通，解决问题或咨询信息。这种直接的沟通方式增加了服务的个性化程度，提高了用户体验。智慧城市还可以通过推送通知和社交媒体更新提供重要的旅游警报和信息，如天气变化、交通事故或特殊事件等。这有助于旅游者及时了解并应对潜在的旅行困难。智慧城市通过移动应用和社交媒体平台为旅游者提供了丰富的旅游信息、互动和分享体验的机会。这些工具不仅增强了旅游者的便利性和互动性，还丰富了他们的旅行体验，使他们更好地探索城市的文化和魅力。同时，这种互动也有助于城市宣传和推广，提高了城市的吸引力和知名度。

（三）数据分析和个性化建议

智慧城市通过移动应用和社交媒体平台为旅游者提供了丰富的旅游信息、互动和分享体验的机会。这种数字化和互联互通的方式极大地丰富了旅游体验，智慧城市的移动应用成为了旅游者的得力助手。这些应用提供了实时的旅游信息，包括地图导航、景点介绍、交通信息等。旅游者可以随时随地查找所需的信息，方便快捷地规划行程。此外，一些应用还提供了在线预订服务，如酒店、餐厅、门票等，使旅行更加便捷。社交媒体平台为旅游者提供了分享和互动的平台。旅游者可以在社交媒体上分享他们的旅行照片、经验和感受，与家人和朋友互动，甚至与当地居民建立联系。这种互动不仅让旅行更具社交性，还可以获得有用的旅行建议和推荐。

智慧城市的移动应用和社交媒体平台还促进了旅游者之间的互动和交流。旅游者可以通过应用和社交媒体查找同样目的地的其他旅游者，分享经验和建议，甚至组织共同的旅行活动。这种互动加强了旅游者之间的联系，使旅行更加丰富多彩。智慧城市通过提供移动支付功能，进一步提升了旅游的便捷性。旅游者可以使用移动支付应用轻松付款，避免携带大量现金或信用卡。这不仅提高了支付的安全性，还减少了在陌生城市中寻找 ATM 机或银行的不便。这种趋势将继续推动智慧城市的发展，为旅游者提供更多创新的体验和服务。

三、安全和可持续性

安全和可持续性是智慧旅游领域的两个关键要素，它们相互交织，共同推动着旅游业的进步和发展，安全性是智慧旅游的基石之一。随着数字化时代的到来，旅游者越来越依赖智能设备和在线服务来规划和管理他们的旅行。因此，保障旅游者的数据安全和隐私已经成为当务之急。旅游提供商和平台必须采取严格的安全措施，以确保用户信息受到保护，防止黑客入侵和数据泄露。此外，物理安全也同样重要，旅游目的地需要确保游客的人身安全，建立健全的应急响应系统，以应对各种突发事件和紧急情况。可持续性是智慧旅游的核心价值之一。旅游业对自然环境、文化遗产和社会经济都产生了重要影响，因此必须采取可持续发展的原则。智慧旅游平台和系统可以帮助旅游者更好地了解可持续旅游的原则和实践，提供可持续旅游选择的信息，促使旅游者更加负责任地参与旅游活动。此外，可持续性也包括旅游供应链的管理，确保旅游产品和服务的生产和分发不会对环境和社会造成不可逆转的影响。

智慧旅游还可以促进旅游业的创新，提高效率，减少资源浪费。例如，智能交通系统可以优化交通流量、减少拥堵、减少燃料消耗和排放。虚拟体验技术可以减少实际旅行的需求，从而降低对自然资源的压力。在实现安全和可持续性方面，合作和协同是关键。政府、旅游业者、技术公司和社会组织需要携手合作，制定政策、标准和指南，推动智慧旅游的发展方向，以确保旅游业能够在安全和可持续性的基础上持续繁荣。安全和可持续性是智慧旅游的双重支柱，它们共同推动了旅游业的演进和创新。只有在确保旅游者的安全和保护环境、文化遗产的可持续性的基础上，智慧旅游才能够取得持久的成功，满足旅游者的需求，同时保护地球的未来。这是一个复杂而充满挑战的任务，但也是值得追求的目标。

（一）安全监测与紧急应对

智慧城市采用先进的安全监测系统和紧急应对措施，致力于保护旅游者的安全。这些系统和措施构成了城市安全生态系统的一部分，旨在预防和应对各种潜在的安全威胁。智慧城市部署了多种安全监测技术，包括视频监控、传感器网络和智能警报系统。这些监测系统覆盖了城市的关键区域，包括旅游热点、交通枢纽和公共场所等。通过实时监测，这些系统可以检测异常事件的发生，如交通拥堵、火灾、突发事件等，及时发出警报。

智慧城市利用大数据和人工智能技术来分析和预测安全风险。通过收集和分析大量数据，包括交通流量、社交媒体信息和气象数据等，城市可以识别潜在的危险情况，并采取相应的措施，以确保旅游者的安全。这种预测性分析有助于提前预防事故和紧急情况的发生。

智慧城市还建立了紧急应对中心，配备了专业的紧急救援团队。这些团队可以迅速响应各种紧急情况，包括自然灾害、交通事故和医疗急救。他们与监测系统紧密合作，以确保旅游者在紧急情况下能够获得及时的援助和支持。智慧城市也通过手机应用程序和短信提醒等方式，向旅游者提供实时的安全信息和建议。这些信息包括交通状况、天气预报和紧急联系信息，帮助旅游者作出明智的决策，确保他们的安全。智慧城市通过安全监测系统、大数据分析和紧急应对措施，全面保护旅游者的安全。这些系统和措施确保了城市的安全性，使旅游者能够在旅程中享受更安全和愉快的体验。这一安全保障体系的不断完善将持续提高旅游者的信心，促进旅游业的可持续发展。

（二）犯罪预防和数据分享

城市管理者与旅游行业分享数据是一种关键的合作方式，有助于改善犯罪预防和应急响应机制，保障游客和城市居民的安全。共享旅游数据可以帮助城市管理者更好地了解游客的行为和趋势。通过分析游客的移动和活动模式，城市管理者可以识别潜在的安全风险区域和高峰时间。这种了解有助于加强警力部署和监控，提高犯罪预防效果。城市管理者可以与旅游行业分享有关旅游者的信息，如预订记录、入住信息和旅行计划。这些数据可以用于建立旅游者档案和监测游客的流动，从而更好地识别异常行为和潜在的威胁。例如，如果某个游客的行为与其预订信息不符，系统可以自动触发警报，进行进一步调查。

共享数据还可以加强城市的应急响应能力。在紧急情况下，如自然灾害、恐怖袭击或突发事件，城市管理者可以借助旅游行业的数据来迅速了解受影响的区域和人数。这有助于有效地协调救援行动和资源分配，最大程度地减少潜在的伤亡和损失。城市管理者还可以利用旅游行业的数据来改善交通管理和城市规划。通过分析游客采用的交通模式和使用偏好，可以优化公共交通路线和停车管理，减少拥堵和交通事故的发生。城市管理者与旅游行业分享数据是一种重要的合作方式，有助于提高犯罪预防和应急响应能力。通过共享信息和合作，可以更好地保障城市的安全，提供更安全、便捷和愉快的旅游体验，同时也有助于城市的可持续发展和改善。这种数据合作不仅有益于旅游行业，也有助于提升城市的整体安全水平和管理效率。

（三）可持续发展和文化保护

智慧城市在推动可持续发展和文化保护方面发挥了重要作用，从而确保了旅游目的地的可持续性和魅力。智慧城市通过改善城市基础设施和资源管理，促进了可持续发展。这包括智能能源管理系统、交通优化、废物处理、水资源管理等方面的创新。通过更高效的资源利用和减少浪费，智慧城市减轻了环境负担，有助于维护旅游目的地的自然生态平衡。智慧城市为文化保护提供了有力支持。数字化技术和文化遗产管理系统帮助保护和传承当地文化。智慧城市可以建立虚拟博物馆、数字档案和文化传承平台，以保存和传播文化遗产。这有助于保护历史建筑、文物和传统工艺，维护旅游目的地的文化魅力。

智慧城市通过提供文化体验和教育机会，加强了文化保护。旅游者可以通过移动应用和虚拟导览系统深入了解当地文化和历史。这种文化教育有助于增强游客的文化意识，减少对文化遗产的破坏。智慧城市通过促进可持续旅游和社区参与，确保了旅游目的地的可持续性和魅力。智慧城市可以推动绿色旅游和社区旅游项目发展，鼓励游客尊重当地文化和环境。社交媒体平台和在线互动工具也可以促进游客与当地社区的互动，帮助建立长期的旅游伙伴关系。智慧城市在可持续发展和文化保护方面发挥了重要作用，确保了旅游目的地的可持续性和魅力。通过改善基础设施、推动文化保护、提供文化教育和促进可持续旅游，智慧城市为旅游业注入了可持续性和创新性，为游客提供了更丰富和有意义的旅行体验。这有助于维护旅游目的地的吸引力，同时保护和传承当地文化和自然资源。

第二节　智慧旅游在目的地推广中的应用

　　智慧旅游在目的地推广方面具有重要作用，这一技术通过数字化和智能化手段，为目的地的宣传和推广提供了有力支持。智慧旅游可以提供个性化的推广信息。根据游客的兴趣和需求，智慧系统可以向他们推送定制的目的地推广内容，从而提高了信息的相关性和吸引力。智慧旅游利用大数据分析，可以更好地了解目的地的受众群体。这有助于制定更精准的市场策略，例如，在社交媒体上定向广告投放，以吸引潜在游客的注意力。这样的定向宣传可以提高目的地的知名度和吸引力。智慧旅游还可以通过虚拟现实和增强现实技术提供沉浸式的目的地体验。游客可以使用智能设备参与虚拟旅游活动，了解目的地的文化、景点和活动，从而激发他们的兴趣。这种互动体验有助于增强目的地的吸引力，使游客更有动力前往。

　　智慧旅游还可以提供实时的旅游信息，游客可以使用智能手机或其他设备查找目的地的实时天气、交通状况和活动信息，这有助于游客更好地计划行程，增强了目的地的便捷性。智慧旅游还促进了目的地的口碑营销。游客可以通过社交媒体分享他们的旅行经历，推荐目的地给他们的朋友和关注者。这种口碑传播有助于提高目的地的知名度和美誉度。智慧旅游在目的地推广中发挥了关键作用。它提供了个性化的推广信息，利用大数据分析制定精准的市场策略，提供沉浸式的目的地体验，提供实时的旅游信息，促进了口碑营销，从而提高了目的地的吸引力和竞争力。这一趋势将继续塑造旅游业的未来。

一、数字化营销和用户互动

数字化营销和用户互动在智慧旅游领域扮演了关键角色，塑造了新时代旅游业的格局。数字化营销是一种通过数字渠道与潜在客户和游客进行互动、推广和销售的策略，它通过多种方式影响了智慧旅游。数字化营销通过社交媒体平台和在线广告，增加了目的地和旅游服务的曝光度。这使得旅游目的地能够通过精确的定位和广告投放，吸引到更多的潜在游客。旅游业者可以通过分析用户的在线行为和兴趣，精准地定制广告内容、提高广告的点击率和转化率。数字化营销加强了用户互动。通过社交媒体、旅游应用程序和在线社区，游客可以与其他旅游者和旅游专家分享经验、建议和评价。这种互动性提高了旅游体验的深度和吸引力，鼓励游客更多地参与目的地的文化和活动。

数字化营销改变了用户决策过程。旅客可以在网上查找关于目的地、酒店、餐厅和活动的详细信息和评价。这为他们提供了更全面、准确的信息，使他们能够作出更明智的旅行决策，增强了旅游的透明度和可预测性。数字化营销还提高了个性化服务的可行性。通过分析用户的历史行为和兴趣，旅游业者可以为每位旅客提供个性化的旅游建议和优惠。这种个性化服务提高了客户满意度，促使客户更愿意选择和推荐特定的旅游品牌和目的地。数字化营销改变了销售渠道。旅游服务提供商可以通过在线渠道实现实时预订和支付，提高了旅行的便捷性和效率。这也为跨界合作和跨平台整合提供了机会，促进了旅游业的发展。数字化营销和用户互动是智慧旅游领域的重要组成部分，它们通过扩大曝光、增强用户互动、改变用户决策过程、提高个性化服务和改变销售渠道，为旅游业带来了革命性的变化。这种变革塑造了新时代旅游业的形态，为旅游者提供更丰富、更便捷和更有意义的旅游体验。

（一）目的地推广平台

智慧旅游平台和应用程序已成为目的地数字化营销的重要工具，它们通过官方网站、移动应用、社交媒体等渠道，有效地推广和宣传旅游目的地。官方网站是目的地数字化营销的核心，这些网站提供了丰富的目的地信息，包括景点介绍、活动日历、住宿选择、交通指南和当地美食推荐等。旅游者可以在网站上获取详细的旅行计划，规划他们的行程，了解目的地的文化和历史。同时，官方网站还提供在线预订功能，使旅游者能够轻松预订航班、酒店和活动等。移动应用程序为旅游者提供了更便捷的旅行体验。这些应用程序可以安装在智能手机上，为用户提供实时信息、导航和互动功能。用户可以随时查看目的地的地图，获取推荐的旅游路线，查找附近的餐厅和景点，还可以接收实时通知和提醒。此外，移动应用还支持虚拟导游、语音导航和实时互动，增强了用户的旅游体验。

社交媒体在目的地数字化营销中也发挥了关键作用。目的地管理者可以在社交媒体平台上创建官方账号，与旅游者互动，分享目的地的精彩瞬间和活动。他们还可以利用用户生成的内容，如照片和视频，进行口碑营销，吸引更多的游客。社交媒体还可以用于推广特别活动、促销和折扣，激发旅游者的兴趣。智慧旅游平台和应用程序通过官方网站、移动应用和社交媒体，为目的地的数字化营销提供了多种渠道和工具。这些工具不仅提供了丰富的目的地信息和便捷的旅行体验，还能够有效地吸引游客、促进旅游业的发展。通过数字化营销，目的地管理者能够更好地推广和展示自己的目的地，吸引更多的游客，促进旅游业的可持续发展。

（二）个性化推荐和定制行程

利用用户数据和推荐算法为旅游者提供个性化的目的地建议和定制

行程是一种有效的方法，可以显著提高旅游者的满意度和旅行体验。通过分析用户的历史行为和偏好，系统可以了解他们的旅行喜好。这包括他们过去的旅行目的地、喜欢的活动类型、食物口味等。通过将这些信息与大数据分析和机器学习相结合，推荐算法可以识别出与用户兴趣相关的目的地和活动。例如，如果用户过去喜欢山区度假，系统可以推荐类似的山区目的地和活动。个性化建议可以帮助旅游者更好地规划行程。系统可以根据用户的偏好和时间限制，提供定制的行程建议，包括景点的排列顺序、活动的时间安排和餐厅的推荐。这种个性化的行程规划可以节省用户的时间和精力，提高他们的旅行效率。

用户数据还可以用于改进推荐算法的精度。随着用户的不断使用和反馈，系统可以不断优化建议，提供更符合用户期望的目的地和活动。这种持续改进有助于提高用户的满意度和忠诚度，促使他们更频繁地使用旅行应用。用户数据还可以用于个性化的营销和促销。系统可以向用户提供与他们兴趣相关的特惠信息和优惠券，增加他们的购买意愿和忠诚度。这种个性化的促销策略可以提高旅游服务提供商的销售额和市场份额。利用用户数据和推荐算法为旅游者提供个性化的目的地建议和定制行程是一种强大的工具，可以显著提高满意度和旅行体验。这种个性化的建议不仅能够帮助旅游者更好地满足他们的兴趣和需求，还提高了旅游服务提供商的竞争力和盈利能力。通过不断改进和优化算法，可以实现更高水平的个性化服务，为旅游者提供更出色的旅行体验。

（三）互动体验和社交分享

互动性体验在旅游领域中具有巨大的潜力，它包括虚拟导游、旅游VR 体验和目的地的社交媒体活动，这些体验不仅能够增加用户的参与和分享，还提升了旅游的乐趣和教育性。虚拟导游为旅游者提供了全新的互动方式。通过智能手机应用或 AR 眼镜，旅游者可以获得沉浸式的导览体验，不再需要依赖传统导游。虚拟导游可以提供实时的历史和文化信息，带领旅游者探索景点，回答问题，并提供个性化的建议。这种互动体验使游客更深入地了解目的地，增强了他们的旅行参与度。旅游 VR 体验为旅游者提供了令人难忘的虚拟旅行。通过 VR 头戴设备，旅游者可以仿佛置身于遥远的目的地，身临其境地探索景点和风景。这种体验不仅提供了娱乐价值，还可以为旅游者提供前所未有的文化和历史教育。旅游者可以亲身感受目的地的特色，激发了对文化多样性的兴趣。

目的地的社交媒体活动为旅游者提供了与其他游客互动和分享的机会。旅游者可以在社交媒体上分享照片、视频和故事，与朋友和家人分享旅行经历。此外，一些目的地还举办在线活动和挑战，鼓励旅游者积极参与，与当地社区互动，提高了游客对目的地的参与感。这些互动性体验不仅提高了旅游者的参与度，还为旅游产业带来了商机。虚拟导游、旅游 VR 体验和社交媒体活动为旅游目的地吸引了更多游客，提高了知名度和吸引力，从而增加了旅游业的收入。互动性体验，包括虚拟导游、旅游 VR 体验和目的地的社交媒体活动，已经成为旅游领域的重要趋势。这些体验提高了旅游者的参与和分享程度，同时也丰富了他们的旅行体验。这种趋势将继续推动旅游业的发展，为旅游者提供更多创新和有趣的旅行方式。

二、数据分析和决策支持

数据分析和决策支持是智慧旅游领域的关键组成部分，它们在旅游业中的应用对于提高效率、满足旅游者需求及推动业务发展至关重要。数据分析是智慧旅游的核心。通过收集和分析大量数据，旅游业者可以深入了解旅游者的偏好、习惯和行为。这些数据可以包括预订信息、旅行历史、社交媒体活动等。通过数据分析，旅游企业可以发现潜在趋势和需求，从而更好地满足旅游者的期望。数据分析还有助于资源优化。旅游目的地可以监测游客流量和活动热度，以更好地规划和管理资源。这包括交通、餐饮、住宿和景点等。通过数据分析，目的地管理者可以提前调整资源分配，以应对高峰和低谷时段，提高资源的利用效率。

数据分析也支持市场营销和销售策略。旅游企业可以根据用户数据制订个性化的市场推广计划。通过了解旅游者的兴趣和需求，他们可以精准地针对目标受众，提供相关的旅游产品和服务，增加销售转化率。决策支持系统是数据分析的关键应用之一。它们为旅游业者提供了实时数据和信息，帮助他们作出更明智的决策。决策支持系统可以提供关于供应链管理、价格优化、风险管理和市场预测的关键见解。这使旅游业者能够及时调整策略，应对不断变化的市场环境。数据分析和决策支持系统还有助于提高客户服务质量。通过分析用户反馈和投诉，旅游企业可以及时了解客户满意度和问题，采取措施改进服务。这提高了客户满意度，增加了客户忠诚度。

数据分析和决策支持系统有助于提高旅游业的竞争力。通过利用数据分析和决策支持系统，旅游业者可以更好地了解市场趋势和竞争对手的动态，制定战略优势，保持在市场中的领先地位。数据分析和决策支持是智慧旅游的关键组成部分，它们为旅游业者提供了深入了解旅游者、优化资源、改进服务、提高竞争力的机会。这些工具的应用不仅促进了旅游业的数字化转型，还提高了旅游者的体验和满意度，推动了旅游业的可持续发展。

（一）数据收集和分析工具

智能传感器、移动应用和社交媒体数据的整合已经成为旅游行业收集有关旅游者行为和偏好信息的关键手段。这些数据源提供了宝贵的洞察，有助于目的地管理者更好地理解旅游者，优化旅游体验，并制定更智能的营销策略。智能传感器在旅游目的地的不同位置安装，可以监测旅游者的移动和活动。这些传感器可以收集游客的实时位置数据，了解他们的行程路线和停留时间。通过分析这些数据，管理者可以确定最受欢迎的景点、热门活动和高峰时段，从而更好地分配资源和提供服务。移动应用是一个强大的数据收集工具。旅游者使用移动应用来查找景点信息、导航、预订酒店和分享旅行经验等。这些应用可以收集用户的搜索历史、点击行为和互动信息。通过分析这些数据，管理者可以了解旅游者的兴趣、需求和偏好，为他们提供个性化的建议和服务。

社交媒体数据也为旅游行业提供了丰富的信息来源。旅游者经常在社交媒体上分享旅行照片、评论和体验。这些数据可以揭示目的地的口碑、美誉度和用户反馈。管理者可以通过监测社交媒体平台，了解旅游者的情感和意见，及时回应问题和改进服务。综合考虑这些数据源，目的地管理者可以更全面地了解旅游者的行为和偏好。他们可以跟踪旅游者的旅行路径、分析他们的兴趣点，提前预测需求。这些信息有助于提供个性化的旅游体验，提供更好的服务，并优化营销策略以吸引更多游客。

智能传感器、移动应用和社交媒体数据的整合为旅游行业提供了强大的信息收集工具。通过分析这些数据，管理者可以更好地满足旅游者的需求，提供更个性化的旅游体验，促进旅游业的可持续发展。这一趋势将继续推动旅游行业的创新和增长。

（二）数据分析和洞察力

利用大数据分析和数据挖掘技术来获取有关旅游市场趋势和用户行为的深入洞察是现代旅游业的关键战略。这些技术可以为旅游行业提供宝贵的信息，帮助企业更好地满足客户需求，制定战略决策，并提高竞争力。大数据分析和数据挖掘技术可以用来识别旅游市场的趋势和模式。通过分析大规模的数据集，可以发现市场中的新兴目的地、热门景点、旅游季节、价格波动等信息。这种深入的市场洞察有助于旅游业者更好地规划产品和服务，以满足不断变化的市场需求。这些技术可以揭示用户的行为和偏好。通过分析用户的搜索、浏览和预订记录，可以了解他们的旅行兴趣、预算范围和出行习惯。这种洞察有助于企业个性化推荐产品、定价策略和营销活动，提高客户满意度和忠诚度。

　　大数据分析可以用于改进客户体验。通过监测用户的反馈和评价，可以及时识别和解决问题，提高服务质量。此外，数据挖掘技术还可以用于预测客户需求，从而提前满足他们的期望，增强用户体验。大数据分析还可以用于风险管理和安全。通过监测异常行为和预警系统，可以减少潜在的风险和危险，保障旅游者的安全。大数据分析和数据挖掘技术为旅游业提供了深入洞察和决策支持。通过分析市场趋势、用户行为和客户反馈，企业可以更好地满足客户需求、提高服务质量、制定战略决策和改进风险管理。这种数据驱动的方法有助于旅游业者更好地适应不断变化的市场和客户需求，提高竞争力，实现业务的可持续发展。

（三）决策支持系统

　　建立决策支持系统是关键的，它可以帮助目的地管理者制定更智能的市场策略、定价策略和资源分配决策，这种系统整合了大量数据和先进的分析工具，为目的地管理者提供了有力的支持，决策支持系统通过数据采集和整合，为目的地管理者提供了全面的市场洞察。这包括游客数量、流行度趋势、市场细分、竞争对手表现等信息。系统可以自动分析这些数据，识别出市场的机会和威胁，帮助管理者更好地理解市场情况。系统可以通过高级分析和模型来支持市场策略的制定。管理者可以使用系统来进行市场细分，识别出不同游客群体的需求和偏好。这有助于制定针对性的市场策略，例如，定制化的广告宣传、促销活动和产品定位。

　　决策支持系统还可以协助制定定价策略。它可以监测市场价格趋势，分析竞争对手的定价策略，并基于数据模型提供价格建议。管理者可以根据市场动态和需求变化来调整价格，最大化收益并提高市场竞争力。资源分配决策也可以利用决策支持系统，系统可以分析目的地的资源利用情况，如景点利用率、酒店入住率和交通状况。基于这些数据，管理者可以优化资源分配，确保资源的最佳利用，优化旅游体验。建立决策支持系统是提高目的地管理者决策智能性的关键一步。这种系统利用大数据和高级分析工具，为市场策略、定价策略和资源分配决策提供了有力的支持。它有助于管理者更好地理解市场、优化决策、提高市场竞争力，从而为目的地的可持续发展和成功提供了坚实的基础。

第三节　旅游资源可持续管理与智慧旅游的关系

　　旅游资源可持续管理与智慧旅游之间存在密切关系。旅游资源可持续管理是确保旅游业在满足当前需求的同时，保护和维护自然和文化资源，以满足未来世代的需求的关键战略。智慧旅游通过信息技术的应用，为可持续管理提供了有力的支持。智慧旅游可以帮助旅游资源的监测和保护。通过传感器和数据分析，可以实时监测游客流量、环境状况和文化遗产的保护情况。这有助于及早发现问题并采取措施来保护资源。智慧旅游可以优化资源利用。通过大数据分析，旅游业可以更好地了解游客需求，优化景点和服务的安排，避免资源浪费。这有助于提高资源的可持续性和效益。

　　智慧旅游可以提高游客的教育和参与度，通过移动应用程序和虚拟现实技术，游客可以更深入地了解目的地的文化和环境，加深他们对可持续旅游的认识和支持。智慧旅游可以促进可持续管理的合作。它使各个利益相关方能够更好地共享信息和资源，协同推动可持续管理的实施。这有助于建立更强大的可持续管理网络和合作机制。智慧旅游在旅游资源可持续管理中发挥着重要作用。它通过数据分析、监测、资源优化和教育，帮助实现了更有效的资源保护和利用，促进了可持续管理的实施和发展。智慧旅游将继续为可持续旅游的目标作出贡献，促进旅游业的可持续发展。

一、智慧旅游与旅游资源的可持续利用

智慧旅游与旅游资源的可持续利用密切相关，它为实现可持续旅游提供了关键工具和方法。智慧旅游通过数据分析和预测技术，帮助旅游业者更好地了解旅游资源的供需情况，包括了解不同旅游景点和服务的受欢迎程度、旅游季节的变化、游客的偏好、消费模式等。这种洞察力使旅游业者能够更精确地规划资源，避免资源浪费和过度开发。智慧旅游推动了资源的优化配置。通过智能预订系统和实时调整策略，旅游业者可以更好地管理资源的分配，确保资源得到充分利用，这有助于减少资源浪费，提高资源的利用效率，同时也为游客提供更好的服务体验。

智慧旅游倡导可持续旅游。旅游业者可以利用数字媒体和社交媒体来传播可持续旅游的理念，提醒游客保护环境、尊重当地文化和社区，以及支持社会责任项目。这种意识的提升有助于减少对旅游资源的破坏，促进资源的可持续利用。智慧旅游也可以通过虚拟体验和数字化信息传播来分散游客的流量。虚拟旅游和在线导览可以吸引更多的游客参与，缓解热门景点的拥挤程度，有助于保护自然和文化资源。智慧旅游还可以通过监测环境和预防自然灾害来保护旅游资源。通过使用传感器和监控系统，旅游业者可以尽早发现潜在的风险，并采取措施保护环境和游客的安全。

智慧旅游为旅游资源的可持续利用提供了有效的工具和方法。通过数据分析、资源优化、可持续旅游倡导、流量分散和环境监测，智慧旅游促进了旅游业的可持续发展，有助于保护和维护旅游资源，同时也提供了更好的旅游体验。这种综合性的方法为实现可持续旅游目标提供了有力支持。

（一）旅游资源保护和管理

智慧旅游技术在监测、保护和管理旅游资源方面发挥了关键作用，包括自然景点、文化遗产和生态系统。通过科技的力量，旅游目的地管理者可以更加有效地维护和可持续地利用这些资源。智慧旅游技术使用传感器网络和遥感技术来监测自然景点的状态和变化。这些技术可以追踪气候、地质、水质等环境参数，帮助管理者尽早发现潜在的自然灾害风险，如山体滑坡、洪水等。通过实时监测，管理者可以采取措施来保护自然景点，确保游客的安全。智慧旅游技术也用于文化遗产的保护和管理。数字化技术如激光扫描和三维建模可以帮助保存和重建古老的建筑物、雕塑和艺术品。此外，数字存档和虚拟现实技术使文化遗产能够以数字形式呈现，以便更广泛地分享和学习。这有助于维护文化遗产的完整性，同时促进文化的传承和交流。

生态系统的保护和管理也受益于智慧旅游技术。GPS 跟踪、生态传感器和卫星监测可以用于研究和保护野生动植物、海洋生态系统和自然保护区。这些技术帮助监测物种迁徙、生态平衡和植被健康状况，从而制定更有效的保护措施。智慧旅游技术还提供了旅游资源的可持续管理工具。通过数据分析和预测模型，管理者可以了解游客流量、资源利用率和生态影响。这使他们能够优化资源分配，制定政策来平衡旅游需求和资源保护之间的关系，以确保资源的可持续利用。智慧旅游技术为监测、保护和管理旅游资源提供了有力工具。它有助于实现资源的可持续利用，保护自然和文化遗产，最小化旅游活动对环境和社区的影响。这一技术趋势将继续推动旅游业的可持续发展，为旅游目的地的未来提供更好的保障。

（二）游客流量管理

智慧旅游在帮助目的地管理者更好地预测和管理游客流量方面发挥了关键作用，有助于减少过度拥挤和资源过度利用，从而提高了目的地的可持续性和游客体验。智慧旅游利用大数据分析和实时监控技术，可以实时跟踪游客的位置和移动模式。通过收集和分析移动应用、社交媒体、无线传感器等数据，管理者可以了解游客的流动情况，包括他们的到达时间、停留时间和常去的景点等，这种深入的数据洞察有助于预测高峰期和热门景点的拥挤情况，提前采取措施来应对游客涌入。智慧旅游可以通过推送信息和建议，引导游客分散到不同的景点和区域。通过向游客提供实时的景点建议、路线规划和优惠信息，管理者可以引导游客到相对不拥挤的地方，分散游客流量。这种智能引导可以提高目的地的整体可持续性，减轻了热门景点的压力，同时也提高了游客的满意度。

智慧旅游还可以实施智能排队和预约系统，以减少游客等待时间和拥挤。通过在线预订门票、景点时间分配、虚拟排队等技术，管理者可以更好地管理游客流量、提高景点的容纳能力。这种智能排队系统不仅提高了游客的体验，还减少了资源的浪费，实现了可持续旅游的目标。智慧旅游为目的地管理者提供了强大的工具，帮助他们更好地预测和管理游客流量，减少过度拥挤和资源过度利用。通过实时监控、智能引导和排队系统，管理者可以提高目的地的可持续性，提供更好的游客体验，同时也促进了目的地的经济发展和保护自然环境目标的实现。这种数据驱动的管理方式有助于实现旅游业的可持续发展，为游客和目的地创造更多的共赢机会。

（三）可持续旅游规划

智慧旅游在可持续旅游规划中扮演着关键的角色，它通过提供数据支持，促进资源合理分配和可持续性发展目标的实现。智慧旅游提供了实时的数据和信息，有助于决策者更好地了解旅游目的地的情况。这些数据包括游客数量、行为模式、交通流量、能源消耗等方面的信息。通过实时监测和分析，决策者可以获得准确的市场洞察，有助于规划和资源分配的决策。智慧旅游的数据支持有助于优化资源分配。管理者可以根据实际需求和趋势，调整资源分配策略，确保资源的高效使用。这包括酒店、交通、景点等旅游基础设施的管理。通过数据分析，决策者可以实现更精确的资源规划、减少浪费和过度使用，从而提高可持续性。

智慧旅游还可以帮助监控和管理环境影响。通过实时监测和数据分析，决策者可以识别出潜在的环境问题，采取措施加以解决。这包括废物管理、水资源保护、能源效率等方面的问题。智慧旅游数据支持有助于减轻环境负担，维护自然生态平衡。智慧旅游数据支持可以促进可持续性发展。通过数据驱动的决策，旅游目的地可以更好地适应市场变化和游客需求的变化。这有助于目的地的长期可持续性，不仅保护了环境，还有助于当地经济的繁荣。智慧旅游为可持续旅游规划提供了强大的数据支持，有助于资源合理分配和可持续性发展的实现，对旅游业的可持续性和长期成功至关重要，也有助于维护自然环境和当地社区的健康。

二、智慧旅游与游客教育和参与

智慧旅游与游客教育和参与密不可分，共同构建了更富互动性和教育性的旅游体验。智慧旅游为游客提供了丰富的信息资源。通过智能设备和应用程序，游客可以轻松获取关于目的地的历史、文化、景点、活动等信息。这些信息丰富了旅游者对目的地的了解，激发了他们的兴趣，促使他们更深入地探索和学习。智慧旅游通过数字导览、虚拟现实等技术提供了互动性的教育体验。游客可以使用智能设备来参与互动式导览，了解历史事件、文化背景、艺术品等。虚拟现实技术还可以模拟真实的环境和情境，使游客能够身临其境地体验和学习。智慧旅游为游客提供了个性化的教育体验。通过数据分析，旅游企业可以了解游客的兴趣和需求，为他们提供个性化的教育建议和推荐，包括定制的文化体验、历史讲解和专题导览，使教育体验更贴近游客的兴趣。

游客也可以通过智慧旅游与其他游客分享经验和知识。社交媒体平台和在线社区使游客能够交流旅行经历、提供建议和做学习分享。这种互动性增强了社交连接，促进了知识的传播和共享。智慧旅游还可以促进游客的主动学习和参与。通过手机应用程序，游客可以参与文化活动、考古挖掘、自然保护等社区项目。这种参与性体验鼓励游客积极参与，促进了社会责任感和可持续旅游。智慧旅游可以提供实时反馈和评价。游客可以使用智能设备来评价景点、服务和活动，分享他们的观点和建议。这种反馈有助于目的地管理者和旅游企业改进服务和体验，提高游客满意度。智慧旅游与游客教育和参与相辅相成，为游客提供了更富互动性、教育性和参与性的旅游体验。通过丰富的信息资源、互动式教育、个性化体验、社交互动、主动学习和实时反馈，智慧旅游激发了游客的兴趣和好奇心，提高了他们的学习兴趣和旅游满意度，促进了可持续旅游的发展。这一趋势将继续塑造未来的旅游体验，为游客提供更多有益的知识和文化体验。

（一）信息传递和教育

智慧旅游平台为增强游客的环保意识和促进可持续旅游行为提供了重要的信息和教育渠道。通过各种数字化工具和资源，这些平台有效地传达环保信息，激励游客采取可持续的旅游行动。智慧旅游平台提供了可持续旅游的信息和指南。这些平台通常包括旅游目的地的官方网站、应用程序和社交媒体账号。它们通过文章、视频、图片、虚拟导游等多种形式向游客介绍了可持续旅游的概念和实践。这包括减少废物、节水、节能、采用当地文化、支持社区等方面的建议。这些信息帮助游客更好地理解可持续旅游的价值，激发他们采取相应的行动。智慧旅游平台借助互动性的元素提高游客的参与度。这可以包括旅游者与平台的互动、参与可持续旅游的社交媒体挑战和活动、在线问卷调查等。通过这些互动性元素，平台鼓励游客分享他们的可持续旅游经验、想法和建议，促进了知识的传播和互动交流。智慧旅游平台还利用数据分析和个性化推荐，为游客提供个性化的环保建议。平台可以根据游客的兴趣、偏好和行程安排，推荐环保友好的活动、住宿和交通方式。这种个性化的推荐有助于游客更容易地采纳可持续的旅游实践，并将其纳入他们的旅行计划中。通过智慧旅游平台，游客可以更好地理解和实践可持续旅游，为地球的未来作出积极的贡献。

（二）互动体验和参与

智慧旅游通过互动性体验，如虚拟现实（VR）和增强现实（AR），激发了游客的参与和保护意识，推动了可持续旅游的发展。虚拟现实和增强现实技术为游客提供了身临其境的体验，使他们能够亲身感受目的地的文化、自然景观和生态系统，而无须实际前往。通过沉浸式体验，游客更容易理解和珍惜目的地的独特之处。这种亲身体验不仅激发了游客的参与，还增强了他们的文化和自然保护意识。虚拟现实和增强现实可以用于教育和启发游客。通过虚拟游览和互动教育应用，游客可以了解目的地的历史、生态系统和文化遗产。这种教育性体验有助于增强游客的意识，使他们更了解如何保护和尊重目的地的文化和自然资源。

虚拟现实和增强现实还可以用于互动性的保护活动。例如，游客可以参与虚拟生态恢复项目，模拟种植树木、清理河流等活动，以体验自然保护的重要性。这种互动性的体验不仅让游客参与到实际的保护行动中，还增强了他们的保护意识和责任感。虚拟现实和增强现实还可以用于提高游客对可持续旅游实践的认识。通过模拟可持续旅游行为和选择，游客可以了解如何减少碳足迹、节约能源和支持当地社区。这种互动性的体验有助于塑造游客的可持续旅游习惯和价值观。这种创新的旅游方式为可持续旅游的推广和发展提供了有力支持，为旅游业的未来带来更多的可能性。

（三）用户生成内容和社交分享

激励游客分享可持续旅游经验和建议，并通过社交媒体传播可持续旅游理念，是促进可持续旅游的重要举措。提供激励机制是鼓励游客分享经验的关键。旅游业可以设立奖励计划，如折扣、礼品或特殊待遇，作为鼓励游客分享可持续旅游经验的回报。这可以激发游客的积极性，使他们更愿意在社交媒体上分享他们的旅行故事和可持续旅游实践。旅游目的地和企业可以积极参与社交媒体平台，与游客互动并传播可持续旅游理念。他们可以分享可持续旅游的最新新闻、倡议、项目和成功故事。通过积极参与社交媒体对话，旅游业可以提高游客对可持续旅游的认知，激发他们关注和行动。

教育和启发游客是非常重要的。旅游目的地可以提供教育性的游览和体验，解释可持续旅游的重要性和影响。游客在了解可持续旅游的原理和益处后，更有可能积极参与和分享这一理念。创建互动的社交媒体活动是激发游客分享欲的有效途径。举办可持续旅游主题的社交媒体比赛、挑战或活动，鼓励游客分享他们的可持续旅游经验和创意。这不仅增加了游客的参与度，还扩大了可持续旅游理念的传播范围。建立社群和网络是传播可持续旅游理念的重要手段。旅游者可以加入各种社交媒体群组、论坛和平台，与其他关注可持续旅游的人分享经验和建议。这种互相交流的方式有助于形成可持续旅游社群，共同传播可持续旅游理念。鼓励游客分享可持续旅游经验和建议，并通过社交媒体传播可持续旅游理念，是实现可持续旅游的关键举措。通过提供激励、教育、互动和社交媒体参与，旅游业可以积极推动可持续旅游的发展，为环保发挥作用。这将促使更多的人采纳可持续旅游实践，推动旅游业朝着更可持续的方向发展。

三、智慧旅游与监测评估

智慧旅游与监测评估紧密相连，为旅游业的可持续发展提供了重要支持。监测评估在智慧旅游中发挥着关键作用，帮助旅游目的地和提供商更好地理解旅游者行为、需求和趋势，从而优化服务、提高效率并减少负面影响。智慧旅游技术和平台使数据收集和分析变得更加高效和全面。通过监测旅游者的在线行为，如搜索、预订和社交媒体互动，可以获得宝贵的洞察力。这些数据可以用来追踪旅游流量、目的地热点、住宿需求等信息，有助于旅游目的地更好地规划资源和制定策略。

监测还包括实地数据收集，如使用传感器来监测游客流量、环境质量和交通状况等。这些数据提供了实时的信息，使目的地管理者能够及时应对拥堵、安全问题和其他紧急情况。同时，监测也有助于评估目的地的可持续性。例如，评估环境影响和文化保护。评估在智慧旅游中是一个持续的过程。通过分析数据，旅游业者可以评估市场趋势、竞争对手表现和旅游者反馈。这有助于改进产品和服务，提高竞争力。同时，评估还可以用来衡量可持续性绩效，如评估可再生能源的使用和废物管理等。监测评估也有助于改善旅游体验。通过分析旅游者的反馈和偏好，旅游提供商可以提供个性化产品和服务，提高客户满意度。这有助于建立长期客户关系，促进口碑传播。

监测评估也带来了一些挑战。数据隐私和安全问题需要得到妥善处理，以保护旅游者的个人信息。此外，数据管理和分析需要适当的技术和人员，这可能对一些旅游提供商构成挑战。智慧旅游与监测评估是旅游业可持续发展的关键元素。通过利用智能技术和数据分析，旅游业者可以更好地了解市场和旅游者、改进产品和服务、提高效率，并在可持续性方面取得进展。然而，成功的监测评估需要综合考虑技术、隐私、安全和可持续性，以实现更加智慧和可持续的旅游。

（一）数据收集和分析

智能传感器、大数据分析和地理信息系统（GIS）的综合应用在监测旅游资源的利用情况和生态系统健康状况方面发挥了关键作用。这些技术的整合为目的地管理者提供了强大的工具，以便更全面、实时地了解旅游资源的状态和环境影响。智能传感器是数据收集的关键。这些传感器可以部署在旅游目的地的关键位置，如自然保护区、景点、酒店和交通枢纽。它们可以监测气温、湿度、空气质量、水质、土壤条件等环境参数，同时也可以跟踪游客的流量、移动轨迹和活动。这些传感器收集的数据通过物联网传输到中央数据库。大数据分析是对传感器数据的关键应用。大数据技术可以处理大规模、多源的数据，通过实时分析来识别趋势和模式。在旅游业中，这意味着管理者可以准确地了解游客流量的高峰和低谷，评估景点的热度，预测交通拥堵，甚至监测气候事件对旅游活动的影响。这种数据分析有助于制定更有效的资源管理策略，以确保资源的可持续使用。

地理信息系统在整个过程中起到了关键作用。GIS 技术可以将传感器数据可视化，以地图和图表的形式呈现，使管理者更容易理解和分析信息。它还可以用于绘制旅游资源的分布地图，包括自然景点、文化遗产、酒店和设施。通过 GIS，管理者可以更好地规划和管理旅游目的地、优化资源的使用和保护。这些技术的整合允许管理者采取实时措施来保护生态系统的健康。如果传感器数据表明某一地区的游客流量过高，可能会采取限流措施，以减轻对生态系统的压力。如果监测到环境参数的异常变化，管理者可以迅速采取行动，防止潜在的环境灾难。智能传感器、大数据分析和地理信息系统的综合应用为旅游资源的监测和生态系统健康的保护提供了高效、科学的工具。这种智慧监测和管理有助于实现旅游业的可持续发展，确保旅游资源的长期可用性，同时最大限度地减少了对自然环境的不利影响。这一趋势将继续推动旅游业朝着可持续的方向发展。

（二）绩效评估和改进

智慧旅游数据的收集和分析对于绩效评估、问题识别和管理决策的改进至关重要。通过充分利用这些数据，旅游业者和目的地管理者可以更好地了解他们的业务表现，及时发现问题并采取措施来提高运营效率和客户满意度。智慧旅游数据可以用于绩效评估。通过收集和分析关键性能指标（KPI），如游客数量、入住率、旅游支出和市场份额，从业者可以评估他们的业务表现。这种数据的实时性和精确性使从业者能够快速识别成功和失败的领域，并对业务运营进行针对性的调整。例如，如果某个景点的游客数量下降，管理者可以采取促销活动或改善景点体验，以提高吸引力和游客流量。智慧旅游数据可以用于问题识别。通过监测客户反馈、投诉和评价，从业者可以及时了解客户不满意的方面和问题。这些数据的分析可以帮助从业者识别服务瑕疵、安全隐患或基础设施问题。例如，如果客户反馈餐厅的服务质量下降，管理者可以迅速调查并采取改进措施，以提高客户满意度和忠诚度。

智慧旅游数据可以用于改进管理决策。通过分析市场趋势、用户行为和竞争环境，管理者可以制定更明智的决策，如定价策略、市场推广和资源分配。这种数据驱动的决策有助于提高管理效率和资源利用率。例如，如果数据显示市场竞争激烈，管理者可以重新评估定价策略，并采取更具竞争力的定价措施。智慧旅游数据还可以用于客户关系管理。通过跟踪客户的历史行为、偏好和需求，从业者可以提供个性化的服务和推荐，增强客户满意度和忠诚度。这有助于吸引老客户，并提高客户的生命周期价值。这种数据驱动的管理方式为旅游业的发展和创新提供了强大支持，有助于提高业务的竞争力和盈利能力。

（三）管理决策支持

智慧旅游为目的地管理者提供了宝贵的数据和深刻的洞察力，有助于他们制定更有效的可持续旅游策略。这种数据和洞察力的提供是促进可持续旅游的关键，智慧旅游系统通过数据采集和分析，提供了对游客行为和趋势的实时洞察。管理者可以了解游客的到访模式、偏好和消费习惯。这有助于制定更加精确的市场策略，包括推出特定的旅游产品、服务和活动，以满足不同游客群体的需求。智慧旅游系统还提供了对目的地的资源利用情况和环境影响的深入了解。这包括酒店、景点、交通等资源的使用率和效率，以及能源和水资源的消耗情况。管理者可以根据这些数据来规划资源分配策略，实现资源的更加可持续的使用，降低资源浪费和环境负担。

智慧旅游系统还可以监测和评估可持续旅游实践的效果，管理者可以利用系统来追踪可持续旅游举措的执行情况，并评估其对环境和社区的影响。这有助于发现成功的实践和需要改进的领域，从而优化可持续旅游策略。智慧旅游系统还能够提供市场竞争和趋势分析。管理者可以通过数据来了解竞争对手的表现和市场发展趋势。这使他们能够及时调整策略，保持市场竞争力，同时把握可持续旅游领域的新机遇。智慧旅游系统可以促进社交媒体上的互动和分享。管理者可以借助社交媒体分析工具来监测游客在社交媒体上的互动和反馈，了解他们的意见和体验，这为管理者提供了宝贵的反馈，有助于调整和改进可持续旅游策略。这种数据驱动的方法将推动可持续旅游的发展，为旅游业的未来可持续性作出了积极贡献。

第五章
智慧旅游与文化传承

第一节 文化数字化与智慧旅游的融合

　　文化数字化与智慧旅游的融合是当今旅游业的显著趋势，两者之间相辅相成，创造了丰富而深刻的旅游体验。文化数字化丰富了智慧旅游的内容，数字化技术使文化资源如博物馆、历史遗迹和艺术品得以以数字形式呈现，游客可以在虚拟环境中探索和互动。这为游客提供了更丰富的旅游体验，使游客能够更深入地了解目的地的历史和文化。智慧旅游为文化数字化提供了新的传播途径。通过智能设备和应用程序，游客可以随时随地访问文化数字化资源，如数字博物馆导览、虚拟艺术展览等。这种便利性拓宽了文化资源的受众群体，促进了文化的传承和分享。

　　文化数字化和智慧旅游的融合加强了文化保护和可持续管理。数字技术可以用于文物保护和文化遗产管理，以确保它们能够被后代继续欣赏。智慧旅游的监测和管理功能有助于保护文化资源不受过度游客压力的侵害。文化数字化和智慧旅游提高了游客的参与度。游客可以参与文化活动和互动体验，如数字艺术创作、文化传统演示等。这种参与感强化了游客对文化的感知和理解。文化数字化与智慧旅游的融合为旅游业带来了新的机会和挑战。它们共同推动了文化的传承、保护和传播，提供了更丰富、便捷和互动性强的旅游体验。这种融合将继续塑造未来的旅游景观,为游客带来更加丰富多彩的文化体验。

一、数字化文化遗产的呈现

数字化文化遗产的呈现在智慧旅游领域具有极其重要的地位。这一领域的发展借助了现代科技,将文化遗产以数字化形式呈现给旅游者,同时也保护了这些珍贵的遗产。数字化文化遗产的呈现通过虚拟展览、数字化档案和在线文化平台等方式,使旅游者能够更深入地了解目的地的历史、文化和艺术。虚拟博物馆和在线艺术画廊为旅游者提供了远程参观的机会,无须实际前往博物馆或画廊。这样,旅游者可以欣赏到世界各地的珍贵文物和艺术品,拓宽了他们的文化视野。

数字化文化遗产的呈现也有助于文化传承。通过数字化技术,文化遗产可以被保存、传播和共享。这有助于保护那些易受自然灾害、人为破坏或时间侵蚀的文化遗产。数字档案和在线教育平台使文化遗产能够在全球范围内被更广泛地传承和传播。与此同时,数字化文化遗产的保护也成为一项紧迫的任务。文化遗产的数字化存储需要高度的数据安全保护和备份措施,以防止数据丢失或破坏。此外,数字化文化遗产的访问也需要适当的权限管理,以保护知识产权和文化敏感性。数字化文化遗产的呈现与保护是智慧旅游的一部分,有助于丰富旅行体验,提供教育价值,同时也有助于文化遗产的传承和保护。这一领域的不断发展将进一步促进文化多样性的传播和文化遗产的可持续传承。然而,数字化文化遗产的管理和保护需要政府、文化机构和科技公司的合作,以确保这一宝贵的遗产能够被传承和传递给未来的世代。

(一)虚拟博物馆和文化遗产网站

数字化技术已经改变了文化遗产领域,使创建虚拟博物馆和在线文化遗产资源成为可能。这些资源允许游客远程访问和探索世界各地的文化遗产，提供了全新的学习和欣赏方式。虚拟博物馆是数字化技术的杰作，将博物馆和文化遗产带入了互联网世界。通过 3D 扫描和虚拟现实技术，博物馆和文化遗产机构能够在在线平台上呈现他们的珍藏和展品。游客可以通过计算机或虚拟现实头盔进入这些虚拟博物馆，仿佛置身于博物馆内部。他们可以自由漫游、放大细节、查看艺术品和历史文物，而不必亲自前往博物馆。这种互动性和沉浸式体验为游客提供了更深入的文化体验。在线文化遗产资源包括数字化档案、在线文化库和虚拟文化遗产网站。这些资源通过高分辨率图像、视频、音频和文字，向公众提供了广泛的文化遗产内容。例如，数字化档案可以存储和展示历史文件、手稿和照片等，使研究人员和学生能够轻松访问这些重要的历史记录。在线文化库收集了各种文化遗产，包括艺术品、民俗文化、音乐和文学作品等。虚拟文化遗产网站则提供了丰富的信息和背景知识，有助于游客理解和欣赏文化遗产。

虚拟博物馆和在线文化遗产资源是教育和文化交流的有力工具。教育机构可以利用这些资源来支持教学，帮助学生更好地了解世界各地的文化和历史。文化交流也得到了促进，因为人们可以远程访问不同地区和国家的文化遗产，促进跨文化的理解和合作。数字化技术的发展使创建虚拟博物馆和在线文化遗产资源成为了一种创新的方式，使文化遗产变得更加普遍可及。这种数字化资源不仅拓宽了文化遗产的受众范围，还为人们提供了更多的学习和探索机会。通过数字化技术，文化遗产可以得到更好的保护、传承和共享，为人们提供了更加丰富的文化体验。

（二）增强现实导览

增强现实技术（AR）为文化遗产场所提供了独特的机会，可以丰富游客的参观体验，使他们更深入地了解历史、文化和艺术。AR 技术可以通过提供沉浸式的虚拟导游，为游客提供互动的历史解说。游客可以通过

AR 应用程序在文化遗产场所中扫描展品、建筑物或文物，然后接收实时的视觉和音频信息。这些信息可以包括历史背景、故事、艺术品详细信息等，帮助游客更深入地理解和欣赏所参观的场所。例如，在参观博物馆时，游客可以通过 AR 眼镜或手机应用程序观看古代艺术品的三维还原，了解其历史背景和制作过程。AR 技术可以增强游客的互动性。游客可以通过 AR 应用程序参与游戏、测验或寻宝活动，以更活跃地探索文化遗产场所。这种互动性不仅提高了游客的参与度，还激发了他们的好奇心和学习兴趣。例如，在参观古城堡时，AR 应用程序可以引导游客寻找隐藏的宝藏、解锁历史故事和谜题，让他们成为参与式的历史探险家。

AR 技术可以提供多语言和无障碍的导览体验。通过 AR 应用程序，游客可以选择自己熟悉的语言，使导览更具个性化。此外，AR 还可以为听力或视力受损的游客提供无障碍选项，通过文字、视觉提示或声音引导，使他们能够同样享受文化遗产场所的美和历史。AR 技术还有助于保护文化遗产。通过虚拟复制和数字化存档，文化遗产可以在物理上不受损害的情况下与公众分享。游客可以通过 AR 技术欣赏数字化的文物、建筑和文化景观，同时不会对现实中的文化遗产造成损害。AR 技术为文化遗产场所提供了一种强大的工具，可以提供互动导览、增强互动性、多语言支持和无障碍选项，丰富了游客的参观体验。这种技术的应用不仅提高了文化遗产的可访问性，还促进了文化的传承和保护。AR 技术将文化遗产与现代技术相结合，为游客创造了更深刻和有趣的文化体验。

（三）数字化档案和保护

数字化文化遗产在保存、修复和保护文化遗产方面具有重要性。这一数字化转型已经改变了文化遗产管理的方式，提供了新的工具和机会，数字化文化遗产使文化遗产得到更加长期和安全的保存。传统的文化遗产保存方式可能受到自然灾害、人为破坏和时间的侵蚀。数字化技术通过数字化文物、档案和资料，将它们存储在电子媒体中，提供了备份和保护。这种数字化存储方式可以降低文化遗产保护中面临的风险，确保文化遗产的长期传承。数字化文化遗产为修复工作提供了关键工具。通过数字扫描和三维建模，文物、建筑和艺术品的复原工作可以更加准确和精细。数字化技术还允许文化遗产专家在虚拟环境中进行修复实验，以找出最佳的修复方法。这不仅加速了修复过程，还提高了修复的质量。

数字化文化遗产为文化遗产的广泛传播和分享提供了便捷的途径。数字化档案、虚拟博物馆和在线展览使文化遗产能够通过互联网全球传播。这有助于提高文化遗产的可见性，促进公众对文化遗产的了解和欣赏，从而促进文化遗产的保护和保留。数字化文化遗产为文化遗产研究和教育提供了宝贵的资源。学者和研究人员可以通过数字化档案和数据库进行文化遗产研究，探索历史、艺术和文化的深度。教育者可以将数字文化遗产作为教育工具，帮助学生更好地理解和欣赏文化遗产的重要性。

数字化文化遗产促进了跨文化交流和合作。文化遗产不再局限于特定地理位置，数字化允许文化遗产之间的比较和联系。这有助于促进文化交流和理解，有助于全球文化多样性的保护和传播。这一数字化转型为文化遗产的未来提供了希望，促进了全球文化遗产的可持续性和魅力。

二、文化体验与智慧旅游的融合

文化体验与智慧旅游的融合是旅游业中的一种重要趋势，它为游客提供了更丰富、深入的文化体验，同时也促进了文化的传承和保护。智慧旅游为游客提供了更丰富的文化信息和资源。通过智能设备和应用程序，游客可以轻松访问目的地的历史、文化、艺术和传统，包括博物馆、艺术展览、历史遗迹、文化节庆等。这些信息丰富了游客对文化的了解，使他们更加珍视和尊重当地的文化遗产。文化体验与智慧旅游的融合提供了互动性的文化体验。虚拟现实技术和增强现实导览使游客能够身临其境地参与文化活动和展示。他们可以亲自体验传统工艺、艺术表演和历史场景，加深对文化的体验和理解。

智慧旅游还支持个性化的文化体验。通过数据分析，旅游企业可以了解游客的兴趣和需求，为他们提供定制的文化活动和体验，包括定制的文化之旅、手工艺课程、文化讲座等。游客可以根据个人兴趣来选择和安排文化活动，提高了体验的个性化程度。文化体验与智慧旅游的融合还促进了文化的传承和保护。数字化技术可以用于记录和保存文化遗产，包括历史文物、传统技艺和口头传统。这有助于保护文化遗产，同时也为后代提供了更多了解和学习文化的机会。文化体验与智慧旅游的融合可以促进文化交流和跨文化理解。游客可以通过数字媒体和社交平台分享他们的文化体验，促进文化交流和对话。这有助于增进不同文化之间的理解和友谊，减少文化冲突和误解。这一趋势将继续推动旅游业的发展，为游客提供更多有益的文化体验和教育机会。

（一）个性化文化体验

智能推荐和个性化建议已经成为文化体验领域的重要工具，使游客能够根据其兴趣和偏好获得定制的文化体验，这些技术利用数据分析和人工智能，为游客提供独特而满足他们需求的文化活动、景点和体验。智能推荐系统利用游客的历史数据和行为分析来了解他们的兴趣。通过监测游客的浏览历史、点击记录和搜索查询，系统可以建立个人兴趣档案，包括游客的文化偏好、艺术品、历史时期和文化活动类型等信息。基于这些信息，系统可以自动推荐相关的文化体验，如博物馆展览、音乐会、文化节和历史导览。个性化建议通过与游客的互动进一步定制文化体验。当游客使用文化体验应用程序或网站时，他们可以提供反馈和首选项，包括喜好的艺术风格、音乐类型、历史时期或特定文化地点。基于这些输入，系统可以调整推荐，提供更加精准的文化体验建议。例如，如果游客表达对古代历史感兴趣，系统可以推荐参观历史博物馆或遗址游览。

地理定位技术也可以用于提供个性化建议。当游客在文化目的地附近时，系统可以根据其当前位置推荐附近的文化活动和景点。这使游客能够及时了解并参与当地文化体验，增强了他们的旅行乐趣。智能推荐和个性化建议可以为游客创造更加富有深度和个性化的文化体验。它们不仅有助于游客更好地了解和欣赏文化，还增加了文化体验的参与感和满足感。这种个性化的文化体验有助于吸引更多游客，促进文化活动和旅游业的发展。智能推荐和个性化建议为游客提供了更具吸引力的文化体验。它们通过利用数据分析和人工智能技术，根据游客的兴趣和偏好，为他们定制独特的文化活动和景点推荐。这一趋势不仅提升了游客的满意度，还促进了文化体验和旅游业的繁荣。通过智能推荐和个性化建议，文化体验将变得更加多样化、个性化和丰富。

（二）互动性活动

虚拟现实（VR）、增强现实（AR）和互动展览等技术为文化体验提供了更加有趣的互动方式，吸引了更多的参观者，同时提供了深入了解历史、艺术和文化的机会。虚拟现实技术可以带来沉浸式的文化体验。通过戴上VR头盔，参观者仿佛穿越时空，可以亲身体验历史事件或艺术场景。例如，他们可以参观古罗马竞技场，亲历角斗士比赛的激烈，或者漫游文艺复兴时期的艺术工作室，与大师们互动。这种沉浸式体验能够让参观者更深入地理解文化背景，使他们感到身临其境，增强了文化体验的吸引力。增强现实技术可以提升参观者的互动性。通过AR应用程序，参观者可以在实际文化场所中触发虚拟信息层，如历史图片、视频或音频评论。这种互动性使参观者能够自主选择深入了解感兴趣的内容，自定义他们的文化体验。例如，在博物馆中，AR技术可以为艺术品提供额外的信息和故事，让参观者以自己的节奏和方式探索。

互动展览提供了观众参与的机会。这些展览通常包括互动游戏、模拟体验和实验性活动，使参观者能够积极参与文化体验。例如，一个博物馆可以设置一个互动展览，让参观者模拟考古学家的角色，挖掘并解锁文物的历史。这种参与性的体验不仅提升了互动性，还提高了参观者对文化和历史的深入了解。这些技术也有助于文化传承和保护。通过数字化的方式，文化遗产可以被保存和共享，而不会受到时间和环境的破坏。这些数字化的文化资料可以通过 VR、AR 和互动展览等方式呈现给观众，促进文化的传承和保护。虚拟现实、增强现实和互动展览等技术为文化体验带来了更有趣和更具互动性的机会。这些技术不仅吸引了更多的参观者，还提供了更深入了解历史、艺术和文化的途径。通过沉浸式体验、互动性和参与性，参观者可以享受到更加丰富和深刻的文化体验，同时促进了文化传承和保护的目标。这种创新的文化体验方式为文化机构和观众带来了共赢的机会。

（三）文化传统传承

数字化媒体在传播和传承文化传统方面发挥着重要的作用，它通过多种方式帮助年轻一代更好地了解和欣赏文化遗产。数字化媒体提供了多样化的内容形式，以吸引年轻人的兴趣。文化传统可以通过视频、音频、图像、互动应用等多种媒体形式呈现。这些多样化的内容形式能够更好地满足年轻一代的娱乐和学习需求，使他们更容易投入文化传统的学习和体验中。数字化媒体提供了随时随地访问的功能。年轻一代可以通过智能手机、平板电脑和电脑轻松访问文化传统内容，无论是在家里、学校还是旅途中。这种便捷的访问方式都让年轻人更容易融入文化传统的学习和传承中，无须受时间和地点的限制。

数字化媒体鼓励参与和互动。通过社交媒体平台、在线社区和虚拟博物馆，年轻一代可以分享他们对文化传统的观点、评论和创作。这种互动性促使他们更积极地参与文化传统的传承，成为文化传统的有声传播者。数字化媒体还提供了个性化学习的机会。通过智能算法和推荐系统，数字媒体可以根据个人兴趣和需求推荐相关的文化传统内容。这有助于年轻人更有针对性地深入了解他们感兴趣的文化传统，激发他们的学习兴趣。数字化媒体为文化传统的保存和传承提供了更好的手段。数字化档案和数据库可以存储大量的文化传统资料，确保它们不会被遗忘或损坏。这有助于文化传统的长期传承，使其能够延续下去。数字化媒体为年轻一代更好地了解和欣赏文化传统提供了丰富的工具和机会。它通过多样化的内容形式、随时随地的访问、互动性、个性化学习和文化传统的保存，激发了年轻人对文化传统的兴趣和参与。这一数字化转型有助于传承文化传统，确保它们在未来得以传承和发展，同时也促进了跨时代文化交流和理解。

三、数字化文化与旅游目的地发展

数字化文化对于旅游目的地的发展产生了深远的影响，为目的地提供了新的机会和挑战，塑造了旅游业的未来。数字化文化丰富了旅游目的地的体验。通过数字技术，游客可以在虚拟世界中深入了解目的地的历史、文化和自然景观等。虚拟现实和增强现实技术允许游客亲身体验目的地的各个方面，无须实际前往。这种虚拟体验不仅丰富了旅游体验，还吸引了更多的游客。数字化文化改变了目的地的营销和推广方式。目的地可以通过社交媒体、在线广告和数字媒体平台向全球观众传播其特色和魅力。这种数字化营销不仅增加了目的地的曝光度，还能够实现精准定位，吸引特定受众群体的关注。数字化文化促进了游客的个性化体验。旅游目的地可以利用大数据分析和人工智能技术，根据游客的兴趣和偏好，为他们提供个性化的建议和服务。这提高了游客的满意度，鼓励他们深入了解目的地并将目的地推荐给其他人。

数字化文化还提高了游客的互动性。通过社交媒体、旅游应用程序和在线社区，游客可以与其他旅游者分享经验、建议和评价。这种互动性增加了旅游体验的深度和吸引力，鼓励游客更多地参与目的地的文化和活动。数字化文化还改变了旅游目的地的管理和可持续性发展模式。数字技术可以用于监测游客流量、环境状况和文化遗产的保护。这有助于目的地规划和管理资源的使用，减少对环境和文化资源的不利影响。数字化文化对旅游目的地的发展产生了深刻的影响，为目的地提供了丰富的旅游体验、创新的营销方式、个性化的服务和更好的管理工具。随着技术的不断进步，我们可以期待数字化文化将继续塑造旅游业的未来，为旅客提供更加丰富和有意义的旅游体验。

（一）旅游文化创意产业

数字化文化已经成为文化创意产业的重要组成部分，吸引了更多的游客和投资，推动了文化产业的繁荣和创新。这个数字化时代为文化创意产业带来了前所未有的机遇和挑战。数字化文化通过数字化内容的创建和传播，吸引了更多游客。数字媒体和在线平台提供了无限的展示空间，让文化创意作品能够迅速传播到全球。艺术家、设计师、作家和表演者可以利用互联网发布他们的作品，触及更广泛的观众。这种数字化媒体的传播方式不受地理限制，使文化作品具有全球性的影响力，吸引了更多的游客前来欣赏和参与。数字化文化为文化创意产业带来了更多的投资和商业机会。数字化技术不仅提供了内容创作和分发的新途径，还促进了文化产品和服务的商业化。文化创意企业可以利用在线销售、数字化展览和虚拟活动来拓展市场，吸引投资者和合作伙伴。这种数字化商业模式为文化创意产业提供了更多的经济增长机会，创造了就业机会，促进了文化创新。

数字化文化还加强了文化创意产业与科技领域的融合。虚拟现实、增强现实、人工智能、区块链等新兴技术被应用于文化领域，创造了全新的文化体验和商业模式。例如，虚拟博物馆、数字化艺术品和在线文化教育平台吸引了大量科技公司的投资和创新合作。这种融合为文化创意产业带来了更多的创新和竞争力。数字化文化推动了文化创意产业的可持续发展。通过数字化内容的创建和分发，文化创意作品可以不断更新和重新包装，以满足不同年龄、兴趣和文化背景的游客需求。这使文化创意产业能够不断吸引新的受众群体，保持其生命力和创新性。数字化文化已经深刻改变了文化创意产业，吸引了更多的游客和投资，推动了文化产业的蓬勃发展。数字化技术为文化创意作品的创作、传播和商业化提供了新的机遇，促进了文化创新和国际交流。这一趋势将继续推动文化创意产业朝着更加数字化、全球化和可持续的方向发展。

（二）社区参与和文化交流

数字化文化在促进文化交流和社区参与方面发挥了重要作用，同时也增强了目的地的吸引力。数字化文化提供了跨越地理和文化界限的平台，促进了全球范围内的文化交流。通过社交媒体、在线博物馆和数字艺术展览，人们可以轻松地分享和欣赏来自世界各地的文化内容。这种跨文化的交流有助于人们更好地了解其他文化，促进了跨文化理解和尊重。例如，一个博物馆可以通过在线数字展览展示不同国家的艺术品和文物，吸引全球观众，促进文化交流。数字化文化为社区参与提供了便捷途径。社区可以通过在线平台举办文化活动、工作坊和文化节庆，吸引更多人参与。这种数字社区参与不仅有助于传承和保护文化遗产，还加强了社区凝聚力。例如，一个社区可以通过虚拟音乐会或在线工艺展示来庆祝传统文化，吸引社区成员积极参与和分享。

数字化文化提高了目的地的吸引力。文化数字化内容可以吸引更多游客前来参观，从而促进旅游业的发展。例如，一个城市可以通过在线文化活动、数字艺术展览和文化历史应用程序来推广其文化吸引力。这些数字化体验可以激发游客的兴趣，增强他们对目的地的好奇心，优化了旅游体验。数字化文化也有助于文化教育和知识传播。在线教育平台和数字图书馆可以为人们提供丰富的文化资源，促进文化知识的传播和传承。

这种数字文化教育可以培养更多的文化爱好者，使得文化活动的参与者增多。

数字化文化在促进文化交流、社区参与和目的地吸引力方面发挥了关键作用。它打破了地理和文化界限，为人们提供了更广泛的文化体验和参与机会。通过数字化文化，人们可以更好地了解和欣赏世界各地的文化，同时也有助于传承和保护文化遗产。数字化文化的推广和应用将继续推动文化领域的创新和发展。

（三）文化旅游可持续性

数字化文化与智慧旅游的融合是推动文化旅游可持续性发展的重要动力。这一融合不仅有助于保护文化遗产，还为社区创造了经济机会。数字化文化与智慧旅游的融合提供了文化遗产的创新方式。虚拟现实和增强现实技术可以为游客提供身临其境的文化体验，使他们能够沉浸在历史场景中。这种沉浸式体验不仅丰富了游客的旅游经历，还促进了对文化遗产的深入理解和欣赏。数字化文化与智慧旅游的融合提供了个性化的旅游体验。智能算法可以根据游客的兴趣和偏好推荐文化旅游活动和景点。这有助于游客更好地规划他们的旅行，同时也促进了文化遗产的均衡利用，减少了拥堵和环境负担。

数字化文化与智慧旅游的融合为文化旅游的市场推广提供了新途径。社交媒体平台和在线旅游社区允许游客分享他们的文化旅游体验，传播对文化遗产的热爱和认可。这种口碑营销有助于吸引更多游客前来体验文化旅游，同时也为文化遗产的保护和维护提供了更多的支持。数字化文化与智慧旅游的融合有助于提高文化旅游的可持续性。通过数字化技术，文化遗产可以得到更好的管理和保护。例如，文物的数字化复制可以减少实际文物的暴露和损坏。智能监控系统可以实时监测游客流量，避免过度拥挤和环境破坏。这些措施有助于保护文化遗产，使其得以长期传承。数字化文化与智慧旅游的融合为社区创造了经济机会。社区可以开发数字化文化体验和智慧旅游服务，吸引游客前来参观和体验。这不仅有助于增加社区的收入，还创造了就业机会，提高了社区的经济发展。数字化文化与智慧旅游的融合为文化旅游的可持续性发展提供了新的可能性。它促进了文化遗产的保护、丰富了旅游体验、增加了市场推广效果、提高了可持续性并创造了经济机会。这一融合不仅有利于文化旅游的繁荣，还为社区的发展和文化遗产的传承作出了积极的贡献。

第二节 智慧旅游在文化遗产保护中的作用

智慧旅游在文化遗产保护方面具有重要作用。这一技术通过数字化和智能化手段，为文化遗产的保护和传承提供了有效途径。智慧旅游可以帮助文化遗产的数字化保存。通过高分辨率摄影和三维扫描技术，可以以数字形式记录建筑、艺术品、历史文物等文化遗产。这有助于保留和传承珍贵的文化遗产，同时降低了物理损耗的风险。智慧旅游提供了互动性的文化遗产体验。虚拟现实和增强现实技术使游客能够在虚拟环境中亲身体验文化遗产，如历史事件、传统工艺和艺术作品。这种沉浸式体验有助于激发人们对文化遗产的兴趣，促进传统技艺的传承。智慧旅游还可以提供文化解释和教育。移动应用程序和智能导游可以向游客提供有关文化遗产的详细信息，包括历史背景、文化意义和艺术价值。这有助于提高游客的文化理解和尊重，促进文化遗产的保护。

智慧旅游促进了文化遗产的全球推广。通过在线平台和社交媒体，文化遗产可以被广泛宣传，吸引全球观众的关注。这有助于增加文化遗产的知名度，提高国际合作保护的意愿。智慧旅游还有助于文化遗产的监测和保护。传感器和监测系统可以实时监测文化遗产的状况，如湿度、温度和光照。这帮助保护者采取及时的措施，确保文化遗产的完整性和保存状态。智慧旅游在文化遗产保护中扮演着重要角色，它通过数字化保存、沉浸式体验、文化解释、全球推广、监测保护等方式，促进了文化遗产的传承和保护。这一趋势将有助于维护丰富多样的文化遗产，传递给后代。

一、数字化文化遗产的保存

数字化文化遗产的保存在智慧旅游领域扮演着至关重要的角色，它不仅有助于保护珍贵的文化遗产，还为旅游者提供了深入了解历史和文化的机会。数字化文化遗产的保存是通过数字技术将文化遗产的物理形态转化为数字形式，以便长期保存和传播。这种保存方式有多重好处。它可以降低文化遗产的磨损风险，确保文化宝藏得以永久保存。例如，历史建筑、文物、艺术品等可以通过数字化技术进行三维扫描和模型重建，以确保它们的原始状态得以保留。数字化文化遗产的保存使文化资源变得更加可访问。游客可以通过虚拟博物馆、在线图书馆、数字艺术展览等平台，在不同地点和时间深入了解文化遗产。这为旅游者提供了更多的学习和探索机会，有助于提升他们的旅游体验。

数字化文化遗产的保存还可以通过增强现实和虚拟现实技术，为旅游者提供沉浸式的文化体验。游客可以通过头戴式显示器或智能手机应用程序，进入数字化的历史场景，与历史人物互动，参观已不存在的古迹，从而获得更丰富和生动的文化体验。数字化文化遗产的保存还促进了跨文化的交流和合作。数字化资源可以轻松地在全球范围内共享和传播，促进了不同国家和地区之间的文化交流和合作。这有助于拓展文化遗产的影响力，促进了文化多样性的保护和传承。数字化文化遗产的保存有助于应对自然灾害和人为破坏。数字化备份可以保障文化遗产的安全性，一旦发生灾害或破坏，可以迅速恢复数字化文化遗产，防止永久性的损失。

数字化文化遗产的保存在智慧旅游领域具有重要意义，它通过数字技术提供了保护、传播和体验文化遗产的新途径。这不仅有助于文化遗产的保护和传承，还为旅游者提供了更丰富和更有深度的文化体验，推动了文化交流和合作的发展。数字化文化遗产的保存将继续在智慧旅游中发挥关键作用，丰富人们的旅游体验。

（一）虚拟博物馆和在线展览

智能技术已经改变了文化遗产保护和传播的方式，通过创建虚拟博物馆和在线展览，使文化遗产的数字化版本对公众更加开放和可访问。这一创新性的方法为全球观众提供了与文化遗产互动的机会，促进了文化的传承和共享。虚拟博物馆和在线展览是数字化文化遗产的媒介。通过 3D 扫描和虚拟现实技术，文化遗产机构能够将珍贵的文物、艺术品和历史遗迹数字化，以高度精细的方式呈现给公众。这些数字化版本不仅保留了文化遗产的原貌，还提供了互动性的体验。游客可以在虚拟博物馆中自由漫游、缩放和旋转文物，深入了解其历史和背景。这种虚拟互动使文化遗产更加生动和引人入胜。虚拟博物馆和在线展览为文化遗产的全球传播提供了便捷的途径。互联网的力量使这些数字化版本能够以高效的方式传播到世界各地。游客无须亲自前往文化遗产地点，而可以通过网络随时随地访问。这种全球性的可访问性拓宽了文化遗产的受众范围，促进了国际文化交流和理解。虚拟博物馆和在线展览通过多媒体和互动性，提供了更深入的文化教育和理解。游客可以通过虚拟导览、音频解说、视频讲解等方式了解文化遗产的历史和背景。这种教育性的展示不仅吸引了学生和研究者，还为大众提供了一个有趣的学习机会，促进了文化遗产的传承和保护。

虚拟博物馆和在线展览有助于文化遗产的保护。通过数字化文物，文化遗产机构可以减少对实物文物的频繁搬运和展示，从而降低了潜在的风险。同时，数字化版本的文化遗产也可以备份和保存到多个地点，以防止灾害或损失。这为文化遗产的长期保存和可持续传承提供了保障。这一趋势将继续推动文化遗产保护和传播领域的创新，使文化遗产可访问并对更多人开放。

（二）三维重建和文物保护

三维扫描和建模技术在文化遗产保护和重建方面具有重要作用，它们为研究和保持文化遗产的原始状态提供了强大的工具。三维扫描技术可以精确地记录文化遗产的现实状态。这些技术使用激光扫描仪或摄影测量等设备，可以创建文化遗产的高精度三维模型。这些模型包括了建筑物、雕塑、艺术品、文物等的详细几何形状和结构信息。通过三维扫描，文化遗产的现实状态可以被精确地记录和保存，而无须实际接触或干扰遗产本身。三维建模技术可以用于文化遗产的虚拟重建和修复。如果文化遗产受到了自然灾害、人为破坏、老化等因素的损害，三维建模可以帮助重建受损的部分。通过分析三维模型，专家可以确定需要修复的区域，重新创建受损的元素，并确保它们与原始文化遗产相符。这有助于文化遗产的保护和修复，以使其继续为后代传承。三维扫描和建模技术有助于文化遗产的研究和教育。研究人员可以使用三维模型进行深入的分析，了解文化遗产的历史、结构和材料。这种分析有助于揭示文化遗产的秘密，推进相关领域的研究。同时，三维模型可以在教育领域广泛应用，为学生和公众提供更具互动性和深入了解的机会。通过虚拟实境技术，人们可以"走进"文化遗产，亲身体验和学习。三维扫描和建模技术也有助于文化遗产的数字化保存和传播。数字化模型可以在互联网上共享和存档，使更多人能够远程访问和欣赏文化遗产。这有助于促进文化的传承和保护，同时也为全球范围内的人们提供了更广泛的文化体验。这些技术在保护和传承人类文化的过程中发挥了关键作用，有助于将文化遗产保留给后代。

（三）数据存储和档案管理

数字化文化遗产的数据存储和档案管理是保障文化遗产的长期保存

和可持续性的至关重要的组成部分。这一过程涵盖了数字化文化遗产的收集、存储、维护、备份、保护和共享，数据收集是数字化文化遗产的起点。文化遗产可以包括各种形式的资料，如历史文献、艺术品、照片、音频、视频等。这些数据需要以数字形式进行捕捉和记录，以便进行长期保存和访问。数据收集需要采用高质量的数字化技术，以确保原始文化遗产的准确再现。数字化文化遗产需要安全的数据存储和档案管理技术支撑。这包括选择合适的数字存储媒体，建立安全的存储设备和基础设施，确保数据不受损坏、丢失或盗窃。数据存储还需要考虑数据冗余和备份，以应对意外情况，如硬件故障或自然灾害等。

　　档案管理是数字化文化遗产的关键环节。档案管理涵盖了数据分类、索引、标记和组织，以便有效地管理和检索文化遗产。有效的档案管理确保数据的可访问性和可管理性，有助于长期保存和维护文化遗产。数字化文化遗产需要定期的维护和更新。这包括检查数据的完整性和质量，修复损坏的文件或元数据，以确保文化遗产的可持续性。维护还包括升级和迁移数据，以适应新的技术和媒体，防止数据陈旧或不可读。

　　数据保护也是关键考虑因素。文化遗产的数字化数据需要受到适当的安全保护，以防止未经授权的访问、篡改或损坏。这包括数据加密、访问控制、网络安全和备份策略的实施。共享文化遗产数据也是重要的。通过数字化媒体和在线平台，文化遗产可以得到更广泛地分享和传播。这有助于提高文化遗产的可见性，增加公众对文化遗产的了解和欣赏，促进文化遗产的可持续性传承。数字化文化遗产的数据存储和档案管理是保障文化遗产的长期保存和可持续性的关键步骤。这一过程需要高质量的数字化技术、安全的存储设备和设施、有效的档案管理、定期的维护和更新、数据保护和合适的数据共享。通过综合考虑这些因素，我们可以确保文化遗产得以保存、传承并为未来世代提供重要的文化遗产资源。

二、文化教育与互动性体验

文化教育与互动性体验的结合在智慧旅游领域具有重要意义，它丰富了游客的文化知识，激发了他们的学习兴趣，同时也提供了更深入的旅游体验。文化教育通过数字化手段得以实现。智慧旅游为游客提供了多样化的文化教育资源，包括历史、艺术、民俗、文化传统等方面的信息。这些信息可以通过智能设备和应用程序随时获取，为游客提供了更便捷的学习途径。互动性体验使文化教育更加生动和吸引人。虚拟现实技术、增强现实导览、互动展览等创新技术为游客提供了与文化互动的机会。他们可以亲自体验传统手工艺、参与历史重演、观赏艺术作品等，使学习变得更加具体和有趣。

互动性体验还有助于加深对文化的理解。通过参与性的活动，游客可以更深入地了解文化的背后含义和价值观。例如，他们可以亲自参与传统仪式、品味当地美食、学习语言技能，从而更好地理解当地文化的独特之处。文化教育与互动性体验还支持个性化的学习体验。通过数据分析，旅游企业可以了解游客的兴趣和需求，为他们提供定制的文化教育体验。这可以包括定制的文化之旅、专题讲座、手工艺工作坊等。游客可以根据个人兴趣来选择和安排学习活动，提高了学习的个性化程度。

互动性体验也促进了社交互动，游客可以与其他游客分享学习经验、交流观点和建议。这种社交互动扩大了学习的范围，促进了文化交流和知识共享。文化教育与互动性体验有助于促进文化的传承和保护。通过数字化记录和互动体验，文化遗产得以保存和传承。这有助于保护文化多样性，同时也为年轻一代提供了更多了解和学习文化的机会。文化教育与互动性体验的结合在智慧旅游中具有重要意义。它们丰富了游客的文化知识，提供了更深入的学习体验，促进了文化传承和保护。通过数字化手段、互动性体验、个性化学习和社交互动，智慧旅游为游客提供了更丰富、有趣、深刻的文化教育体验，丰富了旅游的内涵，使文化教育更加生动和有意义。这一趋势将继续推动智慧旅游的发展，为游客提供更多有益的文化体验和教育机会。

（一）文化教育和传承

智慧旅游平台已经成为促进文化教育资源的重要途径，其具备互动性和可访问性，有助于年轻一代更好地了解和传承文化遗产。智慧旅游平台提供了丰富多彩的文化教育资源。这些资源包括虚拟博物馆、在线文化展览、历史导览、文化遗产应用程序等。游客可以通过智能设备随时随地访问这些资源，无需前往文化遗产地点。这为年轻一代提供了更多学习文化的机会，不受时间和地点的限制。智慧旅游平台通过互动性和沉浸式体验提高了文化教育的吸引力。虚拟博物馆和在线展览利用虚拟现实技术，使游客能够仿佛置身于博物馆或历史场景中。他们可以亲身体验文物、艺术品和历史事件，加深对文化遗产的理解和兴趣。这种互动性的体验吸引了年轻一代的参与，激发了他们的好奇心和学习动力。

智慧旅游平台还提供了多媒体和多语言的文化教育资源，满足了不同年龄和背景的游客需求。游客可以通过音频导览、视频讲解、图文介绍等方式学习文化遗产的历史和故事。多语言选项使国际游客也能够参与文化教育，促进了跨文化的理解和交流。智慧旅游平台通过数字技术和数据分析，个性化地推荐文化教育资源。平台可以根据游客的兴趣、年龄和学习需求，提供定制化的文化教育体验。这种个性化建议有助于年轻一代更好地了解和欣赏文化遗产，保障了文化传承的连续性。

（二）参与性活动和社交分享

互动性活动和社交媒体分享在鼓励游客积极参与文化遗产的保护和传播方面发挥着重要作用。这种互动性不仅增强了游客与文化遗产之间的联系，还促进了文化遗产的可持续性保护和传承，互动性活动为游客提供了更深入了解文化遗产的机会。文化遗产不再局限于被观赏，而是变成了令人参与的体验。例如，文化遗产站点可以设立工作坊、讲座、表演和互动展览等，让游客亲身参与并了解传统技艺、历史故事和艺术表演。这种亲身体验加深了游客对文化遗产的了解，激发了他们的兴趣和参与欲望。社交媒体分享成为了游客与文化遗产互动的重要途径。游客可以通过拍照、录像和实时分享文化遗产的方式，将其传播到社交媒体平台上。这种分享不仅让游客展示他们的文化遗产体验，还将文化遗产推广到全球观众。社交媒体的传播力促进了文化遗产的可见性和传播，有助于吸引更多游客参观和支持文化遗产。互动性活动和社交媒体分享可以激发游客的参与和创意。游客有机会参与文化遗产的活动，如绘画、手工艺制作、音乐表演等，这种参与增加了他们对文化遗产的投入和归属感。同时，社交媒体分享也鼓励游客创造性地记录和传播文化遗产，例如，制作旅游博客、视频和故事等。这些创造性的作品不仅丰富了文化遗产的表现方式，还为文化遗产的传承提供了新的视角。

互动性活动和社交媒体分享促进了游客之间的交流和合作。游客可以通过社交媒体平台分享自己的文化遗产体验，与其他游客交流和互动。这种交流有助于建立社区感和文化遗产支持网络，推动文化遗产的保护和传承。互动性活动和社交媒体分享为文化遗产的可持续性发展提供了经济机会。文化遗产站点可以开设互动性活动，提供文化遗产体验，吸引游客并增加收入。同时，社交媒体分享也可以促进旅游业的增长，为当地社区创造就业和经济机会。互动性活动和社交媒体分享是鼓励游客积极参与文化遗产的保护和传播的强大工具。它们增强了游客与文化遗产的联系，提高了文化遗产的可见性，激发了参与和创意，促进了游客之间的交流和合作，并为文化遗产的可持续性发展创造了经济机会。这种积极的互动和分享文化遗产方式有助于文化遗产的保护、传承和传播，同时也丰富了游客的体验和文化遗产的多样性。

三、可持续发展与社区参与

可持续发展与社区参与在智慧旅游领域交织在一起，共同推动旅游业的发展和社区的繁荣。可持续发展是智慧旅游的核心理念之一。旅游业对自然环境、社会文化和经济产生深远影响，因此，必须采取可持续的方式来推动发展。数字技术和智慧旅游平台可以帮助旅游业实现可持续目标。例如，通过智能交通系统，可以优化交通流量、缓解拥堵和减少能源消耗。同时，数字化文化遗产的保护和呈现有助于传承文化，保护环境和促进社会包容性。社区参与是实现可持续发展的重要组成部分。当地社区是旅游业的重要利益相关者，他们需要参与旅游业的决策和管理过程。智慧旅游平台可以为社区提供更多的参与机会，例如，社区可以参与旅游产品和服务的开发，分享他们的文化和传统，以吸引游客，这有助于增加社区的收入和就业机会。

另外，智慧旅游还可以为社区提供更多的信息和培训资源，以提高他们的旅游管理和营销能力。这有助于社区更好地管理旅游流量，保护环境和文化遗产，减少负面影响。社区参与还可以促进文化多样性的保护。当地社区可以通过数字媒体和社交媒体与游客互动，分享他们的文化和传统，促进游客对当地文化的尊重和理解。这有助于减少文化冲突和文化侵害。可持续发展与社区参与是智慧旅游的重要组成部分。数字技术和智慧旅游平台为实现这一目标提供了新的机会和工具。通过积极参与社区，保护环境和文化遗产，智慧旅游有望实现可持续的旅游发展，同时也带动社区的繁荣和文化多样性的传播。这需要政府、旅游业者和社区的合作，以建立一个更加可持续和包容的旅游未来。

（一）可持续旅游规划

智慧旅游数据已经成为制定可持续旅游规划的关键工具，通过分析和应用这些数据，可以有效减少游客对文化遗产造成的不利影响，保护和维护宝贵的文化遗产。智慧旅游数据提供了对游客行为的深入了解。通过智能传感器、移动应用和社交媒体数据，可以追踪游客的移动、互动和兴趣。这些数据包括游客的访问时间、停留时间、喜好、参观路线等。分析这些数据可以揭示高峰游客流量的时间和地点，以及最受欢迎的文化遗产景点。这有助于规划者更好地理解游客的需求和行为，为制定可持续旅游规划奠定了基础。智慧旅游数据支持可持续旅游规划的流程优化。通过实时监测游客流量和拥挤情况，规划者可以采取措施来分散游客流量，减少拥堵和排队时间。例如，当一个景点拥挤时，可以通过推荐游客前往其他不那么拥挤的地方来平衡游客分布。这有助于改善游客体验，同时减轻了文化遗产景点的压力。

智慧旅游数据有助于制定可持续的资源管理策略。通过监测游客对文化遗产景点的影响，规划者可以识别潜在的风险和破坏，采取措施来保护和维护文化遗产。这可以包括限制游客进入某些脆弱区域、设立保护区域、加强文物保护和维护等。这些举措有助于减少游客对文化遗产的不利影响，确保其长期可持续保护。智慧旅游数据为规划者提供了决策支持工具。通过数据分析和模型预测，可以评估不同规划方案的潜在影响，包括游客流量、环境影响和文化遗产保护。这有助于规划者选择最合适的措施，以实现可持续旅游的目标，同时最大程度地保护文化遗产。智慧旅游数据的应用为制定可持续旅游规划提供了科学依据和决策支持。通过深入了解游客行为、优化流程、管理资源和提供决策支持，规划者可以有效减少游客对文化遗产的不利影响，确保文化遗产的长期保护和传承。这一趋势有助于实现可持续旅游的目标，促进文化遗产的可持续发展。

（二）社区参与和合作

智慧旅游平台在促进社区参与文化遗产保护以及建立合作关系方面具有巨大潜力。智慧旅游平台可以成为社区参与文化遗产保护的有力工具。这些平台可以用于发布关于文化遗产的信息、历史背景和保护需求。社区成员可以通过平台参与讨论、提出建议和分享关于文化遗产的观点。这种互动有助于增强社区对文化遗产的责任感和参与感，促进他们积极参与保护工作。智慧旅游平台可以用于与各方建立合作关系，包括政府机构、非营利组织、学术界和私营部门。通过平台，各方可以共享关于文化遗产保护的最新信息、研究成果和资源。例如，政府机构可以在平台上发布文化遗产的保护政策和计划，与社区和其他利益相关者进行对话；非营利组织可以使用平台筹集资金和志愿者，支持文化遗产保护项目；学术界可以分享关于文化遗产的研究成果，提供专业知识；私营部门可以与社区合作开发可持续的文化遗产旅游产品。

智慧旅游平台可以为文化遗产的数字化保存和传播提供平台。社区可以通过平台上传文化遗产的照片、文档、音频、视频等数字化材料，以建立文化遗产的数字档案。这有助于保存文化遗产的信息和历史，同时也为全球范围内的人们提供了访问和了解文化遗产的机会。这些数字资源还可以用于文化遗产的在线展览和教育项目，进一步提高社区和公众的参与度。智慧旅游平台还可以提供在线培训和资源，帮助社区了解文化遗产保护的最佳实践和技术。这有助于提高社区的专业知识和技能，增强他们在文化遗产保护中的参与度。同时，平台还可以提供保护文化遗产所需的工具和资源，如文档模板、筹款建议和项目管理工具。智慧旅游平台在促进社区参与文化遗产保护，以及建立合作关系方面发挥着重要作用。它们可以用于传播信息、促进互动、建立合作、数字化保存、提供培训和资源，为文化遗产保护提供全面的支持。通过智慧旅游平台，社区和各方可以共同努力，保护和传承珍贵的文化遗产，同时也促进了可持续的文化旅游发展。

（三）经济机会和文化创意产业

智慧旅游的崛起为文化遗产提供了新的经济机会，通过文化创意产业的推动，促进了文化遗产的可持续保护和发展。这种发展不仅为旅游业带来了增长，还为当地社区和经济作出了积极的贡献。智慧旅游激发了文化创意产业的增长。数字技术、虚拟现实和增强现实等新兴技术为文化创意产业提供了新的工具和平台。文化遗产可以通过虚拟游览、互动展览、数字化艺术品、多媒体演出等方式，融入文化创意产业的创作和生产中。这不仅丰富了文化创意作品的内容，还为创意从业者提供了新的机会，从而促进了文化创意产业的繁荣。文化创意产业的增长为就业市场提供了支持。智慧旅游的发展促进了文化创意产业的扩大，创造了大量就业机会，包括数字艺术家、文化营销人员、虚拟现实开发者、文化解释员等岗位。这些工作岗位不仅为年轻一代提供了就业机会，还吸引了创意人才，有助于培养和留住具有文化创意背景的人才。文化创意产业的发展带动了旅游业的增长。智慧旅游吸引了更多游客前来参观文化遗产，同时也为游客提供了更丰富的文化体验和互动性活动。这促进了旅游业的增长，增加了游客的停留时间和消费，为当地经济带来了积极的影响。

文化创意产业的增长加强了对文化遗产开展可持续保护的需求。文化创意产业的发展需要源源不断的文化遗产内容供给，这促使文化遗产的保护和修复工作得到更多的关注和投资。同时，文化创意产业的存在也增加了文化遗产的可见性和重要性，进一步强调了其保护和传承的价值。智慧旅游和文化创意产业的结合也为文化遗产的可持续发展提供了新的模式。这种模式将文化遗产与创意产业相互融合，创造了可持续性的经济价值。同时，它也提供了创新的方式来传承和表现文化遗产，吸引更广泛的受众参与和互动。智慧旅游通过文化创意产业的推动，为文化遗产的可持续保护和发展带来了重要的经济机会。这种发展不仅丰富了文化创意产业，也为就业市场提供了支持，促进了旅游业的繁荣，强化了文化遗产的可持续保护，并提供了新的模式来传承和表现文化遗产。这一综合效应有助于文化遗产的可持续性发展，同时也为社区和经济作出了积极的贡献。

第三节 文化体验与数字技术的交互

　　文化体验与数字技术的交互已成为现代社会中不可或缺的一部分，这种互动在各个领域中都产生了深远的影响。数字技术为文化体验带来了更丰富、更便捷的机会。在博物馆和艺术馆，数字导览和增强现实应用程序让游客能够以全新的方式探索艺术品和历史文化遗产。数字技术也为音乐和表演艺术提供了新的表演和创作形式，从虚拟音乐会到全息演出，使观众可以在数字世界中亲身体验文化的魅力。数字技术还促进了文化的传承和推广。通过在线平台，文化机构可以将他们的收藏和展览带到全球观众面前，使文化传统变得更加可访问。数字媒体和社交网络也为艺术家和文化创作者提供了展示和分享他们作品的机会，扩大了他们的影响力。文化体验也激发了数字技术的创新。文化活动和传统艺术的需求促使开发者创建各种数字工具和应用程序，以满足这些需求。同时，文化体验还为数字技术提供了灵感，推动了虚拟现实、人工智能、互动媒体等领域的发展。文化体验与数字技术的互动深刻地改变了我们对文化的理解和参与方式。它为人们提供了更多的机会来探索和享受文化，同时也促进了数字技术的创新和发展。这种互动关系将继续塑造未来的文化体验，为人们带来更多令人振奋的文化发现和创新。

一、数字技术丰富文化体验

　　数字技术在智慧旅游中起到了丰富文化体验的关键作用。它们为旅游者提供了前所未有的机会，使他们能够更深入、更互动地探索和体验文化。虚拟现实（VR）和增强现实（AR）技术为文化体验增添了新的维度。旅游者可以通过 VR 头盔或 AR 应用程序沉浸在历史场景中，仿佛置身于过去。他们可以参观古老的建筑、城市和景点，了解历史事件和文化传统。这种虚拟体验使旅游者能够更好地理解文化的演变和背后的故事。数字化文化遗产的呈现也丰富了文化体验。数字化档案、在线博物馆和文化应用程序为旅游者提供了更多的文化资源。他们可以浏览数字化艺术品、历史文献和珍贵文物，无须前往实际博物馆或档案馆。这使文化遗产得以广泛传播，不受地理限制，为更多人提供了文化启发和教育。

数字化技术也改变了文化体验的互动性。旅游者可以使用智能设备参与文化活动，如文化节日、工作坊和表演等。他们可以与当地居民互动，学习手工艺技巧、美食制作和舞蹈表演。这种互动体验使旅行更加充实和有趣，有助于建立跨文化的友谊和理解。社交媒体和在线社区也为旅游者提供了分享和交流文化体验的平台。他们可以在社交媒体上分享照片、视频和故事，与其他旅游者互动，了解不同文化。这种分享和互动有助于促进文化多样性的尊重和理解。数字技术在智慧旅游中为文化体验带来了丰富性和互动性。它们使旅游者能够更深入地了解文化、参与文化活动，同时也有助于文化遗产的保护和传承。数字化文化体验不仅丰富了旅游者的旅游经历，还有助于跨文化的交流和文化多样性的传播。这为智慧旅游的未来提供了无限可能性，同时也为文化的传承和推广作出了积极的贡献。

（一）互动性展览和艺术

数字技术已经在文化展览和艺术作品中创造了令人印象深刻的互动性，使参观者能够积极参与和深度体验文化。这一趋势已经改变了文化机构、博物馆和艺术家的创作方式，为参观者提供了更加丰富和有趣的文化体验。数字技术通过虚拟现实（VR）和增强现实（AR）技术，为参观者创造了身临其境的体验。通过头戴式 VR 设备或智能手机上的 AR 应用程序，参观者可以探索虚拟世界，与文化遗产和艺术作品互动。他们可以漫游在历史场景中，近距离欣赏绘画和雕塑，甚至参与到历史事件中。这种虚拟互动使文化体验更加引人入胜，让人感觉好像置身于另一个时空。数字技术通过多媒体和互动性，提供了深入了解文化的机会。在博物馆和展览中，触摸屏、声音导览、互动投影等技术使参观者能够探索文化遗产的不同方面。他们可以通过触摸屏了解文物的历史，通过声音导览听取解说，通过互动投影参与教育性游戏。这些互动性的元素不仅增强了学习体验，还能激发观众的好奇心和探索欲望。

数字技术为艺术创作提供了新的媒介和表现形式。艺术家可以使用虚拟现实、数字绘画、交互式装置等方式创作作品，与观众建立更紧密的联系。观众可以参与到艺术作品中，改变其形状、颜色或声音，成为创作者的一部分。这种互动性使艺术作品变得更加开放和多样化，挑战了传统艺术的观看模式。数字技术通过社交媒体和在线平台，将文化体验扩展到全球范围。参观者可以在社交媒体上分享他们的互动体验，与世界各地的人分享文化发现。这种全球互动促进了文化交流和理解，将文化体验推广到更广泛的受众之中。数字技术已经为文化展览和艺术作品创造了引人入胜的互动性体验。通过虚拟现实、增强现实、多媒体和社交媒体，参观者能够积极参与和深度体验文化，促进了文化的传播和共享。这一趋势将继续推动文化机构和艺术家创新，为参观者提供更加丰富和有趣的文化体验。

（二）多媒体导览和教育

多媒体导览和教育工具在向游客传达文化信息、提高他们的了解和欣赏方面具有重要作用。这些工具通过结合图像、音频、视频和互动性，创造了丰富的学习体验，多媒体导览工具为游客提供了多维度的信息呈现。通过多媒体导览，游客可以通过文字、图片和音频了解文化遗产的历史、背景和重要性。这种多维度的信息呈现帮助游客更全面地理解文化遗产的复杂性和多样性。例如，在博物馆中，多媒体导览可以为每个展品提供详细的解释，包括其历史、制作工艺和艺术价值等。这种信息呈现使游客能够更深入地了解文化遗产，提升了他们的兴趣和欣赏能力。

多媒体导览工具增加了互动性。游客可以使用智能设备或导览器进行互动，例如，点击触摸屏以获取更多信息或启动相关视频。这种互动性可以根据游客的兴趣和好奇心自由选择导览的内容，使他们更有参与感。此外，一些导览工具还包括互动游戏和测验，让游客参与其中，从而更深入地学习文化遗产。多媒体导览工具提供了多语言支持。在国际游客众多的地方，导览工具可以提供多种语言的信息呈现，以确保不同国家和地区的游客都能够理解文化遗产的背后故事。这种多语言支持有助于增加文化遗产的国际吸引力，使更多的人能够参观和欣赏文化遗产。多媒体教育工具也可以用于学校和教育机构。教师可以使用多媒体工具来为学生提供生动的文化遗产教育，通过图像和视频帮助他们更好地理解历史和文化。这种教育工具可以激发学生的兴趣，鼓励他们积极参与文化遗产的学习和保护。

多媒体导览和教育工具有助于推动可持续文化旅游发展。通过吸引更多的游客，提高他们对文化遗产的了解和欣赏力，这些工具有助于增加文化旅游的吸引力和盈利性。同时，它们也可以减少游客对文化遗产的潜在破坏，因为更加了解和尊重文化遗产的游客更有可能保护和爱护它们。这些工具不仅丰富了游客的文化体验，还为文化遗产的传承和传播作出了重要贡献。

二、数字技术促进文化传承和创新

数字技术在智慧旅游中的应用，不仅为文化传承提供了新的机遇，同时也鼓励了文化创新，促进了文化的活力和传承。数字技术丰富了文化传承的方式。传统的文化传承方式通常是口头传统、手工艺等，但数字技术为文化传承提供了新的渠道。数字化档案、在线展览、虚拟博物馆等使文化遗产变得更加可访问和可分享。这样，文化传承不再受地域和时间的限制，更多人可以参与和了解。数字技术提供了新的创新工具。通过虚拟现实、增强现实、数字化艺术等技术，文化创意者可以创造出新的文化体验。例如，虚拟现实可以带领游客亲临历史场景，增强现实可以与艺术品互动，数字化艺术可以推动艺术创新。这些数字工具为文化创新提供了广阔的空间。

数字技术还促进了文化的保存和保护。数字化档案和数据库可以记录和保存文化遗产的信息，确保其传承和保存。同时，数字技术也可以用于文化遗产的保护，例如，通过数字重建受损的文化遗产或监测文化遗产的状态。互动性体验是数字技术促进文化传承和创新的关键。通过互动展览、虚拟博物馆和在线文化课程等，游客可以更深入地了解文化遗产，参与文化活动，从而促进文化的传承，激发文化的活力。数字技术也推动了文化传承的全球化。通过互联网和社交媒体，文化遗产可以跨越国界传播和分享，使更多人了解和欣赏不同文化。这有助于促进跨文化交流和理解，减少文化冲突和误解。

数字技术为文化产业提供了商业机会。数字化内容、在线销售、文化创意产品等数字技术应用创造了文化产业的新商业模式。这不仅有助于文化传承的可持续发展，还为文化从业者提供了更多的就业机会和经济收益。这一趋势将继续推动智慧旅游的发展，为文化传承和创新提供更多的可能性。

（一）文化传承数字化

数字技术已经成为记录、保存和传承文化遗产的强大工具，为文化保护和传播提供了全新的方式。通过数字档案、在线博物馆、数字图书馆等手段，文化遗产可以被永久保存和广泛传播，实现了文化的数字化转型。数字档案是记录文化遗产的重要手段。文化机构、博物馆和档案馆利用数字技术将文物、文献、照片、录音、视频等多种形式的文化遗产数字化存储。这些数字档案不仅可以永久保存，还可以轻松检索和分享。通过数字

163

档案，珍贵的文化遗产得以保存，免受自然灾害和磨损的影响，为后代传承提供了可靠的资料。在线博物馆和数字图书馆为公众提供了无限的文化资源。在线博物馆展示了丰富的文物和艺术品，参观者可以通过网络浏览和探索这些珍贵的收藏。数字图书馆则提供了大量的文学、历史、科学和艺术文献，供研究和学习之用。这些在线资源不仅促进了文化的广泛传播，还打破了地理和时间的限制，使全球范围的人们都能够访问和了解文化遗产。

数字技术通过虚拟现实和增强现实技术，提供了沉浸式的文化体验。虚拟博物馆和虚拟历史重现项目让人们可以仿佛置身于历史事件和文化场景中。通过头戴式 VR 设备或智能手机上的 AR 应用程序，参观者可以亲临历史时刻，互动学习文化遗产。这种沉浸式体验丰富了文化教育和传承的方式，使人们更加深入地了解文化遗产。数字技术为文化遗产的数字化保存和传承提供了可持续的途径。数字化文化遗产可以备份成多份，分布式存储，避免了单一点的故障风险。同时，数字化文化遗产被可以地轻松分享给其他机构、研究者和公众，促进了文化资源的合作和共享。这一数字化转型的趋势为文化遗产的保护和传播带来了前所未有的机遇。数字技术已经改变了文化遗产的记录、保存和传承方式。通过数字档案、在线博物馆、数字图书馆和虚拟体验，文化遗产可以永久保存、广泛传播，实现了文化的数字化转型。这一趋势将继续推动文化保护和传播的创新，促进文化遗产的传承和传统的继续发展。

（二）艺术创新和表现

数字技术在当今文化领域中起着革命性的作用，激发了艺术家的创新力，带来了新形式的文化表现和作品。数字技术为艺术家提供了新的媒体和工具。传统的绘画、雕塑、摄影等艺术形式仍然存在，但现在艺术家可以借助计算机、虚拟现实、增强现实、互联网等数字工具来创作。例如，艺术家可以使用数字绘图软件创作油画、水彩画和素描，而不再受限于传统绘画材料。他们还可以使用虚拟现实技术创建全新的虚拟艺术品，让观众身临其境地体验艺术。数字技术拓展了艺术的表现形式。艺术家可以通过数字媒体展示作品，包括在线画廊、社交媒体和虚拟现实展览。这为艺术家提供了更广泛的观众群体和更多的展示机会。此外，数字技术还带来了新的互动性和参与性。观众可以与数字艺术互动，探索虚拟世界，甚至参与艺术的创作过程。这种互动性改变了传统观众与艺术之间的关系，使艺术更具参与性。

数字技术为跨界合作提供了机会。艺术家可以与科学家、工程师、程序员、设计师等领域的专业人士合作，创造出融合科技和艺术的作品。例如，艺术家可以与计算机程序员合作开发交互式艺术装置，或者与科学家合作探索数据可视化的艺术表达方式。这种跨界合作不仅拓展了艺术的创作范围，还推动了技术和艺术的融合，产生了全新的文化创意。数字技术为艺术家提供了更多的自由和灵活性。传统艺术材料和媒体可能受到限制，但数字艺术可以随时修改、调整和重新创作。艺术家可以在虚拟环境中自由地实验和创作，而不用担心资源的浪费。这种自由度激发了艺术家的创新精神，鼓励他们不断探索新的创作方法和表现形式。数字技术在艺术领域引发了一场创新的革命。它为艺术家提供了新的媒体、表现形式和创作工具，拓展了艺术的边界，促使跨界合作，提高了创作的自由度和互动性。数字技术与艺术的融合创造了令人兴奋的新机遇，为文化表达和艺术创作带来了前所未有的多样性和丰富性。这个数字时代为艺术注入了新的生命力，使艺术家能够以前所未有的方式表达自己的创意和思想。

（三）文化教育和普及

数字技术的迅猛发展已经彻底改变了文化教育的景观，使更多人能够参与和学习文化，从而扩大了文化教育的覆盖范围。数字技术通过在线学习平台和教育应用程序为学生提供了灵活的学习机会。学生可以通过互联网访问大量的文化教育资源，包括在线课程、教育视频、虚拟博物馆导览和数字化图书馆。这些资源可以随时随地访问，使学习更加方便，不再受制于地理位置或时间限制。数字技术提供了多样化的学习方式。学生可以选择适合他们学习风格和节奏的教育资源。例如，有些人可能更喜欢通过在线视频观看讲座，而其他人可能更喜欢与虚拟实验互动或通过游戏学习。数字技术为不同类型的学习提供了各种选择，满足了不同学生的需求。

数字技术也为文化教育提供了更具互动性的体验。虚拟现实和增强现实技术可以模拟文化场景，使学生能够亲身体验历史事件、艺术品和文化传统。这种互动性体验不仅丰富了学习过程，还激发了学生的兴趣和参与度。数字技术有助于跨文化教育的推广。学生可以通过在线平台学习世界各地的文化，了解不同国家和民族的历史、语言、习俗和艺术。这种跨文化的教育有助于促进对文化多样性的理解和尊重，增强了全球公民的视野。数字技术还为文化教育提供了个性化的学习体验。通过智能算法和数据分析，教育平台可以根据学生的兴趣、学习进度和能力水平提供定制的学习建议和内容。这种个性化的学习体验有助于提高学生的学习效果，使他们更容易掌握文化知识和技能。

数字技术通过在线社交媒体和教育社区，为学生提供了互动和合作的机会。学生可以在全球范围内与其他学生分享学习经验、讨论文化话题，并共同参与项目和研究。这种互动和合作有助于建立学生之间的联系，促进了跨文化交流和理解。数字技术已经使文化教育的覆盖范围得以扩大，为更多人提供了学习文化的机会。它提供了灵活性、多样性、互动性、跨文化性和个性化的学习体验，促进了文化知识的传播和跨文化理解的培养。这一趋势有助于推动文化教育的发展，使文化知识和遗产更广泛地传承和传播，同时也提高了全球公民的文化素养和跨文化交流的能力。

第六章
智慧旅游与可持续发展

第一节　智慧旅游与生态环境保护

　　智慧旅游与生态环境保护之间存在密切的关系，它们共同塑造了可持续旅游的未来。智慧旅游技术的应用可以显著改善旅游业对生态环境的影响。智慧旅游技术可以帮助管理和保护自然资源。通过传感器网络和地理信息系统，旅游目的地可以监测环境变化，包括气候、水质和植被状况等。这有助于在早期发现潜在的生态问题，并采取适当的措施来保护自然生态系统。智慧旅游可以优化旅游资源的利用。通过数据分析和预测技术，旅游业者可以更好地了解游客流量和需求趋势，以避免资源过度开发和游客拥挤。这有助于保护自然景点的原始状态，减少人为干扰。

　　智慧旅游还能增强旅游者的环保意识。通过数字平台和移动应用程序，游客可以获得关于环保实践的信息和建议，如垃圾分类、节水和低碳交通选择。这鼓励游客更加负责任的行为，降低了他们的生态足迹。智慧旅游有助于实施可持续发展策略。通过数字化监测和数据反馈，政府和旅游业者可以制定更有效的环保政策和项目，确保旅游业的发展与生态保护相协调。智慧旅游与生态环境保护之间的互动有助于实现可持续旅游的目标。通过科技的应用，旅游业可以更好地管理和保护自然资源，优化资源利用，增强环保意识，以及实施可持续发展策略，从而在旅游业发展的同时保护生态环境，实现生态与经济的双赢。

一、智慧旅游技术在生态监测中的应用

智慧旅游技术在生态监测中的应用为生态环境的保护和可持续性发展提供了强大的工具。这些技术的应用不仅提高了生态监测的效率，还增强了我们对自然环境的理解，有助于采取更有效的保护措施。智慧旅游技术在生态监测中提供了实时数据收集和传输的能力。传感器网络、卫星遥感、物联网等技术使我们能够迅速获取生态环境的各种数据，包括气象、水质、空气质量、动植物迁徙等。这些数据的实时收集和传输提高了监测的及时性和准确性。智慧旅游技术支持数据分析和模型预测。大数据分析、人工智能、机器学习等技术可以处理大规模的生态数据，识别趋势、模式和异常。通过数据模型，我们可以预测生态系统的变化和可能的风险，帮助采取预防措施。

智慧旅游技术也提供了可视化工具，帮助我们更好地理解生态环境。虚拟现实、增强现实、地理信息系统等技术可以将生态数据以图形化、交互性的方式呈现，使决策者和公众能够更直观地了解生态情况。智慧旅游技术有助于监测生态犯罪和非法活动。无人机、监控摄像头和传感器可以用于监测野生动植物走私、非法捕捞、森林砍伐等活动。这些技术的应用可以加强监管和执法，减少非法活动对生态环境的损害。智慧旅游技术也有助于公众教育和参与。虚拟导览、在线教育平台、生态游戏等应用可以提高公众对生态问题的认识和关注。这有助于促进公众的环保意识和行动，共同参与生态保护。智慧旅游技术可以帮助生态保护机构更好地管理资源和制定政策。数据分析和决策支持系统可以帮助决策者更好地了解生态系统的状况和变化，为制定有效的保护政策提供科学依据。智慧旅游技术在生态监测中的应用提供了强大的工具，有助于提高监测效率、数据分

析、风险预测、可视化展示、监管执法、公众参与和政策制定。这些技术的综合应用有助于更好地理解和保护自然环境，促进了生态保护和可持续发展的目标的实现。

（一）传感器技术

传感器网络已经成为监测生态环境参数的强大工具，通过实时数据采集和分析，提供了对空气质量、水质、土壤条件等生态要素的详尽了解。这一技术的应用不仅有助于环境保护，还支持可持续资源管理和生态研究。传感器网络在监测空气质量方面发挥了关键作用。空气污染是一个全球性的问题，对人类健康和生态系统造成严重影响。传感器网络通过在城市、工业区、交通枢纽等关键地点部署空气质量传感器，实时监测大气中的污染物浓度，如 $PM_{2.5}$、PM_{10}、二氧化硫、一氧化碳等。这些传感器生成的数据通过云端平台进行汇总和分析，帮助政府和环保组织识别污染源、制定政策措施，并向公众提供实时的空气质量信息，以保护居民健康和改善城市环境。传感器网络在监测水质方面也发挥了重要作用。水资源是生态系统的关键组成部分，也是人类生活和工业生产的基础。通过在河流、湖泊、水库等水体周围部署水质传感器，可以监测水中的各种参数，如溶解氧、pH 值、浊度和水温等。这些数据有助于及时发现水质问题，监测水体的健康状况，并采取措施来净化水源。此外，传感器网络还在海洋领域发挥作用，监测海洋污染、海洋生态系统的健康状况和海洋气象条件等。

传感器网络也应用于土壤条件的监测和分析。土壤是农业和生态系统的基础，因此了解土壤质量和含水量至关重要。通过在农田、林区、自然保护区等地部署土壤传感器，可以测量土壤的湿度、温度、质地和养分含量等。这些数据可用于优化农业管理、提高农产品产量及监测土壤侵蚀和土地退化等环境问题。此外，传感器网络还支持生态研究，帮助科学家了解土壤中的微生物活动和生态系统的互动关系。传感器网络为监测生态环境的参数提供了强大的工具，促进了环境保护、资源管理和科学研究。通过实时数据采集和分析，传感器网络帮助我们更好地理解和保护空气质量、水质和土壤条件，为可持续发展和生态平衡提供了支持。这一技术的应用将继续为环境领域的创新和进步提供动力。

（二）大数据分析

大数据分析在监测生态环境的变化和问题识别方面发挥了重要作用。通过收集、处理和分析大规模的生态数据，可以尽早发现问题并采取措施来保护和改善环境。大数据分析可以实现全面的数据收集。现代技术使得可以从各种传感器、遥感卫星、监测站点、移动设备等多渠道收集大量的生态数据。这些数据包括气象数据、土壤数据、水质数据、动植物迁徙数据等。通过综合利用这些数据，可以获取全面的生态信息，了解自然环境的状态和趋势。大数据分析可以实现实时监测。传感器和卫星等技术可以提供实时数据流，使监测生态环境的变化变得更加及时。这对于识别突发事件（如自然灾害、污染事件等）及监测季节性变化和长期趋势非常重要。实时监测可以帮助决策者迅速采取行动，以减轻环境压力和保护生态系统。

大数据分析可以进行数据挖掘和模式识别。大规模的生态数据集包含了丰富的信息，可以通过数据挖掘技术来发现隐藏在数据背后的模式和关联。例如，可以识别出特定气象条件下可能发生的自然灾害，或者监测到生态系统中的生态链条中断。这些模式的发现有助于提前预警并采取相应的措施。大数据分析可以进行趋势分析和预测。通过分析历史数据和当前趋势，可以预测未来的生态环境变化。这有助于制定长期的环境保护计划和政策。例如，通过分析气象数据和气候模型，可以预测气温上升和海平面上升的趋势，从而制定应对气候变化的战略。

大数据分析还支持决策支持系统。决策者可以利用大数据分析的结果来制定政策、规划资源分配、制定环境管理策略等。这些决策通常需要综合考虑各种因素，包括生态、社会和经济因素，以实现环境保护与可持续发展的平衡。大数据分析可以促进公众参与和教育。通过将生态数据和分析结果可视化地呈现给公众，可以提高公众对环境问题的意识，激发公众开展环保行动，促进科学教育。这种公众参与和教育有助于形成更广泛的环保共识，推动环境保护工作的持续进行。大数据分析在实时监测生态环境变化和问题识别方面具有巨大潜力。通过全面的数据收集、实时监测、数据挖掘和模式识别、趋势分析、决策支持及公众参与，有助于尽早发现问题、制定有效的环保策略，保护和改善生态环境。它为生态保护提供了强大的工具，有助于实现可持续发展和生态平衡。

（三）GIS 和遥感技术

大数据分析在实时监测生态环境变化方面具有巨大潜力，它能够帮助尽早发现问题并采取有效措施，以维护生态平衡和保护环境。大数据分析通过传感器和监测设备收集大规模的环境数据。这些数据包括大气、水质、土壤、野生动植物分布等各种信息。这些数据的实时收集和记录提供了全面的环境情报，有助于深入了解生态系统的状态。大数据分析利用高级分析技术，如机器学习和人工智能，对环境数据进行实时处理和分析。这些技术可以识别和分析环境数据中的模式、趋势和异常情况等。例如，它可以检测到突发的污染事件、自然灾害或生态系统崩溃的迹象。

大数据分析还能够整合多源数据，从不同角度综合分析环境问题。它可以将大气、水质和土壤数据结合起来，识别出不同环境组分之间的关联和相互影响。这种综合分析有助于更全面地理解生态系统的复杂性。大数据分析能够提供实时监测和预警系统。一旦环境数据中出现异常情况，系统可以自动触发警报，通知相关机构和决策者采取紧急措施。这种及时的反应可以防止问题进一步恶化，保护环境和人类健康。大数据分析可以支持科学研究和政策制定。通过分析历史数据和趋势，研究人员可以预测未来的环境变化和风险。这种预测有助于制定更有效的环境政策和管理措施，以减轻生态压力，减少资源浪费。大数据分析还有助于公众参与和环境教育。通过开放的数据平台和可视化工具，公众可以访问和理解环境数据，了解生态系统的状态和挑战。这种透明度和参与有助于提高公众对环境保护的意识和投入。大数据分析是实时监测生态环境变化的强大工具，有助于尽早发现问题并采取措施。它提供了全面的环境情报，利用高级分析技术识别异常情况，并支持科学研究、政策制定和公众参与。通过大数据分析，我们可以更有效地保护和管理环境，维护生态平衡，实现可持续发展的目标。这一技术的应用将对环境保护和全球生态系统的未来产生积极影响。

二、可持续旅游规划与生态保护

可持续旅游规划与生态保护密不可分，二者相互交织，构建了智慧旅游的可持续未来。可持续旅游规划强调了保护自然生态系统的重要性。智慧旅游的数字技术和数据分析工具可以用来监测旅游活动对自然环境的影响。例如，使用智能传感器和卫星图像，可以追踪游客流量、废物排放和水资源利用情况。这使得旅游目的地能够更好地规划和管理旅游活动，以减少对生态系统的损害。可持续旅游规划强调了对文化和社区的保护。数字化文化遗产的保护和呈现有助于传承文化，同时也促进了社区参与。这有助于保护文化多样性和传统知识，防止文化冲突和文化侵蚀。此外，可持续旅游规划还着重考虑社区的经济利益，促进社会包容性发展，确保社区从旅游业中受益。

智慧旅游平台也提供了可持续旅游的信息和教育资源。旅游者可以通过智能设备获取有关可持续旅游实践和原则的信息，了解如何降低他们的旅游足迹。这有助于增强旅游者的环保意识，减小对环境的压力。可持续旅游规划还包括能源效率和绿色出行的考量。智能交通系统可以优化交通流量，减少交通拥堵，降低燃料消耗和排放。同时，可持续旅游规划也鼓励使用可再生能源，减少对不可再生能源的依赖。

可持续旅游规划和生态保护也面临一些挑战。旅游业的迅速增长可能导致过度开发和资源消耗，威胁生态系统的稳定性。因此，政府、旅游业者和社会组织需要共同努力，制定政策、标准和实施措施，确保可持续旅游规划得以落实。可持续旅游规划与生态保护是智慧旅游的核心价值之一。数字技术和智慧旅游平台为实现可持续旅游提供了新的机会和工具，有助于保护自然环境、文化遗产和社区经济。只有在充分考虑可持续性原则的基础上，智慧旅游才能够在旅游业的持续发展中取得成功，同时也保护地球的未来。这是一个复杂而具有挑战性的任务，但也是一个迫切的任务，值得我们共同努力。

（一）可持续旅游规划

智慧旅游数据和分析已成为制定可持续旅游规划的重要工具，可以帮助减小游客对目的地环境和社区的不良影响。通过有效收集、分析和利用旅游数据，可以制定更智慧、可持续的旅游规划，促进旅游业的可持续发展。智慧旅游数据分析有助于了解游客行为和趋势。通过收集游客的移动应用、社交媒体和移动支付数据，可以了解游客的偏好、行程模式和消费习惯。这些数据可以用于分析游客的流动性，包括他们在目的地的停留时间和常去的景点。通过对这些数据的深入分析，目的地管理者可以更好地理解游客行为，有针对性地制定规划，减少拥挤和过度开发。

智慧旅游数据可以帮助优化游客流量。目的地管理者可以利用数据分析工具来预测游客高峰期，以便采取相应的措施，如提供额外的交通服务、开设临时停车场或扩大景点的开放时间。这种智能的流量管理可以缓解交通拥堵，优化游客体验，并降低对目的地环境的负面影响。智慧旅游数据还可以用于资源管理和保护。通过监测游客的活动和对自然景点的访问，可以及时发现环境破坏和生态系统受损的迹象。目的地管理者可以根据这些数据采取措施，限制游客进入某些敏感区域或制定保护措施，以确保对自然景点的可持续保护。

智慧旅游数据还可以用于社区参与和管理。通过与当地社区合作，共享数据，目的地管理者可以更好地了解社区的需求和担忧，制定旅游规划时考虑到社区的利益。这种合作有助于建立更加和谐的旅游生态系统，减小游客对当地社区的不利影响。智慧旅游数据的分析还可以用于可持续营销和推广。通过了解不同游客群体的兴趣和需求，目的地管理者可以更有针对性地进行宣传和市场推广，吸引更多符合可持续旅游理念的游客。这有助于平衡游客数量和质量，减小过度旅游对环境和社区的压力。智慧旅游数据和分析为制定可持续旅游规划提供了强大的支持。通过深入分析游客行为、优化游客流量、保护资源和社区参与，目的地管理者可以更好地实现可持续旅游的目标，减少游客对环境和社区的不利影响，推动旅游业的可持续发展。这一智慧旅游趋势将继续引领旅游业的未来。

（二）生态旅游体验

通过数字化导览和互动性体验向游客传达生态环境保护的重要性是提高他们的环保意识的重要途径。数字化导览可以提供生动的信息呈现。通过数字导览应用程序、虚拟导游或展览中的数字信息板，游客可以获得关于生态环境的丰富信息。这些信息可以包括生态系统的介绍、生物多样性的重要性、生态问题的挑战及环保措施的实施。通过多媒体、图像、视频、音频等形式的信息呈现，游客可以更深入地了解生态环境的复杂性和脆弱性。

互动性体验可以增加参与度。数字化导览和互动展览可以设计成吸引人们互动参与的方式。例如，游客可以通过触摸屏幕、扫描二维码、参与生态游戏、模拟环境管理等方式进行互动。这种参与性体验可以激发游客的兴趣，使他们更加专注于学习和了解生态环境的保护。数字化导览可以提供个性化的信息。通过识别游客的兴趣和需求，数字导览可以为他们提供定制的信息。例如，如果游客对鸟类观察感兴趣，导览系统可以提供相关的鸟类信息和观察点。这种个性化的信息传递可以更好地满足游客的需求，增强他们的参与感。

数字化导览可以与社交媒体互动。游客可以通过导览应用程序分享他们的参观经历、观点和照片。这种社交互动可以扩大环保信息的传播范围，引起更多人的关注。游客可以成为环保意识的传播者，通过分享他们的观点和体验来影响其他人。数字化导览可以与实际生态保护行动相结合。例如，游客可以通过导览应用程序获取信息，了解当地的生态问题，并得知他们可以采取什么行动来帮助解决这些问题。这种与实际行动结合的教育和参与可以在游客的心中留下更深刻的印象，使他们感到他们自己也可以为环保作出贡献。数字化导览可以追踪游客的反馈和行为。通过分析游客的互动和反馈数据，可以了解他们对环保信息的理解程度和兴趣。这有助于不断改进导览系统，使其更加有效地传达环保信息，并吸引更多游客参与环保活动。通过数字化导览和互动性体验，游客可以更好地理解和关注生态环境的重要性。这种教育和互动可以增强他们的环保意识，激发他们采取行动来保护环境。数字化导览不仅是一种教育工具，还是一种促进环保意识和行动的有效方式，有助于实现可持续的生态保护和文化传承。

（三）生态保护措施

在旅游目的地实施生态保护措施至关重要，以保护自然环境、野生动植物和生态平衡。这些措施不仅有助于维护目的地的美丽和可持续性，还能提供更持久的旅游体验，限制访问是保护旅游目的地生态系统的关键步骤。通过控制游客的数量和活动，可以减少对生态环境的冲击。例如，制定访问配额、预约系统和访问时间限制，以确保自然景点和保护区不被过度拥挤和破坏。这种限制访问的方法有助于减少生态足迹，保护敏感生态系统。垃圾处理是维护旅游目的地干净和可持续的关键。游客带来的垃圾和污染物对环境构成威胁，因此，需要建立有效的垃圾处理系统，包括设立垃圾桶、回收站、垃圾分类和垃圾清理队伍。教育游客关于垃圾处理的重要性也是不可或缺的一部分，以鼓励他们保持环境清洁。

野生动植物保护是保护生态系统和生物多样性的核心。旅游目的地应制定严格的规定，以保护当地的野生动植物免受滥捕捞、狩猎、栖息地破坏等威胁。建立保护区、野生动植物保护项目和生态监测体系是重要的一步。游客应被教育不干扰野生动植物，尊重它们的生存空间和生活习性。生态旅游教育也是生态保护的关键。通过向游客提供关于当地生态系统、野生动植物和可持续旅游的信息，可以增强他们的环保意识。这可以通过导游、信息中心、展览和互动体验来实现。生态旅游教育有助于游客更好地理解他们所参观的地方，形成对环境的尊重。

旅游目的地还应积极参与社区合作和可持续发展项目。通过与当地社区、非政府组织和政府部门合作，可以实施更广泛的生态保护措施。这包括改善基础设施、提供生计机会和支持当地经济，以减轻生态压力，同时促进社区的发展。政府和旅游业者的监管和执行是确保生态保护措施得以贯彻的关键。制定和实施法规、执行惩罚措施，以及进行定期检查和监测是必要的。旅游业者也应承担责任，采取措施确保游客遵守规定，同时积极参与生态保护工作。在旅游目的地实施生态保护措施是维护生态平衡和保护环境的重要措施。通过限制访问、垃圾处理、野生动植物保护、生态旅游教育、社区合作和监管执行，可以实现可持续的旅游业发展，同时保护自然环境和文化遗产。这种综合的生态保护方法有助于确保旅游目的地的可持续性，为今后的世代提供持久的旅游体验。

三、数字技术促进可持续旅游

数字技术在可持续旅游方面发挥了关键作用，它为旅游业的可持续发展提供了创新的解决方案，从多个方面推动了可持续旅游的实现。数字技术提高了旅游目的地的管理和资源利用效率。通过大数据分析和智能系统，旅游业者可以更好地了解游客的行为和需求，优化资源分配和管理。这有助于减少资源浪费，提高资源的利用效率，从而减小对自然和文化资源的不利影响。数字技术促进了可持续交通和出行。智能交通系统、共享出行平台、电动交通工具等技术帮助缓解交通拥堵、治理空气污染和降低碳排放。这有助于提高旅游的可持续性，降低了对环境的压力。

数字技术改善了旅游服务的可持续性。在线预订和支付系统、虚拟导览和智能客房设备等技术提供了更便捷的服务，减少了纸质文件和不必要的资源消耗。这有助于降低旅游业的碳足迹，推动可持续旅游的实现。数字技术还促进了文化遗产的保护和传承。数字化文化遗产的保存和虚拟现实技术允许游客深入了解历史和文化，而不会对物理遗产造成额外的磨损。这有助于保护珍贵的文化遗产，同时也为游客提供了更深入的文化体验。

数字技术还提高了对可持续旅游的传播和倡导。社交媒体和在线平台可以用于宣传可持续旅游的理念和实践，教育游客如何保护环境、尊重文化和社区，以及支持可持续旅游项目。这种倡导有助于提高游客的意识，促进了可持续旅游的实践。数字技术在可持续旅游方面发挥了关键作用，通过提高资源利用效率、促进可持续交通、改善旅游服务、推动文化遗产保护和传承，以及倡导可持续旅游理念，推动了可持续旅游的实现。数字技术不仅提高了旅游业的效益，还有助于保护和维护自然和文化资源，为未来的旅游业作出了重要贡献。

（一）游客管理和流量控制

数字技术在管理游客流量、减少过度拥挤并保护脆弱的生态环境方面发挥了关键作用。这些技术不仅有助于提高游客体验，还有助于可持续旅游的实现。

1. 智能门票系统

利用数字技术，目的地管理者可以实施智能门票系统，通过在线预订和电子门票的方式来分散游客流量。这样可以避免排队等待，缓解入口处的拥堵，优化游客体验。

2. 实时数据分析

利用实时数据分析工具，可以监测游客流量的变化和趋势。这些工具可以分析移动应用程序、Wi-Fi 连接、安全摄像头等数据，以帮助目的地管理者更好地理解游客的分布和活动，从而采取相应的措施来管理流量。

3. 电子地图和导航

为游客提供数字地图和导航应用程序，以帮助他们在目的地内找到最佳路线和景点。这有助于分散游客，避免拥挤的区域，同时提供更丰富的信息和体验。

4. 虚拟排队

利用手机应用程序，游客可以远程预订参观时间，而不是亲临现场等待。这种虚拟排队系统有助于缓解景点和设施周围的拥挤，提高游客满意度。

5. 传感器和监控

部署传感器和监控设备，以实时监测人群密度和环境状况。如果某个区域出现过度拥挤或环境问题，系统可以自动发送警报，帮助管理者迅速采取行动。

6. 大数据和预测分析

利用大数据分析和预测模型，可以预测游客的高峰期和低谷期，以便采取相应的措施，如增加服务、提供特别优惠、调整工作时间等。

7. 虚拟体验和增强现实

为游客提供虚拟旅游体验和增强现实导览，以分散他们的注意力，避免过度聚集在某个地点。这可以通过智能眼镜、手机应用程序或 AR 设备实现。

8. 可持续交通管理

利用数字技术来改善交通流动性，鼓励使用公共交通工具、共享出行和可持续出行方式。这有助于降低私人车辆流量，缓解交通拥堵和治理空气污染。

9. 环境监测

利用传感器来监测生态环境的参数，如空气质量、水质和土壤条件等。这有助于及时发现环境问题，保护脆弱的生态系统。

数字技术的应用在管理游客流量、减少过度拥挤和保护脆弱的生态环境方面具有巨大潜力。这些技术不仅提高了游客体验，还有助于实现可持续旅游的目标，确保旅游业的可持续发展，同时保护了目的地的自然和文化资源。数字技术的不断创新将进一步改善旅游业的管理和可持续性。

（二）电子支付和在线预订

电子支付和在线预订系统的广泛应用可以显著减少纸质文档的使用，从而减少环境影响。电子支付和在线预订系统消除了传统的纸质交易流程。在过去，旅行和购物等活动通常需要大量的纸质文档，如纸质机票、入住凭证、购物收据等。然而，电子支付和在线预订系统允许旅游者和消费者通过电子方式完成支付和预订，不再需要打印或接收纸质文档。这显著减少了纸张的使用，节省了资源。电子支付和在线预订系统提供了便捷的数字存档和访问方式。通过电子邮件、手机应用或在线账户，用户可以随时查看和检索其交易记录和凭证。这使用户能够更轻松地管理和存储交易信息，也减少了纸张的消耗。

电子支付和在线预订系统促使企业采用数字化和无纸化的经营模式。企业可以通过电子方式处理和存储交易数据，无需留存大量的纸质档案。这降低了企业的运营成本，同时减少了对纸张和印刷的依赖。电子支付和在线预订系统有助于降低运输和邮寄的需求。传统的纸质文件通常需要邮寄或传递给客户，这涉及纸张、信封、印刷和邮寄成本，同时也产生了碳排放。然而，电子支付和在线预订系统通过即时的电子交付方式，避免了这些成本和碳足迹。

电子支付和在线预订系统可以加强用户的环保意识。用户逐渐习惯于使用电子方式进行交易，认识到数字化的便捷性和环保性。这有助于推动更多人采用无纸化的方式来管理财务和旅行活动，从而进一步减少纸张的使用。政府和环保组织可以鼓励和支持电子支付和在线预订系统的推广。通过政策法规、奖励计划和宣传活动，可以鼓励企业和个人采用环保的数字支付方式，减少对纸质文档的需求。政府和环保组织还可以与行业合作，推动数字支付技术的发展，以降低其成本和提高可访问性。电子支付和在线预订系统的广泛应用为降低纸质文档的使用提供了强大的工具。通过消除传统的纸质交易流程、提供数字存档和访问方式、促使企业无纸化经营、减少运输和邮寄需求，以及加强用户的环保意识，我们可以实现环保的数字支付方式，减少对纸张的依赖，从而减少环境影响，促进可持续发展。这是一项有益于环境的重要举措，值得广泛推广。

（三）绿色交通和能源管理

推广绿色交通方式，如电动汽车和公共交通，是减少交通对生态环境污染的重要举措。这些可持续的交通方式有助于减少空气污染、降低碳排放、改善交通拥堵，并促进城市的可持续发展。推广电动汽车是减少交通污染的关键。电动汽车使用电能而不是燃油，因此不产生尾气排放，减少了空气污染和温室气体排放。政府可以通过提供购车补贴、建设充电基础设施、制定环保法规等方式鼓励人们购买电动汽车。同时，汽车制造商可以提高电动汽车的性能、降低价格，以增强市场吸引力。发展高效的公共交通系统对减少交通污染至关重要。公共交通不仅可以减少道路拥堵，还可以降低每人碳排放量。政府可以加大对公共交通基础设施建设的投资，扩建地铁、轻轨、电车和巴士网络，提高公共交通的便捷性并扩大其覆盖面。此外，提供负担得起的票价、提高服务质量、引入电动和混合动力公共交通工具等也是推广公共交通的方式。政府可以采取激励措施来减少私人汽车的使用。例如，实行拥堵费、高峰时段路权费，提高停车费用等，鼓励人们选择公共交通或其他绿色交通方式，以缓解交通拥堵。此外，政府还可以推广共享出行概念，如共享汽车、共享单车、电动滑板车等，以减少私人汽车拥有量。

鼓励非机动车出行也是减少交通污染的有效途径。建设自行车道、行人道和城市绿道，提供自行车租赁服务，制定鼓励非机动车通行的政策，如限制机动车通行区域和设立非机动车专用道，以鼓励人们选择更环保的出行方式。教育和宣传也是推广绿色交通方式的关键。政府和环保组织可以开展宣传活动，提高公众对绿色交通方式的认识，鼓励人们采取可持续的出行方式。教育机构可以加强交通环保教育，培养学生对环境保护的意识和责任感。

政府和企业可以合作制订绿色交通政策和可持续出行计划，包括鼓励远程办公、灵活工作时间、推广电动物流和物流共享等措施，以减少商业和物流领域的碳排放。推广绿色交通方式是减少交通对生态环境污染的紧迫任务。政府、企业和公众都可以采取行动，通过鼓励电动汽车的使用、发展公共交通、减少私人汽车使用、鼓励非机动车出行、教育宣传和政策合作等方式，共同努力减少交通污染，实现可持续出行和城市的可持续发展。这将为环境保护、健康和城市生活质量带来积极的影响。

第二节　社会责任与智慧旅游企业的角色

社会责任在智慧旅游企业中扮演着至关重要的角色。这些企业应当以社会责任为导向，不仅追求商业利润，还应当关注对社会、环境和文化的积极影响。智慧旅游企业应当推动可持续旅游发展。他们可以通过提供环保的旅游选择，减少碳足迹，鼓励游客采取可持续的出行方式，如公共交通或共享出行。此外，他们还可以支持当地社区的经济发展，提供就业机会，促进文化传承。社会责任要求智慧旅游企业关注游客的安全和福祉。他们应当提供实时的安全信息，协助游客在紧急情况下采取适当的措施。此外，他们还应当确保游客的隐私和数据安全，遵守相关法规和标准。智慧旅游企业还可以积极参与社会和文化项目。他们可以赞助文化活动和遗产保护项目，促进文化多样性的传承。此外，他们还可以与当地社区合作，支持社会公益事业，提高企业在社会中的声誉。

社会责任还包括道德经营和透明度。智慧旅游企业应当遵守商业道德，不从事欺诈、贪污或不当竞争行为。他们应当向利益相关者提供准确的信息，建立透明的沟通渠道，回应社会的关切和反馈。智慧旅游企业在创新方面也可以发挥积极作用。他们可以研发智能技术，帮助解决社会问题，如提供可访问旅游设施和服务，以确保残疾人和老年人的旅行体验。社会责任是智慧旅游企业的重要组成部分。它要求这些企业关注可持续发展、游客安全、社会文化、道德经营、创新等方面，以促进旅游业的发展，同时为社会和环境作出积极贡献。这种社会责任意识将有助于建立可持续、有益的智慧旅游生态系统。

一、智慧旅游企业的社会责任意识

　　智慧旅游企业的社会责任意识是当今旅游业中不可忽视的重要议题。这一意识涵盖了企业在经营过程中对社会、环境和社区的影响，以及其积极履行社会责任的努力。智慧旅游企业通过数字化技术推动可持续发展，将社会责任纳入其核心战略。这包括采用智能交通管理系统来减少交通拥堵和碳排放，利用大数据分析来优化资源利用效率，以及推广可持续旅游理念，促进对文化和自然资源的保护。这些努力有助于减少对环境的不利影响，同时也提供了更好的旅游体验。智慧旅游企业致力于数字化文化遗产的保护和传承。他们利用数字技术保存文化遗产，将其转化为数字形式，以便长期保存和传播。这种文化遗产的数字化不仅有助于保护珍贵的历史和文化，还为旅游者提供了深入了解目的地文化的机会，促进了跨文化的交流和理解。

　　智慧旅游企业通过社交媒体和在线平台，积极倡导社会责任理念。他们传播可持续旅游的理念，教育游客如何尊重环境、文化和社区，以及支持社会责任项目。这种倡导有助于增强游客的意识，推动他们更加负责任地旅行。智慧旅游企业还关注社区和社会的福祉。他们通过数字化技术提供就业机会，支持当地社区的经济发展。此外，他们积极参与社会项目，如教育、环保和慈善活动，回馈社会，促进社区的可持续发展。智慧旅游企业注重数据隐私和安全，确保客户的信息受到充分保护。他们遵循相关法规和伦理规范，采取措施保护客户的隐私权，防止数据泄露和滥用。这种数据隐私和安全意识有助于建立客户信任，维护企业的声誉。智慧旅游企业的社会责任意识在当今旅游业中至关重要。他们通过数字化技术推动可持续发展、文化遗产保护、社会责任倡导、社区发展和数据隐私保护，为旅游业的可持续发展和社会福祉作出了重要贡献。这种社会责任意识不仅有助于企业的长期成功，还有助于保护和改善我们的社会和环境。

（一）社会责任框架

社会责任框架和指南提供了企业在可持续经营方面的指导。联合国可持续发展目标（Sustainable Development Goals，SDGs）是全球性的议程，旨在解决贫困、不平等、气候变化等重大挑战。SDGs 共包含 17 个目标，从消除贫困和饥饿到促进良好健康和教育，企业可以通过将其业务战略与 SDGs 对应起来，来履行其社会责任。另一个重要的框架是国际劳工组织（International Labour Organization，ILO）的核心劳工标准，旨在确保工人权益和人权。这些标准包括禁止强迫劳动和童工，保护工人免受歧视，确保工人有合理的工作条件。全球报告倡议（Global Reporting Initiative，GRI）提供了企业报告社会和环境影响的指南。通过定期发布可持续发展报告，企业可以透明地传达其社会责任举措。

社会责任还涉及道德和伦理原则，如道德贸易和企业社会责任（Corporate Social Responsibility，CSR）原则。这些原则强调企业在供应链管理、环保、社区支持和消费者权益保护方面的职责。不同的社会责任框架和指南为企业提供了多样化的方法来界定和践行社会责任。通过整合这些框架，企业可以在经济、社会和环境等方面取得可持续的成功。

（二）环境可持续性

智慧旅游企业在追求盈利的同时，也应积极采取环保措施，以减少碳排放，降低对自然环境的不利影响。企业可以投资研发绿色技术，如电动交通工具和可再生能源设施，以替代传统的高碳排放交通和能源系统。此外，采用节能技术和智能能源管理系统，有助于降低能源消耗，减少碳足迹。智慧旅游企业可以通过优化物流和供应链管理，减少运输和物流过程中的能源浪费，降低碳排放。同时，采用循环经济原则，减少浪费和资源消耗，提高资源利用效率，有助于保护自然环境。企业还可以推广可持续旅游实践，鼓励游客参与保护自然环境的活动，增强他们的环保意识。通过提供环保教育和信息，企业可以帮助游客更好地理解自然生态系统的重要性，并鼓励他们采取可持续行为。智慧旅游企业应建立合作伙伴关系，与当地社区和环保组织合作，共同制订并实施保护环境的计划。这种合作可以加强企业的社会责任形象，并推动可持续旅游的发展。

智慧旅游企业应采取多种措施，包括投资绿色技术、优化物流和供应链、推广可持续旅游实践，以及建立合作伙伴关系，以减少碳排放，降低对自然环境的不良影响，为可持续旅游作出贡献。

（三）社会公益和社区支持

智慧旅游企业在参与社会公益活动方面发挥着积极的作用，通过支持当地社区的发展，改善居民生活，实现了社会责任的充分体现。智慧旅游企业可以为当地社区提供就业机会。这些企业通常需要具备各种各样的技能和专业知识，因此在当地招聘和培训员工，提供稳定的就业机会。这有助于降低失业率，提高居民的生活水平。这些企业可以通过合作与当地社区合作，提供培训和技能发展机会。这种合作有助于提高居民的职业技能，增加他们的就业机会，并提高他们的收入水平。此外，这些企业还可以设立奖学金、制订教育计划，支持当地居民获得更高质量的教育。

智慧旅游企业还可以支持社区基础设施的建设和改善。他们可以资助公共项目，如学校、医疗设施、公共交通系统和文化中心，以提高社区的生活质量。这种投资不仅改善了居民的生活条件，还提高了社区的吸引力，有助于提高旅游业的可持续性。这些企业可以积极参与社会公益活动，如环保项目、慈善捐款和志愿者工作等。通过投入时间和资源，他们可以改善当地环境，支持弱势群体，并提高社区的整体福祉。这种积极的社会参与有助于建立企业与社区之间的互信关系，增强企业的社会声誉。智慧旅游企业在参与社会公益活动方面发挥了积极的作用，通过为当地社区提供就业机会、支持技能发展、改善基础设施和积极参与慈善活动，改善了居民的生活。这种社会责任的体现有助于构建积极的企业形象，促进社区的发展和可持续旅游业的繁荣。

二、智慧旅游技术与社会问题的应对

智慧旅游技术与社会问题的应对紧密相联，它们为解决各种社会问题提供了有力的工具和方法。智慧旅游技术有助于提高旅游安全。通过视频监控、智能感应、报警系统等技术，旅游目的地可以更有效地监测和管理安全问题。这有助于减少事故、犯罪和突发事件等，提高了游客和居民的安全感。智慧旅游技术促进了环境保护。通过生态监测、数据分析和可持续管理系统等工具，旅游业者和政府可以更好地监管和保护自然资源。这有助于减少生态破坏、资源浪费和污染，实现可持续的旅游发展。

智慧旅游技术还改善了交通拥堵问题。交通管理系统、实时导航应用、智能交通信号等技术有助于优化交通流量和减少拥堵。这提高了城市的交通效率，减少了交通污染和时间浪费。智慧旅游技术提高了旅游目的地的管理效率。预订和支付系统、智能导览和智能客服等应用简化了旅游业务的运营和管理。这有助于提高企业的竞争力和服务质量，创造更多就业机会。智慧旅游技术也有助于解决文化保护和传承的问题。数字化文化资源、虚拟博物馆、在线文化教育等应用推动了文化的保存和传播。这有助于保护和传承文化遗产，促进了文化多样性发展。智慧旅游技术改善了旅游体验，有助于解决游客体验和满意度的问题。个性化推荐、互动体验、移动支付等应用提供了更便捷、丰富和满足游客需求的旅游体验。这有助于吸引更多游客，提高目的地的收入和声誉。智慧旅游技术与社会问题的应对密切相关，它们通过提高安全性、环境保护、交通管理、管理效率、文化传承、旅游体验等方面的能力，为社会问题提供了有益的解决途径。这些技术的应用有助于促进可持续的旅游发展，改善了社会问题的状况，提高了社会的整体质量和可持续性。

（一）信息透明度和消费者教育

智慧旅游平台通过整合各种旅游相关信息，实现信息透明度，帮助消费者作出环保和社会负责任的旅行选择。这些平台收集和提供有关目的地、交通方式、住宿、活动和餐饮的详细信息。这包括目的地的环境和社会影响评估，以及各种服务提供商的可持续性实践。智慧旅游平台还可以为消费者提供关于可再生能源使用、废物管理、水资源节约等方面的信息。这有助于消费者了解旅游活动对环境的潜在影响，并激励他们支持更环保的选择。

社会负责任方面，平台也可以提供有关当地社区的信息，包括文化遗产、社会项目和当地居民的参与。这有助于消费者了解他们的旅行如何支持和促进当地社区的可持续发展。智慧旅游平台通过提供详尽的信息，帮助消费者更好地了解他们的旅行选择对环境和社会的影响。这鼓励了更多的环保和对社会负责任的旅行决策，有助于推动旅游业朝着更可持续的方向发展。

（二）包容性旅游

智慧旅游可以在满足各种特殊需求游客的需求方面发挥重要作用。智慧旅游企业可以通过智能化的信息技术和应用程序，提供定制化的服务。例如，通过智能手机应用程序，残疾人士和老年游客可以获得有关无障碍设施、轮椅出租、医疗服务等信息，从而更轻松地规划和享受他们的旅行。智慧旅游可以提供虚拟旅游体验，使那些无法亲自前往旅游目的地的人也能享受旅游的乐趣。这种虚拟旅游可以通过虚拟现实和增强现实技术实现，为残疾人士和老年游客提供沉浸式的旅游体验，满足他们的旅游需求。智慧旅游还可以通过改进旅游设施和交通系统，提高无障碍性。例如，智能交通系统可以提供实时的交通信息，帮助残疾人士和老年游客更容易地在城市中导航。旅游景点和酒店也可以采用智能技术，提供无障碍入口、电梯、辅助设备等，以确保他们的舒适和安全。

智慧旅游企业可以培训员工，提高他们对特殊需求游客的敏感性和服务意识。这有助于创造一个友好和包容的旅游环境，使所有游客都感到受欢迎和尊重。智慧旅游可以通过提供定制化的服务、虚拟旅游体验、改进设施和培训员工，推动包容性旅游，满足各种特殊需求游客的需求，包括残疾人士和老年游客等。这有助于扩大旅游业的受众群体，提高旅游业的可持续性和包容性。

（三）食品安全和社会责任供应链

智慧旅游企业在确保食品安全和社会责任供应链方面扮演着重要角色，遵守可持续采购和生产原则，对于保障消费者的权益和社会可持续性至关重要。智慧旅游企业积极采取措施确保食品安全。他们通过建立质量管理体系、加强供应商审核和监督、增强食品安全意识等方式，保障旅游目的地的食品安全。这包括对食品供应链的全面追踪和溯源，以及采用创新技术，如区块链，来确保食品的来源和质量。智慧旅游企业积极关注社会责任供应链。他们与供应商合作，确保其遵守劳工权益、环保法规和可持续生产原则。通过定期审查和监测供应链，他们能够努力消除不道德或不合法的行为，维护社会责任。

可持续采购和生产原则在智慧旅游企业中得到广泛应用。他们积极寻找符合可持续性标准的产品和服务，包括采购来自可持续农业的食材、支持当地社区的产品和提供环保的旅游活动。这些做法有助于降低对环境的影响，促进可持续旅游发展。智慧旅游企业还积极倡导消费者参与可持续采购和生产。他们通过提供信息和教育，鼓励消费者选择符合可持续标准的产品和服务。这有助于培养消费者的可持续消费意识，推动市场向更可持续的方向发展。智慧旅游企业在确保食品安全和社会责任供应链方面发挥了积极作用，通过遵守可持续采购和生产原则，维护了消费者权益和社会可持续性。他们的努力有助于构建更加可持续和道德的旅游产业，为可持续发展目标的实现作出了积极贡献。

三、社会责任与品牌价值

社会责任与品牌价值在智慧旅游领域相互交融，共同塑造了旅游企业的声誉和市场地位。社会责任在智慧旅游中占据重要地位。旅游业对社会和环境有着广泛的影响，因此，旅游企业必须承担社会责任，促进社会公平和环境保护。数字技术和智慧旅游平台可以用来追踪和报告企业的社会和环境绩效。例如，企业可以使用智能设备来监测能源消耗、废物产生和碳排放，以减少对环境的负面影响。此外，企业还可以利用数字媒体和社交媒体与社会各界分享其社会责任举措，提高公众认知和信任度。社会责任有助于提升品牌价值。在智慧旅游时代，旅游者更加关注企业的社会责任表现。他们更愿意选择那些致力于社会和环境可持续发展的企业作为旅行伴侣。因此，积极参与社会责任的企业往往具有更强的品牌吸引力和竞争力。数字化平台可以为企业提供机会，通过数字营销和在线社交互动，传递其社会责任信息，强化品牌形象。

社会责任也涉及社区参与和经济发展。智慧旅游平台可以用来支持当地社区，提高其旅游产品和服务的可见性。社区参与有助于建立社区的经济利益，提高社会包容性，为当地居民提供就业和创业机会。这种社区参与有助于提高旅游目的地的可持续性，减小负面的社会影响。社会责任也需要企业面临一些挑战。实施社会责任举措可能需要更多的资源和成本，给企业经营带来一定的压力。此外，社会责任不仅是表面的形象，还需要企业真正履行承诺，确保社会和环境绩效的实际改善。社会责任与品牌价值在智慧旅游领域密切相关。数字技术和智慧旅游平台为企业提供了机会，通过积极履行社会责任，提高品牌价值，同时也促进社会公平、环境可持续性和社区经济的发展。只有在充分考虑社会责任的前提下，智慧旅游才能够在竞争激烈的市场中脱颖而出，建立可持续的品牌声誉。这是一个不断演进的过程，但也是值得追求的目标。

（一）品牌建设和声誉管理

智慧旅游企业将社会责任融入品牌建设，提高声誉和竞争力的途径多种多样。通过采用可持续的经营模式，如使用可再生能源和减少废物，企业展现出了对环境的承诺。这种环保实践赋予品牌可持续性的形象，吸引环保意识强烈的消费者。积极参与社会项目和慈善活动有助于建立企业的社会声誉。支持当地社区、提供教育和培训机会，企业可以树立社会责任的典范形象，赢得消费者的尊重。其中，透明度是关键，智慧旅游企业应公开展示其可持续性实践和社会贡献，使消费者能够深入了解其社会责任举措。这种透明度增加了信任，有助于品牌的长期发展。与其他社会责任相关的认证和奖项，如绿色认证和社会负责任奖，可以增加品牌的可信度和吸引力。这些荣誉证明了企业的承诺和卓越表现，提高了在竞争激烈的旅游市场中的竞争力。智慧旅游企业通过可持续经营、社会投入、透明度、认证等方式将社会责任融入品牌建设，提高声誉和竞争力，赢得了更多消费者的支持和忠诚。

（二）消费者期望和忠诚度

智慧旅游企业应积极履行社会责任，以满足消费者的期望，并提高客户忠诚度。企业可以采取可持续经营实践，减少环境影响。通过降低碳排放、资源管理和生态保护，企业可在客户心目中建立环保的形象，吸引关注可持续发展的游客。智慧旅游企业可以支持当地社区，提供就业机会，改善生活质量。这有助于建立企业与当地社区的积极关系，消费者对这种社会关怀抱有好感。企业可以通过建立合作伙伴关系，支持慈善组织和社会项目，以改善社会问题。这样的合作不仅为社会带来积极影响，还为企业赢得消费者的尊敬和信任。

智慧旅游企业应提供透明的信息和沟通渠道，向客户展示其社会责任举措，这可以通过网站、社交媒体和营销材料实现。透明度有助于建立消费者信任，提高客户满意度和忠诚度。总之，通过可持续经营实践、支持社区、合作伙伴关系和透明沟通，智慧旅游企业可以满足消费者对社会责任的期望，同时提高客户忠诚度。这种社会责任意识不仅有益于企业的声誉，还有助于吸引越来越注重社会和环境问题的消费者。

（三）投资者和股东利益

智慧旅游企业在满足消费者对社会责任的期望方面发挥了关键作用，从而提高客户忠诚度。为满足消费者的期望，这些企业采取了一系列措施，包括社会责任项目、可持续性倡议和透明的业务实践。智慧旅游企业积极参与社会责任项目，如环保、慈善和社区发展。他们通过支持当地社区、保护自然环境和改善社会福祉，展示了对社会的承诺。这种积极参与让消费者感到企业关心社会问题，增强了品牌形象，提高了客户忠诚度。可持续性倡议在智慧旅游企业中得到了广泛应用。他们努力减小环境影响，包括降低碳排放、节约能源、减少废物、采用可再生能源等。这种可持续性实践不仅有助于环保，还吸引了具有环保意识的消费者，提高了客户忠诚度。

透明的业务实践也是满足消费者期望的关键因素。智慧旅游企业通常公开其社会责任政策和实施情况，让消费者了解企业的价值观和承诺。透明度建立了信任，使消费者更倾向于选择那些积极履行社会责任的企业，从而提高了客户忠诚度。智慧旅游企业还积极倡导可持续旅游和社会责任消费。他们通过提供相关信息、教育和奖励计划，鼓励消费者选择符合可持续性标准的旅游产品和服务。这有助于培养消费者的可持续消费意识，同时提高客户忠诚度，因为消费者更愿意支持那些与他们的价值观一致的企业。智慧旅游企业通过参与社会责任项目、可持续性倡议、透明业务实践和倡导可持续旅游，积极满足了消费者对社会责任的期望，从而提高了客户忠诚度。这种社会责任的实践不仅对企业的长期成功至关重要，还有助于推动社会可持续性和环保意识的提升。

第三节　可持续发展理念在智慧旅游中的实践

可持续发展理念在智慧旅游中得到了广泛实践和推广。这一理念强调了旅游业在提供满足当前需求的同时，保护环境、促进社会公平和经济发展的责任。智慧旅游通过信息技术的应用，有力地支持了可持续发展的实践。智慧旅游有助于资源的有效管理。通过大数据分析和预测模型，旅游业可以更好地了解游客需求和旅游资源的利用情况。这使得资源能够更合理地分配，减小了浪费和过度开发的可能性，有助于保护自然环境的可持续性。智慧旅游提高了游客的参与和教育。通过移动应用和虚拟现实技术，游客可以更深入地了解目的地的文化、历史和环境，增强他们的文化和环境意识。这有助于促进游客的可持续旅游行为，例如，文化尊重和环境保护。

智慧旅游改善了旅游业的运营效率。自动化和数字化的系统使旅游企业能够更有效地管理和提供服务，降低了资源和能源的浪费。这有助于降低企业的成本，提高可持续性。智慧旅游促进了旅游业的社会责任。通过信息透明和社交媒体，旅游企业可以更容易地与社区和利益相关者合作，解决问题和回应关切。这有助于发展更加公平和可持续的旅游业态。智慧旅游在可持续发展理念的实践中发挥了关键作用。它通过资源管理、教育、运营效率和社会责任，推动了旅游业向更加可持续的方向发展。这种实践有助于实现可持续发展的目标，为旅游业的可持续发展作出了积极的贡献。

一、智慧旅游中可持续旅游规划

智慧旅游中的可持续旅游规划是旅游业迈向可持续发展的重要步骤。这种规划综合了数字技术、环境保护和社会责任，以确保旅游的长期可持续性和社会经济的繁荣。可持续旅游规划注重资源保护和管理。数字技术通过大数据分析和监测系统，帮助旅游业者了解资源的供需情况，避免过度开发和资源浪费。规划还包括了资源的合理分配和可持续利用，以确保资源不被耗尽，旅游目的地得以保护。可持续旅游规划着眼于交通和出行的可持续性。智慧交通管理系统和共享出行平台有助于缓解交通拥堵和降低碳排放，提高城市的可达性。规划中还包括了公共交通、步行和骑行设施的改善，以减少对私人汽车的依赖，提高城市的空气质量。

可持续旅游规划强调社区参与和受益。它鼓励旅游企业与当地社区合作，创造就业机会，支持当地手工业和文化传承。规划还包括了社区受益项目，如教育、健康和基础设施改善，以确保社区从旅游业的发展中获益。可持续旅游规划还涉及文化遗产的保护和传承。数字化技术用于保存文化遗产，将其数字化，以便长期保存和传播。规划中还包括了虚拟导览和文化体验，为游客提供深入了解文化的机会，同时减少对物理文化遗产的破坏。可持续旅游规划关注环境保护和生态平衡。它促进可持续的旅游活动，如生态旅游和农村旅游，以保护自然资源和生态系统。规划还包括了环境监测和紧急响应系统，以应对自然灾害和环境污染。智慧旅游中的可持续旅游规划是一项综合性的工作，旨在平衡旅游的经济、环境和社会效益。通过资源保护、交通可持续性、社区参与、文化遗产保护、环境保护等方面的策略，这种规划确保了旅游业的可持续发展，同时促进了社会和经济的可持续性。这是智慧旅游产业不可或缺的一部分，有助于塑造更具可持续性和责任感的旅游未来。

（一）可持续旅游原则

可持续发展的核心原则涵盖了环境、社会责任和经济可持续性。保护环境是关键，要最大限度地减少对生态系统的负担。这包括降低碳排放、保护生物多样性、有效管理自然资源和减少污染，以确保地球的可持续性。社会责任意味着满足人们的基本需求，包括教育、健康、安全和公平待遇。这要求消除贫困、不平等和歧视，促进包容性经济增长，支持社会公正和人权。经济可持续性是确保长期繁荣的关键。这包括建立具有竞争力的经济体系，支持创新和创业，同时保护自然资源，避免不可持续的开发模式。经济可持续性还需要关注全球经济的平衡和公平，以确保资源的公平分配和贫富差距的减小。可持续发展的核心原则是保护环境、履行社会责任和实现经济可持续性。这些原则共同指导规划和决策，旨在创造一个可持续、繁荣和公平的未来。

（二）智慧城市和旅游目的地规划

智慧城市概念和技术在规划旅游目的地方面有着巨大的潜力，可以提高资源利用效率和环境可持续性。通过智慧城市技术，旅游目的地可以实现智能化的城市规划和交通管理，包括智能交通信号、智能停车系统和公共交通优化，有助于缓解交通拥堵，降低碳排放，并提供更便捷的旅游体验。智慧城市概念可以促进能源效率。目的地可以采用可再生能源，如太阳能和风能等，来供应电力需求，并使用智能能源管理系统来优化能源使用。这有助于减少对传统能源的依赖，降低碳足迹。

智慧城市技术还可以改善水资源管理。通过智能化的水资源监测和管理系统，目的地可以更有效地利用水资源，减少浪费，并采取措施保护当地生态系统。智慧城市概念可以提高安全性和紧急情况响应。通过智能监控和通信系统，目的地可以更快速地应对突发事件，确保游客的安全，并降低环境灾害的风险。智慧城市概念和技术为旅游目的地提供了许多机会，可以提高资源利用效率和环境可持续性。这有助于创建更具吸引力和可持续性的旅游目的地，吸引更多游客，同时减小对环境的负面影响。

（三）数据驱动的决策

智慧旅游平台和大数据分析在可持续旅游规划中的作用至关重要。它们为决策者提供了强大的决策支持和监测工具，有助于实现可持续旅游的目标。智慧旅游平台汇集了大量的旅游数据，包括游客数量、活动类型、交通方式等信息。通过实时监测和数据分析，决策者可以了解旅游目的地的需求及其趋势。这有助于更好地规划资源分配，确保旅游活动与社区需求相符，减小对环境的不良影响。大数据分析可以帮助决策者识别潜在的可持续旅游机会和挑战。通过分析大数据，可以发现旅游业中的趋势，如热门旅游目的地、热门活动、旅游季节等。这有助于制定更具针对性的可持续旅游策略，提供更好的服务和体验。

智慧旅游平台和大数据分析还可以用于监测可持续旅游的实施效果。决策者可以通过数据分析来评估可持续旅游策略的影响，包括环境影响、社会影响和经济影响。这种实时监测有助于尽早发现问题并采取纠正措施，确保可持续旅游的目标得以实现。智慧旅游平台和大数据分析为决策者提供了决策支持工具，帮助他们制定更智能的可持续旅游策略。通过深入分析数据，决策者可以更好地理解旅游市场的动态，制定更有效的政策和措施，以促进可持续旅游的发展。智慧旅游平台和大数据分析为可持续旅游规划提供了决策支持和监测工具，有助于更好地理解旅游市场、识别机会和挑战、监测实施效果，从而推动可持续旅游的发展和实现可持续性目标。这种智能化的决策支持工具对于旅游业的可持续性至关重要，也有助于提高决策者对旅游业的敏感性和反应能力。

二、智慧旅游技术与环保实践

智慧旅游技术在环保实践中起到了至关重要的作用，它们有助于保护环境、可持续利用资源，并促进了对生态平衡的维护。智慧旅游技术支持生态监测和环境保护。通过传感器网络、卫星遥感和数据分析，我们可以实时监测气象、水质、土壤质量、植被覆盖等环境因素。这有助于尽早发现环境问题，采取措施来减轻对自然生态系统的不利影响。智慧旅游技术有助于资源管理和可持续发展。通过智能水电表、智能垃圾桶、能源管理系统等应用，可以有效控制资源的使用和浪费。这有助于减少资源浪费、提高资源利用效率，支持可持续的旅游业发展。智慧旅游技术还改善了交通管理，有助于减少环境污染。智能交通信号、实时导航、交通数据分析等技术可以缓解交通拥堵、减少车辆排放、改善空气质量。

智慧旅游技术提供了文化传承和环境教育的机会。虚拟导览、在线教育平台和文化体验应用可以传播环保理念和文化遗产的知识。这有助于提高公众的环保意识和行动，促进可持续的旅游实践。智慧旅游技术也有助于减少纸质材料的使用。电子门票、电子导览和数字化地图等应用降低了纸张和印刷的需求，减轻了旅游活动对森林资源的压力。智慧旅游技术提供了旅游目的地管理的工具。预订和支付系统、在线反馈和客户服务应用可以提高管理效率，降低了人工成本，减少了资源浪费。这有助于旅游目的地更好地管理游客流量和资源利用，保护环境。智慧旅游技术在环保实践中具有重要意义。它们通过生态监测、资源管理、交通改善、环保教育、减少纸质材料使用、管理效率提高等方式，有助于保护环境、可持续利用资源，并促进了生态平衡的维护。这些技术的应用不仅改善了旅游业的可持续性，还对整个社会的环保实践产生了积极影响。

（一）节能和碳减排

智慧旅游技术为优化能源使用和减少碳排放提供了强大的工具。智能建筑是其中一个关键领域。通过智能传感器和自动化系统，建筑可以实时监测和调整能源消耗，根据需求自动控制照明、暖通空调和电力的使用，最大程度地减少能源浪费。能源管理系统也是不可或缺的。这些系统整合了建筑内部的各种设备和系统，提供全面的能源使用数据和性能分析。这使管理者能够识别和解决能源效率低下的问题，并采取相应的措施，以减少不必要的碳排放。智慧旅游技术还能够优化交通和运输系统，减少碳排放。例如，智能交通管理系统可以协调交通流量，缓解拥堵，减少燃料浪费。电动交通工具和共享出行平台也为减少碳排放提供了可行的替代方案。

智慧旅游技术可以提高旅游目的地的可持续性。通过智能垃圾处理和废物回收系统，降低了废物的处理成本和环境影响。同时，智能水管理系统有助于有效利用水资源，减少浪费。总之，智慧旅游技术通过智能建筑、能源管理、交通优化、可持续资源管理等方式，为优化能源使用和减少碳排放提供了创新解决方案。这不仅有助于降低环境影响，还提高了旅游业的可持续性。

（二）废物管理和资源回收

智慧旅游平台可以成为有效的废物管理和资源回收计划的有力工具。平台可以提供实时的垃圾分类和回收信息，为游客提供清晰的指导。游客可以使用智能手机应用程序查找最近的垃圾桶和回收站，了解垃圾分类规则，并获取回收指南。这有助于增强游客的废物分类意识和积极性。智慧旅游平台可以允许游客反馈环境问题，如垃圾溢出或污染。这种反馈机制可以迅速响应问题，确保废物管理的及时性和高效性。平台可以集成物联网技术，用于智能垃圾桶监测。这些垃圾桶可以自动检测垃圾容量，并向相关部门发送通知，以及时进行垃圾清理和回收。这有助于减少垃圾堆积和环境污染。

智慧旅游平台还可以制订奖励计划，激励游客积极参与废物管理和资源回收。通过积分或奖励，游客可以受到鼓励，更积极地参与垃圾分类和回收活动，减少垃圾排放。智慧旅游平台可以通过提供信息指导、反馈机制、物联网技术和奖励计划，实施有效的废物管理和资源回收计划，从而减少垃圾排放，保护自然环境，为可持续旅游作出贡献。这种方法有助于创建更清洁和可持续的旅游目的地，提高游客满意度，同时减少对环境的不良影响。

（三）生态监测和保护

智慧旅游在监测生态系统的健康状况和采取措施保护野生动植物及自然景观方面发挥着关键作用。它为我们提供了强大的工具和数据，有助于更好地理解和保护自然环境。智慧旅游利用先进的监测技术，如卫星遥感和传感器网络，能够实时监测生态系统的状态。这些技术可以提供关于气候、水质、土壤质量、生物多样性等方面的数据。通过分析这些数据，决策者可以更准确地评估生态系统的健康状况，及早发现问题并采取措施。智慧旅游平台允许游客参与生态保护。游客可以通过移动应用程序报告野生动植物的观察结果、分享照片和记录状况。这有助于建立一个广泛的生态监测网络，提供更多的数据来支持野生动植物保护工作。

智慧旅游还可以用于提高游客的环保意识。通过信息传递、教育和互动体验，游客可以更好地理解生态系统的重要性，并学习如何采取可持续的旅游行为。这有助于减小游客对自然环境的负面影响，促进生态保护。智慧旅游还可以用于监测和管理游客流量，以避免对生态系统的过度游览。通过使用智能导航系统和预订管理工具，决策者可以控制游客的数量和分布，以保护自然景观和减小生态压力。智慧旅游是保护生态系统和野生动植物以及自然景观的有力工具。它通过监测技术、游客参与、环保意识、游客流量管理等方面的创新，帮助我们更好地保护自然环境，实现可持续旅游的目标。这种综合性的方法有助于确保生态系统的健康，提供了更好的自然旅游体验，同时促进可持续发展。

三、社会责任与社区发展

社会责任与社区发展在智慧旅游领域息息相关，它们共同构筑着可持续旅游的基石。社会责任是智慧旅游的核心价值之一。旅游业对社区和社会经济产生广泛影响，因此，旅游企业有义务承担社会责任，为社区和当地居民提供支持和机会。数字技术和智慧旅游平台为企业提供了实施社会责任举措的新途径。例如，企业可以使用数字化平台来支持当地社区，提高其旅游产品和服务的可见性。这有助于增加社区的收入和就业机会，促进社会发展。社会责任有助于社区的发展和改善生活质量。通过积极参与社会责任活动，旅游企业可以改善社区基础设施、教育、医疗和文化资源。这有助于提高社区居民的生活质量，增加他们的社会福祉。智慧旅游平台可以用来协调社会责任活动，提供信息和资源，促进企业与社区的合作。社会责任也包括文化和环境的保护。旅游企业应当尊重和保护当地文化和文化遗产，以防止文化冲突和文化侵蚀。此外，企业还需要采取措施来减小对环境的不利影响，如提高能源效率、废物管理和降低碳排放。数字技术可以用来监测和报告企业的文化和环境绩效，确保社会责任的实际履行。

实施社会责任也可能面临一些挑战。企业需要投入时间和资源来开展社会责任活动，这可能对经营带来一定的成本压力。此外，社会责任需要持续的努力和承诺，而不仅是表面形象。社会责任与社区发展是智慧旅游的重要组成部分。数字技术和智慧旅游平台为企业提供了实施社会责任举措的新途径，有助于促进社区发展、改善生活质量、保护文化和环境。只有在充分考虑社会责任的前提下，智慧旅游才能够在可持续发展的道路上前进，为社区和旅游业带来更多的好处。这是一个需要共同努力的目标，但也是值得追求的目标，将为旅游业的可持续发展带来长期收益。

（一）社会责任项目

智慧旅游企业积极参与社会责任项目，致力于支持社区发展和改善当地居民生活。他们与当地社区建立合作伙伴关系，了解当地需求。通过开展需求分析，企业可以精确地确定项目的方向和重点，以确保项目对社区有实际价值。企业投资于教育和培训项目，提供居民技能培训和职业机会。这不仅有助于增加当地居民的就业机会，还提高了他们的生活质量和社会经济地位。智慧旅游企业支持可持续农业和手工艺品产业，鼓励当地居民创业和增加收入来源。这有助于提高社区的经济状况，降低贫困率，并促进可持续发展。

还有一些企业积极参与环保项目，如生态保护和资源管理。通过保护自然环境和生态系统，企业有助于维护社区的生活质量和生态平衡。智慧旅游企业在项目的执行过程中积极与社区互动，听取反馈，并根据需要进行调整。这种参与性方法有助于确保项目的可持续性和社区满意度。智慧旅游企业通过与社区紧密合作，开展教育、培训、就业、经济和环境项目，积极参与社会责任项目，为社区发展和当地居民的生活改善作出了积极贡献。

（二）文化保护和尊重

智慧旅游平台可以成为尊重当地文化和传统、保护文化遗产的有效工具。平台可以提供有关当地文化和传统的教育和信息，向游客传达尊重和理解的重要性。这有助于增加游客对当地文化的认知，并激发他们的文化兴趣。智慧旅游平台可以推广文化活动和体验，如传统音乐、舞蹈和工艺品制作等。这些活动可以在平台上预订和安排，为游客提供深入了解当地文化的机会，并为当地居民提供经济支持。平台可以促进文化交流和互动。游客可以使用平台上的社交功能与当地居民交流，分享文化体验，从而促进跨文化理解和友谊的建立。

智慧旅游平台可以强调文化遗产保护的重要性。平台可以提供信息和建议，指导游客如何在参观文化遗产时尊重规定和限制。这有助于减少对文化遗产的破坏和滥用。智慧旅游平台可以通过提供文化教育、推广文化活动、促进文化交流和加强文化遗产保护的信息，尊重当地文化和传统，保护文化遗产。这有助于构建更加受尊重和可持续的旅游环境，促进文化的传承和多样性，同时优化游客的文化体验。

第七章
智慧旅游的市场竞争与合作

第一节　智慧旅游企业的竞争策略

　　智慧旅游企业的竞争策略主要包括创新产品与服务、个性化客户体验、合作伙伴关系和可持续发展。创新产品与服务是关键。智慧旅游企业必须不断推出新的技术解决方案和服务，以满足不断变化的市场需求。这包括开发虚拟现实导游、智能预订系统、智能旅行行程规划、自动化客户服务等创新产品，为客户提供更好的体验。个性化客户体验至关重要。通过数据分析和人工智能技术，智慧旅游企业可以深入了解客户的需求和偏好，然后提供个性化的推荐和服务。这种定制化体验增加了客户忠诚度，提高了满意度，并促使客户再次选择企业。

　　合作伙伴关系也是竞争策略的一部分。与其他旅游业者、技术提供商和政府机构建立紧密的合作伙伴关系有助于分享资源和知识，扩大市场影响力。共同开发新的解决方案和服务，使企业更有竞争力。可持续发展是关键竞争策略。智慧旅游企业需要关注环保和社会责任，采取措施减小环境影响，支持当地社区，并提供可持续的旅游选择。这不仅有助于塑造企业的良好声誉，还满足了越来越多的游客对可持续旅游的需求。智慧旅游企业要在竞争激烈的市场中取得优势，需要不断创新产品与服务，提供个性化客户体验，建立合作伙伴关系，同时注重可持续发展。这些策略将有助于满足不断变化的市场需求，提高企业竞争力，以获得长期成功。

一、市场定位与客户体验

市场定位与客户体验是智慧旅游领域中至关重要的元素，它们相互交织，共同塑造了旅游企业的竞争优势和客户忠诚度。市场定位是智慧旅游成功的关键。企业必须精确识别目标市场，了解客户需求和偏好，以便为他们提供有针对性的产品和服务。数字技术和智慧旅游平台提供了强大的市场分析工具，可以帮助企业更好地了解市场趋势和竞争对手表现。通过数据分析，企业可以精准地定位市场细分，制定差异化战略，满足不同客户群体的需求。客户体验是智慧旅游的核心。旅游体验在客户决策和忠诚度方面起着至关重要的作用。数字技术和智慧旅游平台可以用来改善客户体验，提供个性化的服务和互动。例如，智能设备和应用程序可以提供导航、推荐、预订和付款功能，使客户的旅行更加便捷和愉快。此外，客户也可以通过社交媒体和在线评价分享他们的体验，为其他旅游者提供有用的信息。

客户体验也包括文化和文化遗产的体验。数字化文化遗产的呈现使客户能够更深入地了解目的地的历史、文化和艺术。虚拟现实和增强现实技术可以为客户提供沉浸式的文化体验，使他们能够亲身体验文化活动和传统。市场定位和客户体验也面临一些挑战。市场定位需要准确的市场研究和数据分析，以确保企业的定位策略有效。客户体验需要不断地创新和改进，以满足不断变化的客户需求。市场定位与客户体验是智慧旅游的核心竞争优势。数字技术和智慧旅游平台为企业提供了工具和机会，通过精准的市场定位和个性化的客户体验，提高客户满意度和忠诚度。只有在充分考虑市场和客户的需求的前提下，智慧旅游才能够在竞争激烈的市场中脱颖而出，实现可持续的成功。这是一个不断发展和演进的过程，但也是一个至关重要的目标，将为旅游业带来长期的繁荣。

（一）确定目标市场

智慧旅游企业的成功与其能否明确定位目标市场密切相关。这一过程的关键在于深入市场研究和分析，以深刻理解目标客户的需求、喜好和行为。企业需要识别潜在客户群体，包括他们的地理位置、年龄、性别、职业和收入水平。这有助于确定最具潜力的市场细分。深入了解客户需求是至关重要的。通过市场调查和消费者反馈，企业可以确定客户的旅行偏好，包括目的地、活动、住宿和交通方式。这有助于企业为客户提供个性化的旅行体验，提高客户满意度。了解客户行为也非常重要。通过分析客户的购买模式、旅行周期和预算，企业可以制订针对性的营销策略和产品优化计划，这有助于提高销售效率，降低成本，增强市场竞争力。

市场研究和分析应是持续的过程，以保持对市场趋势和客户需求的敏感性。企业需要不断更新和调整自己的目标市场策略，以适应市场变化和客户的变化需求。综上所述，明确定位目标市场是智慧旅游企业成功的基础，市场研究和分析是实现这一目标的关键步骤。通过深入了解客户，企业可以更好地满足他们的需求，提高市场竞争力，实现长期的商业成功。

（二）个性化客户体验

智慧旅游企业运用数据分析和人工智能技术，实现了个性化的旅游体验，这为客户提供了独一无二的旅行感受。通过分析客户的旅游历史、兴趣爱好、社交媒体活动、搜索记录等数据，企业能够精准地了解客户的需求和喜好。这种数据分析不仅使企业能够为客户提供个性化的旅游建议，还能够优化行程规划。根据客户的时间、预算和兴趣，企业可以智能地安排旅行活动，确保客户能够充分享受旅行，而不会错过他们最感兴趣的景点和活动。智慧旅游企业还可以通过人工智能技术来定制各种服务，这包括个性化的餐饮建议、特殊需求的交通安排、定制的导游服务等，这些定制服务提高了客户的满意度，使他们感到被照顾和重视。数据分析和人工智能技术使智慧旅游企业能够为客户提供个性化的旅游体验。这种个性化不仅提高了客户的满意度，还增加了客户忠诚度，并有助于企业提供更具竞争力的产品和服务。个性化旅游体验已成为吸引和保留客户的重要策略，使企业在竞争激烈的旅游市场中脱颖而出。

二、技术创新与数字化转型

技术创新与数字化转型在智慧旅游领域扮演着至关重要的角色，它们推动了整个行业的发展，优化了旅游体验，同时也改变了旅游业的商业模式和运营方式。技术创新为智慧旅游带来了全新的体验。虚拟现实和增强现实技术使游客能够沉浸在虚拟世界中，体验前所未有的冒险和文化活动。这扩展了旅游的边界，让游客能够亲身体验世界各地的奇妙之处。数字化转型提高了旅游的便捷性和个性化。在线预订、电子门票、移动支付等应用使游客能够轻松规划和支付旅行，减少了纸质文件的烦琐。个性化推荐和定制化旅行建议也提供了根据游客兴趣和需求定制旅行的机会，增加了满意度。

技术创新还推动了旅游业的营销和推广，社交媒体、在线评论、虚拟导览等工具使游客能够分享自己的旅行经历和观点。这种口碑传播有助于吸引更多游客，提升了目的地的知名度。数字化转型还改变了旅游企业的运营方式。大数据分析和人工智能技术可以帮助企业了解游客的需求和行为，优化产品和服务。同时，数字化渠道也扩大了市场范围，增加了销售机会。技术创新和数字化转型有助于环境保护和可持续旅游。在线导览和移动应用可以减少印刷宣传材料的需求，降低了环境负担。智能交通管理系统和节能设施也有助于减少资源消耗和环境污染。

技术创新与数字化转型推动了旅游业的全球化。在线预订和在线支付等应用使游客能够轻松穿越国界，体验不同文化和风景。这有助于促进国际旅游业的合作和发展。技术创新与数字化转型是智慧旅游行业的关键推动力量。它们带来了新的体验、提高了便捷性、改变了运营方式、促进了环保实践、推动了全球化，为旅游业的可持续发展开辟了新的前景。这一趋势将继续塑造旅游业的未来，为游客提供更丰富、个性化和可持续的旅游体验。

（一）采用先进技术

智慧旅游企业应积极采用最新的技术，如人工智能、大数据分析、区块链、虚拟现实等，以提高运营效率和客户体验。人工智能可以用于自动化客户服务，通过智能聊天机器人和虚拟助手，提供实时帮助和信息，提升客户满意度。大数据分析能够帮助企业更好地理解客户需求及其趋势。通过分析海量数据，企业可以制定更具针对性的市场营销策略，优化产品和服务，提高销售效率。区块链技术有助于提高安全性和透明度。在支付和数据管理方面，区块链可以降低风险，降低诈骗和数据泄露的可能性，从而增强客户信任。

虚拟现实技术可以增强客户体验。通过虚拟现实游览和实时互动，客户可以更深入地了解旅行目的地和体验，提前制订旅行计划，增加旅行的乐趣和满足感。物联网技术可以用于智能设备和物品的连接，提供更便捷的旅行体验。例如，智能门锁和无线支付系统可以提高住宿体验的安全性和便捷性。采用最新技术有助于智慧旅游企业提高运营效率和客户体验。这不仅有助于企业在竞争激烈的市场中脱颖而出，还能满足现代旅客对便捷性、安全性和个性化的需求，实现长期的商业成功。

（二）移动化和无缝体验

智慧旅游企业充分利用移动应用和在线预订系统，为客户提供了一体化的旅游体验，使整个旅程更加便捷和高效。通过这些平台，游客可以在一个统一的界面上完成旅游计划和安排。游客可以使用移动应用和在线预订系统轻松地预订机票、酒店和交通服务。这消除了烦琐的预订过程，节省了时间和精力。而且，系统通常提供了多种选择，以满足不同预算和偏好的客户需求。

这些平台提供了实时的旅行信息和导航功能。客户可以随时查看航班信息、酒店位置和当地景点。这有助于更好地计划行程和避免不必要的延误。移动应用和在线预订系统通常支持在线支付，为客户提供了更多的支付选择，包括信用卡、电子钱包和移动支付。这简化了支付流程，增加了便利性。

这些平台还提供了客户支持和紧急联系信息，以解决可能出现的问题或应对突发事件。这增强了客户的安全感和信任。移动应用和在线预订系统为智慧旅游企业提供了一个完整的旅游体验生态系统，使客户能够在一个平台上轻松地规划、预订、导航和支付旅行服务。这种一体化的体验提高了客户的满意度，增强了企业的竞争力，同时也为客户提供了更多便利和更高的效率。

三、可持续发展与社会责任

可持续发展与社会责任在智慧旅游领域之间形成了紧密的联系，它们共同构建了一个更加可持续和有意义的旅游未来。可持续发展是智慧旅游的核心理念之一。智慧旅游通过数字技术和数据分析，提高了资源的利用效率，减少了浪费，有助于降低对自然资源的过度消耗。同时，它通过推动可持续交通和出行，减少了交通拥堵和碳排放，有助于保护环境和减缓气候变化。这种可持续性的追求与社会责任紧密相连，旨在确保旅游业的发展不会对环境造成不可逆转的破坏。社会责任在智慧旅游中扮演着关键角色。旅游企业越来越关注社区的需求和福祉，他们通过与当地社区合作，支持社区发展项目，创造就业机会，提高当地居民的生活质量。同时，智慧旅游鼓励对文化遗产的保护和传承，尊重当地文化和社会价值观，确保游客的行为不会对社区造成不利影响。这种社会责任意识有助于旅游业更好地融入当地社区，建立长期的共赢关系。

可持续发展和社会责任推动了数字化文化遗产的保存和传播。智慧旅游通过数字技术，将文化遗产转化为数字形式，以确保其长期保存和传播。这不仅有助于保护珍贵的历史和文化，还为游客提供了深入了解目的地文化的机会，促进了文化多样性的传承。可持续发展和社会责任的实践有助于智慧旅游企业建立良好的声誉和品牌形象。旅游者越来越倾向于选择那些关注可持续性和社会责任的企业和目的地，他们更愿意支持那些积极参与社会项目、尊重文化和环境的旅游企业。因此，智慧旅游企业通过积极履行社会责任，不仅有助于可持续发展，还有助于吸引更多的游客和投资。可持续发展与社会责任在智慧旅游中相互交织，共同塑造了一个更加可持续、文化丰富和社会责任感强烈的旅游业。它们不仅有助于保护环境、促进社区发展和文化传承，还为旅游者提供了更有价值和更有意义的旅游体验。这种综合性的理念为智慧旅游的可持续未来奠定了坚实的基础。

（一）可持续旅游

智慧旅游企业应积极采取可持续发展措施，以满足越来越关注可持续旅游的客户需求。降低环境影响是至关重要的。企业可以降低碳排放，采用可再生能源和能源效率技术，减少废物产生和资源浪费。这不仅有助于保护自然环境，还提高了企业的可持续性。支持当地社区是不可或缺的。智慧旅游企业可以通过与当地社区合作，提供经济机会，支持小企业和当地手工艺品产业，促进可持续经济增长。这有助于改善当地居民的生活质量，减少贫困。文化保护也是重要的一环。企业可以促进文化交流和保护，鼓励游客尊重当地文化和传统。这有助于维护文化遗产，保持社区的独特性。

智慧旅游企业还可以提供可持续旅游的教育和倡导，帮助游客更好地理解可持续旅游的重要性。通过提供信息和资源，企业可以培养客户的环保意识，促使他们在旅行中作出更可持续的选择。智慧旅游企业应积极采取可持续发展措施，降低环境影响，支持当地社区和文化保护，以满足日益关注可持续旅游的客户需求，这不仅有助于企业在竞争激烈的市场中脱颖而出，还能推动旅游业朝着更可持续的方向发展，造福社会和环境。

（二）社会责任与透明度

企业的积极参与社会责任活动对于建立可持续的商业模式至关重要。慈善捐赠是一种表达企业社会意识和关怀的方式。通过捐款和资源投入，企业可以支持慈善组织、社会项目和灾难救援工作，帮助那些需要帮助的人，同时提升企业的社会形象。教育支持也是企业社会责任的重要方面。企业可以提供奖学金、教育资源和培训机会，促进教育的普及和提高，从而为社会的未来发展培养有潜力的人才，这有助于提高社会的整体素质和竞争力。

企业可以积极参与社区发展。通过合作、投资和项目支持，企业可以改善当地社区的基础设施、生活质量和可持续发展，这有助于建立更稳固的社区关系，同时也为企业提供了更广阔的市场。提供透明的信息和定价政策是增强客户信任的关键。企业应公开信息，如产品质量、生产过程和社会责任举措，以展示透明度和诚信。此外，公平和明确的定价政策有助于使客户感到信任，减少不必要的疑虑和争议。积极参与社会责任活动，包括慈善捐赠、教育支持和社区发展，以及提供透明的信息和定价政策，有助于建立可信赖的企业形象，提高客户满意度，同时也为社会和企业的可持续发展作出积极的贡献。这种社会责任意识已经成为企业成功不可或缺的组成部分。

第二节 产业链合作与创新

产业链合作与创新紧密相连，相互促进着企业和产业的发展。在现代经济中，合作已经成为创新的关键驱动力之一。产业链合作促进了资源共享和互补。企业可以与供应商、分销商和合作伙伴合作，共同利用各自的专业知识和资源，降低成本、提高效率。这种合作可以推动创新，例如，新产品的开发或生产过程的改进。合作也有助于市场拓展。企业可以与其他企业合作，共同进军新的市场或扩大现有市场份额。这种合作可以提供更广泛的渠道和客户群体，促进销售增长和创新。创新也可以通过产业链合作来实现。不同企业之间的协同合作可以促进新技术、产品和服务的开发。例如，合作伙伴可以共同研究和开发先进的技术，以满足市场需求。

产业链合作有助于共同应对市场竞争和风险。企业可以与合作伙伴分享市场信息和竞争对手情报，共同应对市场挑战。这种合作可以增强企业的竞争力，减少风险。合作鼓励企业创造更多的价值。企业可以通过合作与其他企业建立长期关系，共同追求创新和效益，从而为整个产业链创造更多的价值。产业链合作与创新相辅相成，对企业和产业的发展至关重要。它推动资源共享、市场拓展、技术创新、竞争应对和价值创造，为经济增长和可持续发展提供了有力支持。这种合作模式将继续推动产业的进步和创新。

一、产业链合作

智慧旅游中的产业链合作是推动整个行业发展的关键要素之一。在这个快速发展的领域，各个参与方需要共同努力，以实现创新、提升效率和提供更好的服务。旅游目的地和景点需要与技术提供商合作，以建立智慧旅游基础设施，包括智能传感器、无线网络、云计算、物联网设备等技术的部署。技术提供商提供了必要的硬件和软件解决方案，以支持目的地的数字化转型。这种合作可以帮助提高游客的体验，提供更多的便利和互动性。旅游企业需要与数字化平台和应用程序开发者合作，以提供更多的智慧旅游服务，包括在线预订、导航、推荐、付款、反馈等功能。数字化平台开发者通过开发用户友好的应用程序，使旅游者能够更方便地规划和管理他们的旅行。这种合作有助于提高客户满意度，增加客户忠诚度。

旅游企业还需要与数据分析和人工智能公司合作，以利用大数据和智能技术来优化业务运营。数据分析可以帮助企业了解客户需求和市场趋势，从而更好地定位市场和提供个性化的服务。人工智能可以用来改善客户服务，例如，虚拟助手和自动化客户支持。这种合作有助于提高效率和降低成本。旅游业还需要与政府和非营利组织合作，以推动智慧旅游的可持续发展。政府可以提供政策支持和法规指导，以确保数据隐私和安全。非营利组织可以提供环保和社会责任的建议和支持，以促进可持续旅游实践。这种合作有助于确保智慧旅游的发展是在法律法规和社会责任的框架内进行的。

产业链合作是智慧旅游发展的关键驱动力。它涉及多个参与方，包括旅游目的地、技术提供商、数字化平台开发者、数据分析公司、政府和非营利组织。只有通过合作，各方才能充分发挥自己的优势，共同激发智慧旅游的潜力，提高服务质量，促进可持续发展，为旅游者提供更丰富的体验。这是一个复杂而协同的过程，但也是一个值得追求的目标，将推动智慧旅游行业不断向前发展。

（一）供应链协同

在产业链的上游和下游，企业可以与供应商和分销商建立紧密的协作关系，包括共享信息、规划生产和库存管理，以降低成本、提高效率，并确保提供高质量的产品和服务。上游合作意味着与供应商的紧密联系，以确保及时供货、降低原材料成本，并提高生产效率。这有助于降低企业生产成本，提高竞争力。下游合作涉及与分销商的密切合作，以确保产品及时送达客户手中，降低库存成本，并提供高水平的客户服务。这有助于提高客户满意度，增加市场份额。综合来看，上下游合作关系对于企业在产业链中的成功至关重要，有助于降低成本、提高效率，并确保产品和服务的质量，进而增强竞争力。

（二）跨界合作

不同企业在产业链中可以通过跨界合作实现创新，共同开发新产品、服务和市场机会，以适应不断变化的市场需求，举例来说，汽车制造商与技术公司之间的合作是一个典型的跨界合作案例。汽车制造商将传统的汽车制造与最新的技术整合，推出了自动驾驶汽车，以满足未来出行的需求。

这种合作带来了多方面的益处。汽车制造商获得了技术公司的专业知识和创新能力，使他们能够开发更先进的汽车技术。技术公司的专业知识可以用于自动驾驶技术、人工智能、数据分析等领域，从而改进汽车的性能和功能。技术公司也受益于这种合作。他们可以将他们的技术应用于汽车领域，开拓新的市场机会。这为技术公司提供了更广泛的客户基础和销售渠道。合作还有助于创造更好的用户体验。自动驾驶汽车的出现提供了更便捷和安全的出行方式，提高了消费者的出行体验，从而增加了市场需求。不同企业之间的跨界合作有助于创新和提高竞争力。这种合作可以汇聚各方的资源和专业知识，共同开发新产品和服务，满足市场不断变化和升级的需求。这种合作模式已经在许多产业中得到应用，为企业和消费者带来了积极的效果和影响。

二、技术创新

技术创新在智慧旅游领域发挥着关键作用，不断推动着行业的发展和变革。这些创新不仅提升了游客体验，还改变了旅游业的商业模式和运营方式。技术创新丰富了旅游目的地的内容和体验。虚拟现实和增强现实技术为游客提供了沉浸式的体验，使他们能够亲身感受到不同地方的文化、历史和自然景观。这些技术带来了新的旅游活动和景点，吸引了更多游客。技术创新提高了旅游的便捷性和个性化。在线预订、移动支付和电子导览应用使游客能够更轻松地规划和支付旅行。个性化推荐和智能导航系统为游客提供了根据兴趣和需求定制旅行的机会，增加了满意度。

技术创新也改变了旅游企业的运营方式。大数据分析和人工智能技术使企业能够更好地了解游客的需求和行为，优化产品和服务。在线销售渠道和社交媒体营销也拓展了市场范围，增加了销售机会。技术创新有助于提升旅游目的地的安全性。视频监控、智能感应和安全警报系统可以帮助管理者监测和管理安全问题。这有助于减少事故、犯罪和突发事件，提高了游客和居民的安全感。技术创新促进了环保实践和可持续旅游。在线导览和移动应用可以减少印刷宣传材料的需求，降低了环境负担。智能交通管理系统和节能设施也有助于减少资源消耗和环境污染。技术创新是智慧旅游行业的关键推动力量。它丰富了旅游体验、提高了便捷性、改变了运营方式、增强了安全性、促进了环保实践，为旅游业的可持续发展带来了新的机遇和挑战。随着技术创新不断发展，智慧旅游将继续吸引更多游客，创造更多价值，为行业的未来开辟更广阔的前景。

（一）研发投资

企业必须不断为研发投入资金，以适应市场需求的不断变化，这包括积极研究新技术、不断改进产品和提高服务性能。通过持续的研发，企业能够保持竞争力并实现长期增长。研究新技术对于保持技术领先地位至关重要。这可以涵盖新材料、制造工艺、数字化技术等方面。通过紧跟科技创新，企业可以推出更具创新性的产品和服务，满足不断演变的市场需求。不断改进产品是确保客户满意度的关键。消费者期望产品具有更高的质量、更好的功能和更多的价值。通过持续的产品改进，企业可以保持竞争力，留住现有客户，并吸引新客户。性能优化是提高效率和降低成本的关键。通过提高生产流程效率、优化资源利用和减少废物，企业可以降低成本，提高竞争力。总之，研发投入是企业持续成功的关键因素，有助于满足市场需求的变化，保持竞争力，提高产品和服务质量，并实现长期增长。

（二）数字化转型

数字化技术如大数据分析、人工智能和物联网为企业带来了巨大的机会，能够显著提高生产效率、提升客户体验和支持业务决策。然而，要充分发挥这些技术的潜力，企业需要积极采用并整合它们。大数据分析使企业能够深入了解市场趋势、客户需求和产品性能。通过收集和分析大量数据，企业可以更准确地预测市场走势、优化产品设计、提高生产效率、降低成本。人工智能技术可以自动化任务、提供个性化服务并增强客户体验。智能机器人和虚拟助手可以处理常规任务，释放人力资源。个性化推荐和客户支持系统可以增强客户互动，提高满意度。

物联网将物体连接到互联网，使企业能够实时监测和管理设备和资产。这有助于预防故障、提高资源利用效率，并加强供应链管理。整合这些技术需要全面的数字化战略和投资计划。企业需要建立适当的基础设施、培训员工，并确保数据隐私和安全。同时，不同技术的集成需要良好的协调和管理，以确保它们能够协同工作，为企业创造最大的价值。数字化技术如大数据分析、人工智能和物联网为企业提供了卓越的机会，但要充分发挥潜力，企业需要积极采用并整合这些技术，制定明确的数字化战略，为提高生产效率、客户体验和业务决策提供有力的支持。这将使企业在竞争激烈的市场中保持竞争力，并实现可持续增长。

三、市场创新

市场创新在智慧旅游领域扮演着至关重要的角色。它涵盖了产品、服务、营销、技术、商业模式等多个方面，为旅游业带来了前所未有的机会和挑战。市场创新通过数字技术提供了新的旅游产品和服务。智能手机应用程序、虚拟现实体验、无人机导游等创新性产品正在改变游客的旅游体验。这些新产品不仅增强了旅游的乐趣，还提供了更加便捷和个性化的服务，满足了游客不断变化的需求。市场创新改变了旅游的营销和推广方式。社交媒体、内容营销、数据驱动的广告、在线预订平台等新兴渠道和策略正在取代传统的广告和宣传方式。这种创新性的市场推广不仅增加了目的地和旅游产品的曝光度，还能够实现精准定位，吸引特定受众群体的关注。

市场创新推动了智慧旅游技术的发展。物联网、大数据分析、人工智能、区块链等技术的应用正在为旅游业带来新的机会。例如，智能交通管理系统可以减少交通拥堵，大数据分析可以优化资源利用，虚拟现实技术可以提供沉浸式的文化体验。这些技术的创新正在不断推动旅游业的进步。市场创新还改变了旅游的商业模式。共享经济、在线旅游平台、定制化旅游服务等新兴商业模式正在重新定义旅游业的竞争格局。它们提供了更多的选择和灵活性，同时降低了成本，使更多的旅游者能够享受到高质量的旅游体验。市场创新是智慧旅游领域的关键驱动力之一。它不仅丰富了旅游产品和服务，还改变了旅游的推广方式、技术应用和商业模式。这种创新性的变革为旅游业带来了更多的机会，同时也要求旅游企业不断适应和创新，以满足不断变化的市场需求。随着技术的不断进步和市场的不断发展，我们可以期待市场创新在智慧旅游领域持续推动着行业的增长和繁荣。

（一）新产品和服务

企业应不断推出新产品和服务，以满足客户不断变化的需求，这包括改进现有产品，推出全新产品线及提供增值服务。改进现有产品是维护客户满意度的关键。通过不断优化产品的性能、质量和功能，企业可以保持产品的竞争力，留住现有客户，并吸引新客户。推出全新产品线可以扩大市场份额。新产品线可以满足新兴市场的需求，拓展客户群体，创造新的收入来源。提供增值服务是提高客户忠诚度的有效方式，包括售后支持、定制选项、培训和咨询等服务。通过提供额外的价值，企业可以吸引客户，建立长期关系。综合来看，不断创新和推出新产品和服务是企业保持竞争力、拓展市场和提高客户忠诚度的关键策略，有助于满足客户不断变化的需求，实现长期成功。

（二）市场扩展

拓展市场是企业实现增长的关键战略之一，这包括进入新地区、拓展客户群体和探索新的销售渠道。这一战略的重要性在于，它有助于企业降低风险、扩大市场份额并实现可持续增长。进入新地区是一种常见的市场拓展策略。这可以通过开设新的分支机构、合作伙伴关系或收购现有企业来实现。进入新市场带来了增加销售机会的同时，也带来了风险和不确定性。然而，这种多样化可以降低企业对特定市场的依赖性，提高其抵御市场波动的能力。拓展客户群体是另一种关键的市场拓展方式。企业可以通过针对不同的目标客户群体、年龄段或地理位置来扩大其客户基础。这有助于提高市场份额，同时也为企业提供了更多的收入来源。

探索新的销售渠道是市场拓展的一种有效方式。企业可以利用电子商务、社交媒体、直销、合作伙伴关系等新渠道，以达到更广泛的受众。这不仅增加了企业的销售机会，还提升了客户体验，使购买过程更加便捷和个性化。市场拓展是企业实现增长的重要策略。它可以通过进入新地区、拓展客户群体或探索新的销售渠道来实现。这有助于企业降低风险、扩大市场份额，并为可持续增长创造有利条件。在竞争激烈的商业环境中，市场拓展是提高企业竞争力的关键一步。

第三节　智慧旅游生态系统的构建与发展

智慧旅游生态系统的构建和发展是一个复杂而多层次的过程，涉及多方利益相关者的合作与创新。这一生态系统的目标是实现旅游业的可持续发展，提供更丰富、便捷和个性化的旅游体验。在这个生态系统中，首要的角色是旅游企业。它们利用信息技术来改善运营管理，提供在线预订、票务服务、旅游产品等。同时，旅游企业也需要与其他伙伴合作，共同构建生态系统。

政府部门在生态系统中扮演着重要角色。政府需要制定相关政策和法规，推动数字化发展和数据安全，确保旅游业合规经营。政府还可以提供支持，鼓励旅游企业采用智能技术，促进可持续发展。游客是智慧旅游生态系统中的核心。他们使用智能设备和应用程序来获取旅游信息、预订服务、参与文化互动。游客的需求和反馈反过来驱动着生态系统的不断创新和发展。

文化和自然资源机构也是生态系统的一部分。它们数字化了文化遗产、历史资料和自然环境数据，使之可供游客互动和学习。这丰富了旅游体验，促进了文化和环境的保护。技术和数据提供商提供了支持智慧旅游的基础设施。他们开发和提供数据分析工具、人工智能和虚拟现实技术，帮助旅游企业提供更好的服务和体验。智慧旅游生态系统的构建与发展需要多方利益相关者的积极参与和协同合作。通过政府、企业、游客、文化资源机构和技术提供商的共同努力，整个生态系统将不断演进，为旅游业的可持续发展和游客的满意度提供更多的机会和可能性。

一、智慧旅游生态系统的构建

智慧旅游生态系统的构建是一个复杂而有挑战性的任务，涉及多个参与者和多个层面的合作。这一生态系统的目标是通过数字技术、数据共享和合作，实现旅游业的可持续发展、提高游客体验和推动文化传承。在智慧旅游生态系统中，旅游企业扮演着关键的角色。他们利用数字技术来提供创新的产品和服务，包括在线预订平台、虚拟导览、智能交通管理系统等。这些企业通过合作和竞争，推动生态系统的不断发展，满足游客的需求。政府和地方政府在智慧旅游生态系统中起到监管和规划的作用。他们制定政策和法规，鼓励可持续旅游发展，保护环境和文化遗产。政府还可以提供支持，推动数字化基础设施的建设，促进旅游业的创新，提高其竞争力。

文化和社区机构在智慧旅游生态系统中也扮演重要的角色。他们负责保护和传承文化遗产，与旅游企业合作，将文化资源数字化，为游客提供深入了解历史和文化的机会。这种合作有助于促进文化多样性的传承，保护珍贵的文化遗产，智慧旅游生态系统中的游客是其中不可或缺的一部分。他们通过使用智能手机应用程序、参与虚拟体验和分享旅行经历，成为生态系统的积极参与者。游客的反馈和需求反映了生态系统的效益和问题，有助于不断改进和优化服务。技术提供商和创新企业在智慧旅游生态系统中推动了技术的发展。他们研发新的数字技术、硬件和软件，为旅游业提供更多创新工具。这些技术提供商与旅游企业合作，为游客提供更丰富、便捷和个性化的体验。智慧旅游生态系统的构建是多方合作的结果，旨在实现可持续旅游发展、提高游客体验和促进文化传承。在这一生态系统中，旅游企业、政府、文化和社区机构、游客及技术提供商都发挥着关键作用，共同推动着智慧旅游的发展。这种合作和协同努力有助于塑造一个更加创新、可持续和丰富的旅游未来。

（一）技术基础设施建设

构建智慧旅游生态系统的第一步是建立稳健的技术基础设施，其中包括高速互联网、移动通信网络、云计算平台等关键要素。这些基础设施构成了整个生态系统的支柱，为各种智能应用和服务的运行提供了可靠的基础支持。高速互联网是连接旅游目的地、企业和游客的关键媒介。它不仅为信息共享和在线预订提供了便捷的通道，还支持了虚拟旅游体验、在线导游和实时反馈机制等创新服务。移动通信网络的普及使得游客可以随时随地获取信息和服务。无论是在旅途中使用导航应用、查询当地信息，还是与亲友分享旅行经历等，移动通信网络都发挥着关键作用。

云计算平台则为数据存储、处理和分析提供了强大的工具。它支持了智慧旅游生态系统中的大数据分析、人工智能应用、虚拟现实体验等高度计算密集型任务。这些技术基础设施的建立不仅提升了旅游业的效率和便捷性，还为智慧旅游生态系统的发展奠定了坚实的基础。通过这些基础设施，旅游产业能够更好地适应客户需求的变化，提供更丰富、智能化的旅行体验，推动可持续旅游的发展。

（二）合作伙伴关系

建立广泛的合作伙伴关系是构建智慧旅游生态系统的关键。这种合作涵盖了酒店、航空公司、旅行社、当地政府和科技公司等多方，共同提供全面的旅游服务。与酒店建立合作关系可以确保游客获得舒适和安全的住宿体验。酒店提供了住宿和服务，与智慧旅游平台的集成可以使客户更轻松地预订、入住和管理住宿。与航空公司的合作能够提供便捷的交通选项。这包括航班预订、机票购买，以及与智能旅行规划的无缝集成，为客户提供出行的无忧体验。与旅行社合作是为了提供更丰富的旅游体验。他们可以提供定制的旅行套餐、导游服务和活动安排，为游客提供更多选择和灵活性。

与当地政府的合作可以提供游客安全和法律支持，同时也有助于可持续旅游发展。政府可以提供旅游规定和监管，确保旅游业的正常运作。与科技公司的合作可以提供先进的技术解决方案。这包括大数据分析、人工智能和物联网技术，用于改进旅游服务、提高客户体验和优化旅行规划。建立广泛的合作伙伴关系是智慧旅游生态系统成功的关键。通过与酒店、航空公司、旅行社、当地政府和科技公司等各方建立合作，可以提供全方位的旅游服务，提高客户满意度，同时也促进了旅游业的可持续发展。这种合作模式有助于创造更具竞争力和吸引力的旅游生态系统，为各方带来共同利益。

（三）用户体验设计

生态系统的成功与用户体验设计密不可分，因为它直接影响用户的满意度和忠诚度。在这一生态系统中，界面友好性是至关重要的。一个易于使用的界面可以让用户轻松地浏览和操作应用程序，无论他们的技能水平如何。这种友好的界面不仅提高了用户的满意度，还有助于吸引更多的用户加入生态系统。

个性化推荐是另一个关键要素。通过分析用户的行为和偏好，生态系统可以提供定制的建议和内容。这种个性化推荐使用户感到被重视，增加了他们与生态系统的互动频率。用户更愿意使用那些能够满足他们特定需求的应用程序和服务，从而加强了生态系统的吸引力。无缝互联体验也是不可或缺的。生态系统中的各种应用程序和服务应该能够无缝地协同工作，使用户能够在不同平台之间流畅切换。这种无缝互联性提供了更加综合和一体化的体验，让用户感到更加便利和满足。用户体验设计在生态系统中的重要性不可低估。通过友好的界面、个性化推荐和无缝互联体验，生态系统可以吸引更多的用户，提高用户满意度，从而实现可持续的成功和发展。这种关注用户体验的设计方法有助于创造一个更加吸引人的生态系统，满足用户需求并促进生态系统的增长。

二、智慧旅游生态系统的发展

智慧旅游生态系统的发展是一个复杂而多元的过程，涉及各参与方和多种技术创新，其结果是创造出更加智能、便捷和可持续的旅游体验。智慧旅游生态系统的核心是信息和数据的流动。各种信息源，包括旅游目的地、旅游企业、游客和第三方服务提供商，共同形成了一个信息生态系统。这个生态系统使得旅游相关的信息可以迅速传递和共享，为游客提供了更多的选择和决策支持。智慧旅游生态系统的一个关键组成部分是技术创新。虚拟现实、增强现实、物联网、大数据分析、人工智能等技术的不断涌现，为旅游业者提供了丰富的工具和资源。这些技术创新不仅提高了旅游体验的质量，还改变了旅游业的商业模式，推动了行业的数字化转型。

另一个重要方面是旅游生态系统的参与者。旅游目的地、旅游企业、政府部门、游客、技术提供商等各方在生态系统中发挥不同的作用。他们共同合作，以确保旅游业的可持续发展，提供安全、便捷和丰富的旅游体验。智慧旅游生态系统还支持了新的业务模式。共享经济、在线预订平台、虚拟旅游体验、智能导览等应用正在改变传统的旅游业务模式，创造了新的商机和增值服务。这些业务模式的创新丰富了旅游产品和服务的多样性。可持续性是智慧旅游生态系统的一个重要方面。环保实践、节能减排、文化保护、社会责任等问题成为生态系统的一部分，以确保旅游业的可持续发展。这不仅关系到环境的保护，还包括社区的受益和文化遗产的传承。

智慧旅游生态系统的发展也涉及政策和法规的支持。政府部门需要制定相关政策，以促进技术创新、保护消费者权益、确保安全和可持续性，并管理生态系统的运行。智慧旅游生态系统的发展是一个多元化和协同的过程，涉及信息流动、技术创新、参与者合作、业务模式创新、可持续性和政策支持。这个生态系统的建立有助于提高旅游体验的质量，促进了旅游业的可持续发展，为游客提供了更多的选择和便利。随着科技和社会的不断发展，智慧旅游生态系统将继续演化和壮大，创造出更多创新和价值。

（一）创新和扩展

智慧旅游生态系统应不断创新和扩展，以满足不断变化的市场需求。这意味着不仅要积极采用新技术，还要推出新产品和拓展新市场。新技术的采用是关键。随着科技不断进步，智慧旅游系统需要紧跟潮流，采用新的技术，如人工智能、大数据分析和虚拟现实，以提供更智能、更个性化的服务。新产品的推出是保持竞争力的关键。客户需求不断演变，因此，不断推陈出新的产品是吸引新客户和留住现有客户的方式。这可能涉及改进现有产品、推出全新产品线或提供增值服务。拓展新市场是实现增长的关键。开拓新地理区域或针对不同市场细分，可以为企业带来新的商机和增长潜力。综合来看，持续的创新和扩展对于智慧旅游生态系统的长期成功至关重要，有助于满足市场的不断变化需求，提高竞争力，拓展市场份额，实现可持续增长。

（二）可持续性发展

生态系统的发展必须以可持续性为基础，这包括环境、文化和社会责任的综合考虑。特别是对于旅游业，积极采取可持续的经营实践是至关重要的，以支持长期的生态系统发展。环境保护是不可忽视的因素。旅游业常常与自然环境密切相关，因此，需要采取措施来降低负面环境影响。这包括降低碳排放、节约能源、水资源管理和生态系统保护。通过可持续的资源管理和环保实践，旅游业有助于保护珍贵的自然资源，确保其可持续性。文化保护也是至关重要的。旅游业往往与当地文化和传统有深刻的联系。因此，企业应尊重和保护当地文化遗产，避免文化侵害和滥用。促进文化交流和互动，支持当地社区，有助于文化的传承和保护文化多样性。

社会责任是可持续发展的不可或缺的一部分。旅游企业应积极履行社会责任，包括支持当地社区、提供就业机会、改善社会福祉和促进公平贸易。这有助于建立积极的企业形象，同时也为社会作出贡献。旅游业作为一个与生态系统密切相关的行业，需要积极采取可持续的经营实践，以支持环境保护、文化保护和社会责任。这不仅有助于企业的长期成功，还有助于维护生态系统的健康和可持续性。只有通过综合考虑这些因素，旅游业才能真正实现可持续的生态系统发展，为未来的世代留下美好的世界。

（三）教育和培训

生态系统的发展必须紧密考虑可持续性因素，这包括环境保护、文化保护和社会责任。特别是在旅游业领域，采取可持续的经营实践是至关重要的，因为它们有助于支持长期的生态系统发展。环境保护是不可或缺的。旅游业通常与自然环境密切相关，因此必须采取措施来减少负面环境影响，如控制游客流量、节能减排、垃圾管理和野生动植物保护。这有助于维护生态平衡，保护珍贵的生态资源，确保它们能够被后代继续享受。文化保护也是重要的。旅游业经常涉及具有独特文化价值的目的地，因此，必须尊重和保护当地的文化遗产。这包括维护传统习俗、保护历史建筑和文化艺术，以及尊重当地社区的文化传统。通过促进文化保护，旅游业可以为地方社区提供经济机会，同时传承和弘扬当地文化。社会责任是不可或缺的一环。旅游业需要积极参与社区发展，提供可持续的就业机会，支持社会项目和改善当地社会福祉，这有助于建立积极的社会形象，增强社会可持续性，并在生态系统中创造更多的共赢机会。可持续性因素在生态系统的发展中至关重要，尤其在旅游业中。环境保护、文化保护和社会责任是支持长期的生态系统发展的关键元素，它们有助于平衡经济增长和生态保护，促进可持续的生态系统发展。只有积极采取可持续的经营实践，旅游业才能为生态系统提供持久的支持。

第八章
智慧旅游人才培养与团队建设

第一节　智慧旅游人才需求与培养

　　智慧旅游行业的迅速发展对人才的需求与培养提出了挑战。智慧旅游企业需要具备数字化技术专业知识的人才，这些人才应该精通大数据分析、人工智能、物联网等技术，以应对数据管理、智能应用、系统开发等挑战。培养这类人才需要高等教育机构提供相关课程，同时企业可以通过与学校建立合作关系来招聘和培养这些专业人员。智慧旅游行业需要具备市场营销和消费者行为洞察能力的人才，这些人才应该能够利用数据分析来了解游客需求，制定精确的营销策略，并提供个性化的服务。市场营销专业的培养需要包括市场研究、消费者心理学、数字营销等方面的课程。

　　智慧旅游行业需要拥有创新思维和解决问题能力的人才，这些人才应该能够推动技术创新，应对新兴市场需求，并发展可持续的业务模型。创新与创业教育和培训可以帮助培养这类人才，鼓励他们在行业中发挥创造力。智慧旅游还需要具备跨文化沟通和多语言技能的人才，以应对国际化的旅游市场。培养这些人才需要加强语言教育和跨文化交流的培训。智慧旅游行业的人才需求与培养需要涵盖多个领域，包括技术、市场营销、创新和跨文化能力。高等教育机构和企业应该共同努力，提供多样化的教育和培训机会，以满足不断变化的行业需求，为智慧旅游行业的可持续发展培养具备综合素质的人才。

一、智慧旅游人才需求

智慧旅游领域对于多方面的人才需求十分迫切，这些人才将推动行业的创新和可持续发展。软件开发工程师、数据分析师、人工智能专家、网络安全专家等技术人才是智慧旅游不可或缺的一部分。这些人才负责开发和维护智慧旅游平台、应用程序和技术基础设施。他们需要具备强大的编程和技术技能，以应对不断变化的数字技术和创新需求。市场营销和用户体验专业人才也至关重要。他们负责制定市场战略、推广智慧旅游服务，并确保客户获得卓越的体验。这些人才需要了解市场趋势、消费者心理和数字营销技巧等。他们还需要能够分析数据，以改进客户体验和满足市场需求。文化和地理信息专业人才在智慧旅游中扮演关键角色。他们负责数字化文化遗产的管理、呈现和保护。地理信息专业人才可以协助开发智能导航和位置服务，以提供更好的导游和定位体验。这些人才需要具备深厚的文化和地理知识，以确保准确性和文化尊重。

社会责任和可持续性专业人才对于智慧旅游的可持续发展至关重要。他们负责制订和监督社会责任计划、可持续性策略和环保措施。他们需要了解可持续旅游原则、政策和法规，以确保行业的可持续性和社会责任。客户服务和互动专业人才在智慧旅游中也占据重要地位。他们负责与旅游者互动，提供信息、建议和支持。他们需要具备沟通和人际关系技能，以满足客户的需求和解决问题。智慧旅游领域需要多样化的人才，涵盖了技术、市场营销、用户体验、文化、地理信息、社会责任、可持续性、客户服务、互动等各个领域。这些人才将共同努力，推动智慧旅游的创新和可持续发展，为旅游者提供更丰富、便捷和可持续的旅游体验。随着智慧旅游行业的不断发展，对各类专业人才的需求将继续增长，为行业和经济带来更多机会和价值。

（一）数据科学家和分析师

智慧旅游业需要专业的数据科学家和分析师，他们能够从海量数据中提取洞见，帮助企业作出明智的决策，如市场趋势分析、客户行为预测等。数据科学家和分析师在智慧旅游生态系统中扮演着关键的角色。他们能够有效地收集、清洗和整理数据，确保数据的准确性和可用性。他们使用高级分析工具和技术，能够深入分析市场趋势，了解客户需求和偏好。通过数据挖掘和模型建立，他们能够预测客户行为，帮助企业更好地满足客户需求。此外，数据科学家和分析师还能够识别潜在的机会和威胁，为企业制定战略和策略提供有力支持。最重要的是，他们能够帮助企业优化运营，降低成本，提高效率。总之，数据科学家和分析师在智慧旅游业中的作用不可忽视，他们的专业知识和技能有助于企业更好地理解市场和客户，作出明智的决策，提高竞争力，实现可持续增长。

（二）人工智能和机器学习专家

随着人工智能和机器学习技术的广泛应用，企业必须拥有具备专业知识的人才，以开发和优化各种智能系统。这些系统包括智能推荐系统、虚拟助手和自动化服务，它们已经成为提高业务效率和客户体验的关键要素。专业知识的人才在智能推荐系统的开发中至关重要。他们能够应用机器学习算法和数据分析技能来理解用户偏好，提供个性化的产品或服务建议。这不仅提高了客户满意度，还增加了销售和业务效益。虚拟助手需要具有专业知识的人才来训练和维护。这些专业人员负责处理自然语言处理、语音识别、对话管理等技术，以确保虚拟助手能够准确地理解和回应用户的需求。这有助于提供更好的客户支持和互动体验。

自动化服务的开发需要深入的专业知识。从自动化流程到智能决策系统，专业人员能够设计和实施高效的自动化解决方案，提高生产力并减少错误。企业需要拥有具备专业知识的人才来应对人工智能和机器学习技术的应用挑战。这些人才在智能推荐系统、虚拟助手和自动化服务的开发和优化中发挥关键作用，帮助企业提高效率、降低成本并优化客户体验。招聘和培养这些人才将有助于企业保持竞争力并实现创新。

（三）可持续旅游专家

可持续性已成为智慧旅游业的重要趋势，对于企业的长期成功至关重要。为了在这个领域取得成功，企业需要专业的可持续旅游专家，他们可以协助制定和实施环保和社会责任策略。可持续旅游专家具备深刻的环境和社会责任知识，可以帮助企业识别和理解可持续性挑战和机会。他们可以分析企业的运营方式，识别潜在的环境影响，并提出改进建议，以减少资源浪费、降低碳足迹，并保护自然生态系统。可持续旅游专家还能够帮助企业实施社会责任策略，包括支持当地社区、提高员工福祉、支持公益事业等。他们可以协助企业建立积极的社会形象，提高声誉，吸引更多的客户和投资者。可持续旅游专家在智慧旅游业中发挥着关键作用，帮助企业在可持续性方面取得成功。他们的专业知识和经验有助于企业制定和实施环保和社会责任策略，推动行业朝着更可持续的方向发展。通过与可持续旅游专家合作，企业可以实现商业成功和社会责任的平衡，为可持续性旅游作出贡献。

二、智慧旅游人才培养

智慧旅游人才培养是推动旅游业持续发展和智慧化转型的至关重要的环节。这需要培养具备多方面技能和知识的专业人才，以满足不断演进的旅游市场需求。智慧旅游人才需要具备技术技能。他们应该熟悉虚拟现实、增强现实、大数据分析、人工智能等最新技术，能够运用这些技术来提升旅游体验、创新旅游产品和改进业务流程。他们需要不断更新自己的技术知识，以跟上技术发展的脚步。人才培养需要关注管理和领导力。智慧旅游行业需要高效的管理和领导人员，他们能够制定战略、规划资源、协调团队，并作出决策，以确保企业在竞争激烈的市场中取得成功。管理和领导培训是培养这类人才的关键。

与此同时，创新思维也是智慧旅游人才培养的重要组成部分。创新是推动行业进步的关键，需要人才具备创新意识、问题解决能力和创意发展技能。教育和培训应该鼓励学生和从业人员思考新的方式来解决问题和满足客户需求。文化和跨文化意识也是智慧旅游人才培养的要点。旅游行业涉及不同文化和背景的游客，因此，智慧旅游人才需要理解和尊重不同文化之间的差异，提供跨文化的服务。培养跨文化沟通和管理技能对于成功的智慧旅游人才培养至关重要。可持续性也应该纳入人才培养的考虑范围。智慧旅游人才需要了解可持续旅游的原则和实践，以确保旅游业的发展不会对环境和社区造成负面影响。培养可持续性意识和实践是人才培养的一部分。

团队合作和沟通技能也是智慧旅游人才培养的重要组成部分。他们需要能够与不同背景和领域的人合作，协调各种资源，解决问题并达成共识。培养团队合作和沟通技能有助于人才更好地适应复杂的旅游生态系统。智慧旅游人才培养是为了满足行业的不断发展和创新需求。这需要培养综合性的技能，包括技术、管理、领导、创新、跨文化、可持续性、沟通、团队合作等方面的能力。只有培养出具备多方面技能和知识的人才，智慧旅游行业才能持续繁荣和演进，满足游客的需求，实现可持续发展。

（一）高校课程和培训项目

高校和教育机构在培养具备相关技能的智慧旅游人才方面具有重要作用。他们可以开设与智慧旅游相关的课程和培训项目，以满足不断增长的行业需求。数据分析是智慧旅游中至关重要的领域。高校可以提供数据科学和分析的课程，培养学生掌握数据收集、处理和解释的技能，以帮助企业更好地理解市场趋势和客户行为。人工智能在智慧旅游中的应用日益广泛。教育机构可以提供人工智能和机器学习的培训课程，使学生能够开发智能系统、聊天机器人和预测模型等，以改进客户服务和业务流程。此外，数字营销是吸引客户和提高可见度的关键。高校可以教授数字营销策略和技巧，帮助学生利用社交媒体、搜索引擎优化、在线广告等工具，有效推广智慧旅游服务。可持续旅游是行业的重要议题。教育机构可以开设可持续旅游课程，教导学生如何降低环境影响、支持社区发展和保护文化遗产。高校和教育机构的课程和培训项目对培养具备相关技能的智慧旅游人才至关重要。这有助于满足行业的人才需求，增加学生就业机会，推动智慧旅游业的可持续发展。

（二）实习和实践机会

为学生和专业人士提供实习和实践机会至关重要，因为这能够让他们将理论知识转化为实际经验和技能的应用。这种实践机会不仅对个体有益，也对社会和企业产生积极影响。实习和实践机会为学生提供了一个学习和成长的平台。他们可以在实际工作环境中应用课堂上学到的知识，了解行业和职业的要求，培养解决问题的能力和沟通技能。这有助于他们更好地为未来的职业生涯做准备。实践机会有助于学生建立职业网络。他们可以与业界专业人士互动，了解行业内的趋势和机会。这种联系为未来的就业提供了有力支持，有助于学生更容易找到合适的工作机会。

对于专业人士来说，实践机会可以帮助他们不断提升职业技能，跟上行业发展的步伐。通过参与实际项目和工作经验，他们能够应对不断变化的工作环境，提高自己的职业竞争力。企业也受益于提供实习和实践机会。他们可以吸引有潜力的新人才，培养自己的未来员工，并从实习生和实践生的新鲜思维和创意中受益。这有助于提高企业的创新力和竞争力。为学生和专业人士提供实习和实践机会是一种双赢的做法。它有助于个体发展和职业成长，同时也为社会和企业创造了更多机会和价值。这种实践经验有助于培养更有竞争力的劳动力，促进社会和经济的可持续发展。

（三）吸引和留住人才

企业需要设计具有吸引力的薪酬和福利计划，同时提供职业发展机会，以保留并吸引优秀的人才，保持竞争力。在今天竞争激烈的市场环境下，拥有高素质的员工队伍是企业成功的关键。有竞争力的薪酬计划是吸引和留住优秀人才的必要条件。它们应该与市场薪酬水平保持一致或更高，以确保员工感到公平待遇。此外，灵活的薪酬结构，如奖金、股权激励和福利待遇等，可以提高员工的满意度和忠诚度。提供丰富的福利计划有助于吸引和保留员工。这包括健康保险、退休计划、带薪休假、员工福利、培训机会等。这些福利可以提高员工的生活质量，增加他们的福祉感，同时也传递出公司对员工关心的信息。职业发展机会对于员工的吸引力也非常重要。企业应该提供培训和发展计划，帮助员工提升技能，促进员工的职业成长，同时也为他们提供了晋升机会。这有助于使员工感到受到尊重和认可，激发他们的工作动力。企业需要综合考虑薪酬、福利和职业发展，以留住优秀的人才和保持竞争力。这不仅有助于吸引新员工，还有助于提高员工的满意度和忠诚度，提高团队的绩效和创造力，最终促进企业的成功和可持续发展。

第二节　跨界团队合作与创新

跨界团队合作是一种促进创新的关键方式。不同领域、背景和专业知识的人员汇聚在一起，能够带来新的视角、思维方式和解决问题的方法。

这种多样性促使团队能够应对复杂的挑战，推动创新发展。跨界团队合作有助于汇集多样性的思想和经验。从不同领域招募的成员能够提供各种不同的观点和见解，这有助于发现新的问题解决途径。这种多元性促进了团队内部的创新文化。跨界团队合作也有助于知识共享和技术交流。不同领域的专业知识可以互相借鉴和交流，促进新的思考和学习。这有助于团队成员不断发展和改进他们的技能。

跨界团队合作鼓励创造性的冲突和辩论。不同背景和观点的人员之间可能会产生分歧，但这种分歧可以激发新的想法和创新解决方案。团队成员可以一起探讨各种不同的选择，从而找到最佳的解决方案。跨界团队合作有助于推动跨领域创新。通过融合不同领域的专业知识和技术，团队可以创造出独特的解决方案，满足多样化的需求。这种创新可以影响多个行业，推动社会和经济的进步。跨界团队合作是推动创新的有力方式。它汇聚了多样性的思维和经验，促进了知识共享和技术交流，鼓励创造性的辩论和冲突，并推动跨领域创新的发展。这种合作方式将继续为社会和经济的进步提供动力。

一、跨界团队合作的重要性

跨界团队合作在智慧旅游领域中具有极其重要的作用。这种合作涉及不同领域和专业背景的团队成员，共同解决复杂的问题、推动创新、提高竞争力，并实现可持续发展。跨界团队合作带来了多样性和综合性的专业知识。在智慧旅游领域，涉及技术、旅游业务、文化保护、可持续发展等多个领域的知识和技能。跨界团队汇集了不同专业领域的专家，可以共享各自的知识和经验，从而更好地理解和解决问题。跨界团队合作促进了创新和技术进步。当不同领域的团队成员合作时，他们可能会带来截然不同的思维方式和观点，这有助于创造全新的解决方案和技术应用。例如，技术专家可以与文化保护专家合作，开发数字化文化遗产保护技术，推动了文化遗产的数字化保存和传播。

跨界团队合作可以满足市场需求和提高竞争力。智慧旅游业务需要整合各种技术和服务，以提供全面的旅游体验。跨界团队合作使企业能够提供更多元化和高质量的产品和服务，满足不断变化的市场需求，增强了企业的竞争力。智慧旅游领域的可持续发展也需要跨界团队合作。可持续旅游涉及环境保护、社会责任、文化遗产保护等多个方面的问题，需要各种专业知识和资源的整合。跨界团队合作可以帮助制定可持续旅游战略、推动环保项目、促进社区发展，有助于实现可持续发展目标。

跨界团队合作有助于建立广泛的合作网络和伙伴关系。在智慧旅游领域，不同类型的合作伙伴关系对于推动创新和业务发展至关重要。跨界团队合作为建立和维护这些伙伴关系提供了平台和机会，有助于扩大业务网络。跨界团队合作在智慧旅游领域中是至关重要的。它为多样性的专业知识、创新、市场竞争力、可持续发展和合作伙伴关系的建立提供了机会和动力。因此，智慧旅游行业应积极鼓励和支持跨界团队合作，以推动行业的不断发展和进步。

（一）多样性的优势

跨界团队通常由来自不同领域、背景和专业知识的成员组成。这种多样性是团队的重要优势，因为它带来了不同的观点和创新思维。不同背景的成员能够提供独特的见解，从不同的角度看待问题，这有助于更全面、深入地分析和解决复杂的挑战。多领域的团队成员通常具备各自专业领域的专业知识和技能，因此能够为问题的多角度分析提供关键支持。他们的互补性使得团队能够更好地应对多维度问题，寻找创新的解决方案。这种跨界合作也有助于促进知识交流和学习，提高团队整体素养。此外，跨界团队有助于鼓励创新和创意思考。来自不同背景的成员可以激发彼此的创造力，推动新思维的形成。他们能够挑战传统观念，提出独特的解决方案，促进团队的创新能力。跨界团队的多样性是一种宝贵的资源，有助于促进多角度分析和解决问题、提高创新能力、推动团队和组织的成功。通过有效地整合不同领域的专业知识和观点，跨界团队能够更好地应对复杂的挑战，取得更好的成绩。

（二）综合的知识和技能

跨界团队的形成具有重要意义，因为它们能够汇聚来自不同领域的知识和技能，应对更广泛的挑战和机会。这种跨界合作不仅丰富了团队的视角，也有助于开发更全面的解决方案，提高竞争力。跨界团队集结了多领域的专业知识。每个成员都带来了自己领域的独特视角和专业技能，这意味着团队能够综合考虑问题，开发创新解决方案。不同背景的人员能够互相启发，促进创意和创新。跨界团队有能力应对更广泛的挑战和机会。他们能够解决复杂的问题，因为他们具备多样化的知识和技能。这使他们能够更好地适应变化和应对不断变化的市场需求。

跨界团队的合作有助于提高竞争力。他们能够开发更全面的解决方案，为客户提供更多价值。这有助于企业在市场上脱颖而出，吸引更多客户和合作伙伴。跨界团队的形成对于解决复杂问题和迎接多变挑战至关重要。他们集结了多领域的知识和技能，有助于开发全面的解决方案，提高竞争力。这种跨界合作模式已经在许多领域得到应用，为创新和成功创造了有利条件。

（三）加速创新

跨界团队的合作是加速创新的关键。不同领域的专家汇聚在一起，共同探索新的理念、技术和方法，为创新带来了新的可能性。跨界团队汇集了各种不同领域的知识和经验。每个专家都具有独特的视角和专业知识，这种多样性促进了创新的多维度思考。不同领域的交叉汇合产生了创新思维的碰撞，激发了创新的火花。跨界团队能够突破传统思维的界限。不同领域的专家可能拥有不同的解决问题的方法和技术，这种多元化的方法有助于打破创新的瓶颈。他们能够共同探索新的途径，找到更加创新的解决方案。

跨界团队的合作有助于加速创新的过程。专家们之间的协作和知识共享可以节省时间和资源，加快创新项目的推进速度。这种协作也有助于降低风险，因为来自不同领域的专业知识可以共同评估和改进创新项目。跨界团队的合作是创新加速的引擎。它不仅丰富了创新的思维和方法，还加速了创新的实现，为各种领域的产品和服务带来了更多创新性的可能性。跨界合作是推动科技和社会进步的关键因素之一，将继续在未来塑造我们的世界。

二、跨界团队合作的成功要素

跨界团队合作是当今智慧旅游领域中的一项重要趋势，它涉及各种不同领域的专业知识和技能，以创造更全面、创新和有竞争力的旅游体验。要实现成功的跨界团队合作。明确定义共同的目标是非常重要的。团队成员来自不同领域，可能有不同的目标和优先级。因此，明确确定共同的目标可以确保所有人都朝着相同的方向努力，避免分歧和混淆。有效的沟通至关重要。由于跨界团队的成员可能拥有不同的文化背景，他们可能有不同的沟通风格和方式。为了确保信息的有效传递和理解，需要建立有效的沟通渠道和机制，以便团队成员可以畅所欲言，交流想法和观点。另一个成功的要素是灵活性。智慧旅游领域变化迅速，需要不断调整和适应新的技术和趋势。跨界团队必须具备灵活性，能够迅速适应变化，并采取创新的方法来解决问题。

团队成员之间的互信也是成功的关键。跨界团队合作需要团队成员相互信任，愿意分享知识和经验，以实现共同的目标。建立互信可以通过建立紧密的关系和合作来实现。领导力和协调也是非常重要的要素。一个有效的领导者可以引导团队成员朝着共同的目标前进，并解决潜在的冲突。

协调也是关键，以确保各个领域的专业知识得到充分利用，并协同工作。跨界团队合作在智慧旅游领域中具有巨大的潜力，但要实现成功，需要明确定义共同的目标，建立有效的沟通机制，保持灵活性，建立互信，以及有强有力的领导力和协调机制。这些要素将有助于确保跨界团队合作的成功，为智慧旅游领域的创新和发展奠定坚实的基础。

（一）共同目标和愿景

成功的跨界团队需要明确的共同目标和愿景，这有助于确保所有成员朝着同一方向努力，协同合作以实现共同目标。共同目标是团队的灵魂，它为团队成员提供了明确的方向和意义。共同目标确保了团队的一致性。当所有成员都明白他们共同努力的目标时，他们更有可能采取协同行动，共同克服挑战，而不会走向不同的方向。共同目标激发了团队成员的动力。具有明确目标的团队成员更有动力去克服困难，追求卓越，因为他们知道他们的努力将有助于实现共同愿景。共同目标有助于提高团队的效率。团队成员可以更快地作出决策，因为他们知道如何将每个决策与共同目标相关联。综合来看，明确的共同目标和愿景是成功跨界团队的基础，它们有助于团队保持一致性，激发动力，提高效率，最终实现共同的成功。

（二）有效的沟通

良好的沟通是跨界团队合作的关键要素。成员之间应该具备有效的交流和信息分享能力，以协调行动并减少误解和冲突。有效的沟通有助于团队成员更好地理解彼此的角色和任务。成员应清楚地传达自己的期望和责任，以确保团队工作协调一致。这有助于避免重复努力和任务交叉。沟通有助于团队协同工作。成员之间应分享关键信息，如项目进展、问题和解决方案。这有助于团队快速适应变化和采取适当的行动，提高工作效率。有效的沟通有助于建立信任和团队合作精神。成员应诚实、开放地交流，尊重彼此的观点和建议。这有助于改善工作氛围，促进团队的凝聚力和合作性。良好的沟通有助于解决潜在的冲突和误解。当问题出现时，成员应该及时沟通，寻找共识和解决方案。这有助于团队维护和谐的关系，避免潜在的紧张局势。良好的沟通是跨界团队合作的关键要素。它有助于成员之间更好地理解和协调工作，提高工作效率，建立相互信任的团队合作精神，解决潜在的冲突和误解。只有通过有效的沟通，跨界团队才能实现共同目标，取得成功。

（三）适应性和灵活性

跨界团队的成功离不开适应性和灵活性，因为在不同领域的专家协作中，需求和情况可能会随时变化。这两个关键因素对于团队的协作和创新至关重要。适应性是跨界团队的核心能力之一。团队成员需要具备快速理解和适应新情况的能力。不同领域的专家可能具有不同的观点和需求，团队必须灵活地调整自己的策略和方法，以满足变化的需求。适应性也包括对不确定性的处理，因为创新通常伴随着风险和不确定性。

灵活性是跨界团队的关键特质。团队成员需要愿意尝试新的方法和思维方式，而不是固守旧有的做法。他们应该开放心态，愿意接受来自不同领域的反馈和建议，以便更好地应对挑战。灵活性也意味着能够在需要时快速调整团队的工作流程和项目方向。适应性和灵活性是跨界团队的关键成功因素。它们能够帮助团队更好地应对变化的需求和情况，提高了协作和创新的效率和效果。在今天不断变化的商业环境中，具备这两种能力的团队将更有竞争力，能够更好地适应不断变化的挑战和机遇。

三、跨界团队合作的创新成果

跨界团队合作是智慧旅游领域实现创新成果的重要推动力量。不同领域的专业人才和团队通过合作，结合各自的知识和技能，创造了许多令人印象深刻的创新成果，推动了智慧旅游的不断发展。技术与旅游领域的跨界合作推动了智慧旅游的技术创新。技术专家和旅游业务团队合作，开发了各种智能应用程序和平台，为旅游者提供更好的服务和体验。例如，虚拟现实技术与旅游业合作，创造了沉浸式虚拟旅游体验，使人们能够在不离开家的情况下探索世界各地的景点。这种合作将技术和旅游业有机结合，丰富了旅游体验，吸引了更多的旅游者。文化和艺术与智慧旅游的跨界合作促进了文化和文化遗产的保护和呈现。文化专家和数字技术团队共同努力，将历史文化遗产以数字化的形式呈现给公众。通过虚拟博物馆、文化遗产应用程序和在线文化体验，人们能够更深入地了解不同文化的传统和历史。这种合作弥补了文化传承和保护的差距，使文化遗产得以更好地传播和保存。

可持续性和社会责任领域与智慧旅游的跨界合作推动了可持续旅游的实践。专业人才和旅游企业合作，制订了可持续旅游策略和社会责任计划，旨在减少旅游活动对环境和社区的不利影响。这种合作促使旅游业采取更环保的做法，支持社区的发展，提高旅游的可持续性。市场营销和用户体验领域与智慧旅游的跨界合作推动了市场推广和客户体验的创新。市场营销专家和数字技术团队共同开发了个性化的市场推广策略，通过数据分析和智能营销工具来吸引和留住客户。这种合作提高了市场推广的效率，增强了客户忠诚度。跨界团队合作在智慧旅游领域产生了多种创新成果，包括技术创新、文化保护、可持续发展、市场推广等方面。这种合作不仅促进了智慧旅游行业的发展，还为旅游者提供了更丰富、便捷和可持续的旅游体验。随着不同领域之间的合作继续深化，智慧旅游将迎来更多的创新和进步。

（一）新产品和服务

跨界团队合作具有巨大的潜力，可以促进新产品和服务的开发。这种合作方式将来自不同领域的专家汇聚在一起，通过集思广益的方式，创造出更具创新性的解决方案，满足市场需求。不同领域的专家能够带来多样的视角和知识。他们的独特背景和经验使得团队能够看到问题的不同方面，从而提供更全面的解决方案。跨界团队的成员可以互相启发，激发创意和创新。交流和合作促进了知识的交流，有助于产生新的点子和概念。这种合作方式有助于降低创新的风险。来自不同领域的专家可以相互补充，减少了单一领域的盲点，从而提高了新产品和服务的成功概率。综合来看，跨界团队合作是推动创新和新产品开发的有效方式，它充分利用了不同领域的专业知识和创造力，为市场带来更具竞争力的解决方案。

（二）新商业模式

跨界团队的力量在于它们能够重新思考传统商业模式，提出更具创新性的商业模式，从而创造新的市场机会。这种创新能力在当今竞争激烈的商业环境中变得尤为关键。跨界团队汇聚了来自不同领域的专业知识和经验。这种多元化的背景使他们能够突破传统思维模式，挑战行业的既定规则和做法。他们能够将不同领域的最佳实践相结合，创造全新的商业模式。跨界团队的多样性促进了创新思维的交流和碰撞。成员之间的不同观点和方法可以激发创新想法的产生。他们能够共同探讨问题，找到独特的解决方案，从而创造新的市场机会。

跨界团队可以更灵活地适应市场变化和客户需求。他们的创新性商业模式可以更好地满足不断演变的市场需求，提供更有吸引力的产品和服务。这使他们能够在竞争激烈的市场中脱颖而出。跨界团队能够重新思考传统商业模式，提出创新性的商业模式，为创造新的市场机会提供有力支持。他们通过多领域的知识和创新思维，能够打破现有的行业格局，创造独特的竞争优势。这种能力在当今快速变化的商业环境中变得至关重要，有助于企业实现可持续增长和成功。

第三节 成功的团队案例分析

一、成功的团队案例研究

某智慧旅游团队案例，展现了卓越的合作和创新精神。该团队由来自不同领域的专业人士组成，包括软件工程师、旅游规划师和营销专家等。他们共同致力于改善游客的旅游体验，取得了令人瞩目的成功。这个团队首先面临的挑战是如何整合各自的专业知识。他们采用了一种独特的方法，建立了一个"知识共享中心"，在这个平台上，每位成员可以分享他们的专业知识和经验。这种开放式的知识共享促进了跨界合作，帮助团队成员理解彼此的需求和优势。为了优化旅游体验，团队采用了智能技术，包括人工智能和大数据分析。他们开发了一款智能导游应用程序，可以根据游客的兴趣和需求提供个性化的旅游建议。这个应用程序不仅改善了游客的旅游体验，还提高了目的地的知名度。另一个关键的成功因素是团队的创新思维。他们定期举行创新工作坊活动，鼓励成员提出新的想法和解决方案。这种创新文化推动了团队不断改进他们的产品和服务，保持了竞争优势。

团队成员之间的密切合作也是他们成功的关键。他们建立了强大的协作文化，相互信任，愿意共同努力克服挑战。这种合作精神使他们能够高效地解决问题，并取得了显著的成就。这个智慧旅游团队通过跨界合作、创新、知识共享和紧密合作，成功地改善了游客的旅游体验，提高了目的地的吸引力。他们的成功案例为智慧旅游领域提供了宝贵的经验教训，证明了跨界团队合作的力量和价值。

（一）苹果公司的设计与研发团队

苹果公司是一家全球知名的科技公司，其成功得益于其卓越的设计与研发团队。该团队由工程师、设计师和创新者组成，他们密切合作，创造出了众多革命性的产品，如 iPhone、iPad 和 Mac 等。成功的原因包括对用户体验的强烈关注、独特的设计哲学，以及不断的技术创新。苹果公司注重用户体验，将用户需求置于产品设计的核心。他们致力于提供直观、简洁和高质量的产品，以确保用户享受愉悦的使用体验。公司有独特的设计哲学，强调美学、简约和功能性的结合。他们的产品以精致的外观和卓越的工艺著称，这为品牌树立了独特的形象。不断的技术创新使得苹果公司能够领先于市场。他们引领了智能手机、平板电脑和个人电脑领域的创新，不断推出新技术和功能，以满足不断变化的客户需求。他们的协作和创新精神推动了公司不断创造出引领行业的产品。通过关注用户体验、独特的设计理念和持续的技术创新，苹果公司将继续在科技领域取得卓越的成就，树立业界的标杆。

（二）SpaceX 的太空探索团队

SpaceX 是一家在太空探索领域取得巨大成功的公司，其背后的关键因素之一是拥有一支高效协作的团队。这个团队专注于开发可重复使用的火箭技术，目的是降低太空探索的成本，使人类能够更经济、可持续地探索宇宙。不同领域的专业人员、工程师和科学家汇聚在一起，共同努力解决复杂的工程和科技问题。这种多元化的团队能够提供各种视角和解决方案，从而推动创新。他们在实践中学习，将反馈信息用于改善设计和技术。这种灵活性和适应性使他们能够快速应对挑战，并不断提高系统性能。这不仅需要高度复杂的技术和工程，还需要严格的协作和协调。团队成功地执行了一系列发射任务，确保宇航员的安全和任务的成功完成。他们通过跨职能合作、不断迭代和改进，实现了可重复使用的火箭技术，降低了太空探索的成本，并取得了一系列令人瞩目的发射任务成功。这个团队的成功经验为太空探索领域树立了榜样，鼓励着更多的创新和合作。

二、成功团队的关键因素

成功团队在智慧旅游领域具备一系列关键因素，这些因素共同推动着团队实现卓越成就。多元化的专业技能是成功团队的基础。这些团队由来自各个领域的专业人士组成，包括软件开发、市场营销、旅游规划等。这种多元化确保了团队拥有广泛的专业知识和技能，有助于应对复杂的智慧旅游挑战。团队成员之间的密切协作是成功的关键。他们必须能够有效地协同工作，共同追求团队的共同目标。这种协作需要开放的沟通和相互信任，使团队成员能够共享观点、解决问题和制定战略。创新精神也是成功团队的关键因素之一。他们不断寻求新的解决方案，采用最新的技术和趋势来改善旅游体验。这种创新文化鼓励团队成员不断提出新的想法，推动行业的进步。

另一个关键因素是客户导向。成功团队深入了解客户需求和期望，通过个性化的解决方案来满足他们的需求。他们不仅提供卓越的产品和服务，还建立了强大的客户关系，促使客户回头和口碑传播。持续学习和适应能力也是成功团队的特点。他们不断更新自己的知识，跟踪行业趋势，并及时调整战略。这种学习和适应能力使他们能够在竞争激烈的智慧旅游市场中保持竞争优势。领导力在成功团队中扮演着重要角色。领导者需要激发团队成员的潜力，提供指导和方向，确保团队朝着共同目标前进。他们还要建立积极的工作文化，激发团队的创造力和动力。成功团队在智慧旅游领域具备多元化的专业技能、密切协作、创新精神、客户导向、持续学习和适应能力，以及有效的领导力。这些因素共同推动着团队获得卓越成就，为智慧旅游领域的发展和创新作出积极的贡献。

（一）开放的沟通和信任

开放的沟通和相互信任是团队协作的基础。团队成员应能够自由地分享信息、提出建议，并在解决问题时展现相互信任。开放的沟通有助于信息流动。团队成员之间的积极沟通能够确保所有人都了解项目的最新情况和目标，避免信息不对称和误解。开放的沟通鼓励创新和改进。当成员可以自由表达意见和提出建议时，团队能够更好地应对挑战，寻找创新的解决方案。相互信任是团队协作的核心。成员之间的信任促进了更高效的决策和问题解决，因为他们相信彼此的能力和意图。相互信任还有助于建立积极的团队动态，增强合作和凝聚力。综合来看，开放的沟通和相互信任是团队成功的关键因素，它们促进了信息流动、创新和高效协作，有助于实现共同目标。

（二）目标导向和奖励机制

成功的团队通常具备明确的目标和绩效评估机制。这有助于确保团队成员专注于共同目标，并奖励卓越表现。明确的目标是团队成功的基础。它们提供了明确的方向和愿景，使每个团队成员都知道他们正在努力实现的目标是什么。这种明确性有助于消除不必要的混乱和分散注意力，确保所有人都朝着同一个方向前进。绩效评估机制可以激励团队成员尽力表现自己。它们提供了一种机制，可以识别和奖励那些为实现团队目标作出卓越贡献的个人。这种奖励不仅是一种激励，还有助于建立积极的竞争氛围，鼓励团队成员发挥最佳水平。绩效评估机制还有助于识别和解决问题。通过对团队成员的表现进行定期评估，团队可以及时发现问题并采取纠正措施，以确保团队能够在实现目标的过程中不断改进。明确的目标和绩效评估机制是成功团队的关键因素。它们有助于团队成员专注于共同目标，激励卓越表现，识别和解决问题，推动团队向成功迈进。这种组合为团队提供了坚实的基础，有助于实现卓越的成果和可持续的成功。

（三）持续学习和改进

成功的团队往往营造了学习的文化氛围，他们能够不断改进和适应新的挑战。这种文化强调对失败的快速反馈和适应能力，是团队在不断变化的环境中保持竞争力的关键因素。学习的文化鼓励团队成员不断探索和尝试新的方法。团队会鼓励成员积极提出创新的理念，勇于冒险，因为他们知道失败并不是终点，而是学习和改进的机会。这种积极的态度促进了创新和不断进步。对失败的快速反馈是学习文化的核心。团队会鼓励成员分享失败的经验，分析失败的原因，以便从中吸取教训。这种反馈机制有助于尽早纠正错误，避免将问题放大，从而提高了团队的工作效率和质量。

适应能力是学习文化的体现。团队会在不断变化的环境中灵活调整策略和方法，以应对新的挑战。他们明白，只有不断适应环境才能保持竞争力，因此，他们愿意接受变革并寻求改进。持续学习的文化是成功团队的关键特征。创新、快速反馈和适应能力，有助于团队不断改进和在竞争激烈的市场中保持竞争力。学习文化使团队更具灵活性，更有能力应对新的挑战，从而实现更大的成功。

参考文献

［1］梁昕. 智慧旅游视域下高职旅游管理专业教学改革研究［J］. 山西青年，2023（16）：31-33.

［2］卓越. 智慧旅游背景下高校旅游管理人才培养模式创新［J］. 西部旅游，2023（16）：85-87.

［3］曾义. 信息化时代下基于大数据的智慧旅游管理探讨［J］. 网络安全和信息化，2023（8）：25-27.

［4］鲍富元. 基于 PDCA 的现代产业学院质量管理创新研究——以复星旅文智慧旅游产业学院为例［J］. 山西青年，2023（14）：1-4.

［5］王悦荣. 基于智慧旅游的目的地旅游管理体系构建研究［J］. 旅游纵览，2023（13）：47-49.

［6］范颐彧. 智慧旅游在旅游企业管理中的运用［J］. 中关村，2023（7）：114-115.

［7］吴婷婷. 智慧旅游视域下高校旅游管理专业人才培养研究——以茅台学院为例［J］. 旅游与摄影，2023（12）：98-100.

［8］李馨，季侃. 智慧旅游景区的开发管理研究——以云台山景区为例［J］. 焦作大学学报，2023，37（2）：54-57.

［9］刘式妙. 三亚蜈支洲岛智慧旅游景区建设及其游客满意度研究［D］. 三亚：海南热带海洋学院，2023.

［10］刘衍蔚. 智慧旅游视域下的高职旅游管理专业教学改革初探［J］. 齐齐哈尔师范高等专科学校学报，2023（3）：130-134.

［11］ 王福安. 供应链视角下景区与信息平台制造商供需冲突的协调研究［D］. 南昌：南昌大学，2023.

［12］ 陈玖根，李绍根. 智慧广电在智慧旅游管理中的实践［J］. 广播电视网络，2023，30（4）：89-92.

［13］ 郑耀彬，曾艺雅，王嘉静等. 智慧旅游视域下乡村旅游管理信息化初探［C］//中国智慧城市经济专家委员会，2023智慧城市建设论坛广州分论坛论文集，2023：2.

［14］ 徒大伟，高泽扬，汤澍. 大数据时代城市智慧旅游发展中的信息管理研究［J］. 江苏科技信息，2022，39（34）：46-49.

［15］ 金凤. 大数据背景下智慧旅游管理模式的构建［J］. 旅游与摄影，2022（24）：23-25.

［16］ 范丽娟. 大数据背景下智慧旅游管理模式研究［J］. 旅游与摄影，2022（22）：15-17.

［17］ 黄鹏. 白马湖智慧旅游指挥中心工程项目管理研究［D］. 南京：南京邮电大学，2022.

［18］ 沈苗如. 大数据时代智慧旅游管理模式研究［J］. 质量与市场，2022（22）：167-169.

［19］ 李春玲，王文军. 大数据背景下的智慧旅游管理模式研究［J］. 旅游与摄影，2022（19）：17-19.

［20］ 高琳. 基于智慧旅游的目的地旅游管理体系构建思路分析［J］. 江西电力职业技术学院学报，2022，35（9）：154-156.